Inhaltsverzeichnis

Statt eines Vorworts: P.A.U.L. D. – „Differenzierende Ausgabe" in Stichworten 10

Rafik Schami: Geschichtenerzähler aus dem Orient – einen Autor kennenlernen 16

Zusatz- und Differenzierungsmaterial, Leistungsüberprüfungen/Klassenarbeiten, Bewertungsbogen 16

- *Arbeitsblatt 1:* Eine Charakterisierung vorbereiten 18
- *Arbeitsblatt 2:* Die Entwicklung eines Konflikts untersuchen 19
- *Arbeitsblatt 3:* Eine Buchkritik erschließen (1) 20
- *Arbeitsblatt 4:* Einem Sachtext Informationen entnehmen 21
- *Arbeitsblatt 5:* Eine Buchkritik erschließen (2) 23
- *Arbeitsblatt 6:* Die Biografie eines Autors kennenlernen 24
- *Bewertungsbogen 7 zur Leistungsüberprüfung/Klassenarbeit* 26
- *Bewertungsbogen 8 zur Leistungsüberprüfung/Klassenarbeit* 29
- *Bewertungsbogen 9 zur Leistungsüberprüfung/Klassenarbeit* 32
- *Bewertungsbogen 10 zur Leistungsüberprüfung/Klassenarbeit* 34
- *Bewertungsbogen 11 zur Leistungsüberprüfung/Klassenarbeit* 37

Von Grenzsituationen und ungewöhnlichen Ereignissen – Kurzgeschichten erschließen 40

Zusatz- und Differenzierungsmaterial, Leistungsüberprüfungen/Klassenarbeiten, Lösungs- und Bewertungsbogen 40

- *Arbeitsblatt 1:* Die eigenen Textkenntnisse überprüfen 41
- *Lösung 1 (zum AB 1)* 42
- *Arbeitsblatt 2:* Merkmale einer Kurzgeschichte nachweisen 43
- *Arbeitsblatt 3:* Das Verhalten einer Figur untersuchen und darstellen 44
- *Arbeitsblatt 4:* Anfänge und Schlüsse von kurzen Erzählungen untersuchen 45
- *Arbeitsblatt 5:* Die Entwicklung einer Figurenbeziehung untersuchen 47
- *Lösung 5 (zum AB 5)* 49
- *Arbeitsblatt 6:* Eine Kurzgeschichte analysieren (1) 50
- *Bewertungsbogen 6 zur Leistungsüberprüfung/Klassenarbeit (AB 6)* 52
- *Arbeitsblatt 7:* Eine Kurzgeschichte analysieren (2) 54
- *Bewertungsbogen 7 zur Leistungsüberprüfung/Klassenarbeit (AB 7)* 57
- *Arbeitsblatt 8:* Eine Kurzgeschichte analysieren (3) 59
- *Bewertungsbogen 8 zur Leistungsüberprüfung/Klassenarbeit (AB 8)* 61

Zukunft der Mobilität – das Lernen lernen: Sachtexte zusammenfassen 64

Zusatz- und Differenzierungsmaterial, Leistungsüberprüfungen/Klassenarbeiten, Bewertungsbogen 64

Arbeitsblatt 1: Einen Sachtext erschließen und eine Einleitung einer Sachtextzusammenfassung verfassen 65
Arbeitsblatt 2: Diagramme beschreiben und auswerten 67
Arbeitsblatt 3: Einen Sachtext erschließen 69
Bewertungsbogen 3 zur Leistungsüberprüfung/Klassenarbeit (AB 3) 71
Arbeitsblatt 4: Einen Sachtext erschließen und eine Sachtextzusammenfassung schreiben (1) 73
Bewertungsbogen 4 zur Leistungsüberprüfung/Klassenarbeit (AB 4) 75
Arbeitsblatt 5: Einen Sachtext erschließen und eine Sachtextzusammenfassung schreiben (2) 77
Bewertungsbogen 5 zur Leistungsüberprüfung/Klassenarbeit (AB 5) 79

Der erste Schritt ins Berufsleben – ein Betriebspraktikum vorbereiten und durchführen 81

Zusatz- und Differenzierungsmaterial, Leistungsüberprüfungen/Klassenarbeiten, Bewertungsbogen 81

Arbeitsblatt 1: Ein Bewerbungsanschreiben überarbeiten (1) 82
Arbeitsblatt 2: Einen Lebenslauf überarbeiten 83
Arbeitsblatt 3: Treffende Zeitangaben in einem Tagesbericht ergänzen und einen Tagesbericht in einen stichwortartigen Kurzbericht umformen 84
Arbeitsblatt 4: Einen Tagesbericht überarbeiten (1) 85
Arbeitsblatt 5: Einen Betrieb erkunden 86
Arbeitsblatt 6: Ein Bewerbungsanschreiben überarbeiten (2) 87
Bewertungsbogen 6 zur Leistungsüberprüfung/Klassenarbeit (AB 6) 88
Arbeitsblatt 7: Einen Tagesbericht überarbeiten (2) 90
Bewertungsbogen 7 zur Leistungsüberprüfung/Klassenarbeit (AB 7) 91
Arbeitsblatt 8: Eine Vorgangsbeschreibung verfassen 93
Bewertungsbogen 8 zur Leistungsüberprüfung/Klassenarbeit (AB 8) 94

Streitfälle rund um die Schule – Argumentieren und Erörtern 96

Zusatz- und Differenzierungsmaterial, Leistungsüberprüfungen/Klassenarbeiten, Bewertungsbogen 96

Arbeitsblatt 1: Einem Zeitungsartikel Argumente entnehmen (1) 97
Arbeitsblatt 2: Einem Zeitungsartikel Argumente entnehmen (2) 98
Arbeitsblatt 3: Eine lineare Erörterung überarbeiten und Argumente ausbauen 100
Arbeitsblatt 4: Eine lineare Erörterung verfassen (1) 101
Arbeitsblatt 5: Pro- und Kontra-Argumente sammeln und eine Erörterung verfassen 102
Arbeitsblatt 6: Eine lineare Erörterung verfassen (2) 104
Bewertungsbogen 6 zur Leistungsüberprüfung/Klassenarbeit (AB 6) 105
Arbeitsblatt 7: Eine lineare Erörterung verfassen (3) 107
Bewertungsbogen 7 zur Leistungsüberprüfung/Klassenarbeit (AB 7) 109
Arbeitsblatt 8: Eine lineare Erörterung auf der Grundlage eines Zeitungsartikels verfassen 111

Bewertungsbogen 8 zur Leistungsüberprüfung/Klassenarbeit (AB 8) 113
Arbeitsblatt 9: Eine antithetische Erörterung verfassen 115
Bewertungsbogen 9 zur Leistungsüberprüfung/Klassenarbeit (AB 9) 116

„Du graue Stadt am Meer" – Stadtgedichte beschreiben und deuten 118

Zusatz- und Differenzierungsmaterial, Leistungsüberprüfungen/Klassenarbeiten, Bewertungsbogen 118

Arbeitsblatt 1: Ein Gedicht erschließen und mit einem anderen Gedicht vergleichen 119
Arbeitsblatt 2a: Sprachliche Gestaltungsmittel untersuchen 120
Arbeitsblatt 2b: Eine Gedichtanalyse vorbereiten und verfassen 121
Arbeitsblatt 3: Ein Gedicht erschließen 123
Bewertungsbogen 4 zur Leistungsüberprüfung/Klassenarbeit 125
Arbeitsblatt 5: Ein Gedicht beschreiben und deuten 127
Bewertungsbogen 5 zur Leistungsüberprüfung/Klassenarbeit (AB 5) 128
Arbeitsblatt 6: Einen Songtext über eine Stadt beschreiben und deuten (1) 130
Bewertungsbogen 6 zur Leistungsüberprüfung/Klassenarbeit (AB 6) 132
Arbeitsblatt 7: Einen Songtext über eine Stadt beschreiben und deuten (2) 134
Bewertungsbogen 7 zur Leistungsüberprüfung/Klassenarbeit (AB 7) 136

„Lust oder Liebe?" – Ein Theaterstück gestaltend verstehen 138

Zusatz- und Differenzierungsmaterial, Leistungsüberprüfungen/Klassenarbeiten, Bewertungsbogen 138

Arbeitsblatt 1: Eine Szene eines Theaterstückes erschließen 140
Arbeitsblatt 2: Mithilfe verschiedener Materialien einen informierenden Text verfassen 143
Bewertungsbogen 3 zur Leistungsüberprüfung/Klassenarbeit 145
Bewertungsbogen 4 zur Leistungsüberprüfung/Klassenarbeit 148
Bewertungsbogen 5 zur Leistungsüberprüfung/Klassenarbeit 150

Fußball als Spiegel des Lebens – den Spielfilm „Das Wunder von Bern" erschließen 152

Zusatz- und Differenzierungsmaterial, Leistungsüberprüfungen/Klassenarbeiten, Bewertungsbogen 152

Arbeitsblatt 1: Einen Sachtext erschließen und mit einem Spielfilm vergleichen 153
Arbeitsblatt 2: Sich mit der Bedeutung des Fußballs in dem Spielfilm „Das Wunder von Bern" auseinandersetzen 155
Arbeitsblatt 3: Ein Standbild beschreiben und deuten (1) 157
Bewertungsbogen 3 zur Leistungsüberprüfung/Klassenarbeit (AB 3) 158
Arbeitsblatt 4: Ein Standbild beschreiben und deuten (2) 160
Bewertungsbogen 4 zur Leistungsüberprüfung/Klassenarbeit (AB 4) 161
Arbeitsblatt 5: Einen inneren Monolog zu einem Standbild verfassen 163
Bewertungsbogen 5 zur Leistungsüberprüfung/Klassenarbeit (AB 5) 164

Gute Werbung. Gute Wirkung. – Werbung analysieren und beurteilen 166

Zusatz- und Differenzierungsmaterial, Leistungsüberprüfungen/Klassenarbeiten, Bewertungsbogen 166

Arbeitsblatt 1: Werbeanzeigen vergleichen 167
Arbeitsblatt 2: Einen Sachtext erschließen 168
Arbeitsblatt 3: Eine Werbeanzeige beschreiben und deuten 170
Bewertungsbogen 3 zur Leistungsüberprüfung/Klassenarbeit (AB 3) 171
Arbeitsblatt 4: Eine Werbeanzeige erschließen 173
Bewertungsbogen 4 zur Leistungsüberprüfung/Klassenarbeit (AB 4) 174
Arbeitsblatt 5: Einen Sachtext erschließen und die Wirkung von Werbung beurteilen 176
Bewertungsbogen 5 zur Leistungsüberprüfung/Klassenarbeit (AB 5) 177

„Alles Gelaber, oder was?" – Unsere Sprache im Wandel 179

Zusatz- und Differenzierungsmaterial, Leistungsüberprüfungen/Klassenarbeiten, Bewertungsbogen 179

Arbeitsblatt 1: Sprachwandel beurteilen 180
Arbeitsblatt 2: Sich mit Jugendsprache auseinandersetzen (1) 182
Arbeitsblatt 3: Merkmale von Jugendsprache kennenlernen 184
Arbeitsblatt 4: Sich mit Problemen des geschlechtergerechten Sprachgebrauchs auseinandersetzen 186
Arbeitsblatt 5: Sprachwandel beschreiben und beurteilen 188
Bewertungsbogen 5 zur Leistungsüberprüfung/Klassenarbeit (AB 5) 190
Arbeitsblatt 6: Sich mit dem Wandel von Jugendsprache auseinandersetzen 192
Bewertungsbogen 6 zur Leistungsüberprüfung/Klassenarbeit (AB 6) 194
Arbeitsblatt 7: Sich mit Jugendsprache auseinandersetzen (2) 196
Bewertungsbogen 7 zur Leistungsüberprüfung/Klassenarbeit (AB 7) 197

Reine Tatsachen – Protokolle verfassen 200

Zusatz- und Differenzierungsmaterial, Leistungsüberprüfungen/Klassenarbeiten, Bewertungsbogen 200

Arbeitsblatt 1: Einen Stichwortzettel anlegen 201
Arbeitsblatt 2: Protokolle vergleichen und ein Protokoll anfertigen 202
Arbeitsblatt 3: Ein Protokoll zu einer Deutschstunde schreiben 204
Bewertungsbogen 3 zur Leistungsüberprüfung/Klassenarbeit (AB 3) 206
Arbeitsblatt 4: Ein Protokoll zu einer Politikstunde schreiben 208
Bewertungsbogen 4 zur Leistungsüberprüfung/Klassenarbeit (AB 4) 209
Arbeitsblatt 5: Ein Ergebnisprotokoll schreiben 211
Bewertungsbogen 5 zur Leistungsüberprüfung/Klassenarbeit (AB 5) 212

Tipps für die Rechtschreibung – Richtig zu schreiben kann man lernen! 214

Zusatz- und Differenzierungsmaterial, Lernerfolgskontrollen, Lösungsbogen 214

Arbeitsblatt 1: Einfache Verfahren wie „Ableiten" oder „Wortverwandte suchen" anwenden 215
Arbeitsblatt 2: Die Wörter „das" und „dass" richtig schreiben (1) 217
Arbeitsblatt 3: Fremdwörter richtig schreiben (1) 219
Arbeitsblatt 4: Fremdwörter richtig schreiben (2) 220

Arbeitsblatt 5: Fachwörter für rhetorische Mittel richtig schreiben   221
Arbeitsblatt 6: Rechtschreibtipps anwenden   222
Lösungsbogen 6 zur Lernerfolgskontrolle (AB 6)   224
Arbeitsblatt 7: Die Wörter „das" und „dass" richtig schreiben (2)   226
Lösungsbogen 7 zur Lernerfolgskontrolle (AB 7)   227
Arbeitsblatt 8: Einzelne Rechtschreibbereiche überprüfen   228
Lösungsbogen 8 zur Lernerfolgskontrolle (AB 8)   229

Rechtschreibtraining – Groß- und Kleinschreibung   231

Zusatz- und Differenzierungsmaterial, Lernerfolgskontrollen, Lösungsbogen   231

Arbeitsblatt 1: Nominalisierte/Substantivierte Adjektive richtig schreiben   232
Arbeitsblatt 2: Eigennamen, Orts- und Herkunftsbezeichnungen richtig schreiben   233
Arbeitsblatt 3: Nominalisierte/Substantivierte Verben richtig schreiben   234
Lösungsbogen 3 zur Lernerfolgskontrolle (AB 3)   235
Arbeitsblatt 4: Nominalisierte/Substantivierte Adjektive erkennen und richtig schreiben   237
Lösungsbogen 4 zur Lernerfolgskontrolle (AB 4)   239
Arbeitsblatt 5: Tageszeiten und Wochentage richtig schreiben   241
Lösungsbogen 5 zur Lernerfolgskontrolle (AB 5)   243

Rechtschreibtraining – Getrennt- und Zusammenschreibung   244

Zusatz- und Differenzierungsmaterial, Lernerfolgskontrollen, Lösungsbogen   244

Arbeitsblatt 1: Zusammensetzungen und Wortgruppen richtig schreiben   245
Arbeitsblatt 2: Wörter richtig getrennt schreiben oder zusammenschreiben (1)   247
Arbeitsblatt 3: Wörter richtig getrennt schreiben oder zusammenschreiben (2)   248
Lösungsbogen 3 zur Lernerfolgskontrolle (AB 3)   249
Arbeitsblatt 4: Wörter richtig getrennt schreiben oder zusammenschreiben (3)   250
Lösungsbogen 4 zur Lernerfolgskontrolle (AB 4)   251
Arbeitsblatt 5: Getrennt- und Zusammenschreibung überprüfen   252
Lösungsbogen 5 zur Lernerfolgskontrolle (AB 5)   253

Zeichensetzungstraining – Kommas richtig setzen   254

Zusatz- und Differenzierungsmaterial, Lernerfolgskontrollen, Lösungsbogen   254

Arbeitsblatt 1a: Regeln der Kommasetzung richtig anwenden: ein Partnerdiktat durchführen   255
Arbeitsblatt 1b: Regeln der Kommasetzung richtig anwenden: fehlende Kommas in Texten ergänzen   256
Arbeitsblatt 2: Das Komma in einfachen und komplexen Satzgefügen   257
Arbeitsblatt 3: Die Kommasetzung bei Relativsätzen/Attributsätzen üben   258
Arbeitsblatt 4: Kommas in Satzgefügen richtig setzen und einem Sachtext Informationen entnehmen   259
Lösungsbogen 4 zur Lernerfolgskontrolle (AB 4)   260
Arbeitsblatt 5: Kommas richtig setzen und Fragen zu einem Sachtext beantworten   262
Lösungsbogen 5 zur Lernerfolgskontrolle (AB 5)   263
Arbeitsblatt 6: Kommas richtig setzen   265
Lösungsbogen 6 zur Lernerfolgskontrolle (AB 6)   266

Grammatiktraining – Wortarten 267

Zusatz- und Differenzierungsmaterial, Lernerfolgskontrollen, Lösungsbogen 267

Arbeitsblatt 1: Wortarten bestimmen 268
Arbeitsblatt 2: Wortarten – Erklärungen und Beispiele zuordnen 269
Lösung 2 (zum AB 2) 270
Arbeitsblatt 3: Wortarten und Zeitformen bestimmen 271
Lösungsbogen 3 zur Lernerfolgskontrolle (AB 3) 273
Arbeitsblatt 4: Vollverben, Hilfsverben und Modalverben unterscheiden 274
Lösungsbogen 4 zur Lernerfolgskontrolle (AB 4) 275
Arbeitsblatt 5: Modalverben erkennen und verwenden 276
Lösungsbogen 5 zur Lernerfolgskontrolle (AB 5) 278

Grammatiktraining – Satzglieder 280

Zusatz- und Differenzierungsmaterial, Leistungsüberprüfungen/Klassenarbeiten, Bewertungsbogen 280

Arbeitsblatt 1: Satzglieder bestimmen 281
Arbeitsblatt 2: Adverbiale Bestimmungen erkennen und bestimmen 283
Arbeitsblatt 3: Einen Bericht mit Attributen verbessern 285
Arbeitsblatt 4: Satzglieder richtig bestimmen und einen Sachtext erschließen (1) 287
Bewertungsbogen 4 zur Leistungsüberprüfung/Klassenarbeit (AB 4) 288
Arbeitsblatt 5: Satzglieder richtig bestimmen und einen Sachtext erschließen (2) 291
Bewertungsbogen 5 zur Leistungsüberprüfung/Klassenarbeit (AB 5) 292
Arbeitsblatt 6: Attribute erkennen und bestimmen und einen Sachtext erschließen 294
Bewertungsbogen 6 zur Leistungsüberprüfung/Klassenarbeit (AB 6) 295

Grammatiktraining – Aktiv und Passiv 297

Zusatz- und Differenzierungsmaterial, Lernerfolgskontrollen, Lösungsbogen 297

Arbeitsblatt 1: Vorgangs- und Zustandspassiv unterscheiden 298
Arbeitsblatt 2: Die Tempusformen im Passiv üben 299
Arbeitsblatt 3: Aktivsätze in Passivsätze umformen 300
Lösungsbogen 3 zur Lernerfolgskontrolle (AB 3) 301
Arbeitsblatt 4: Passivformen erkennen und bilden (1) 303
Lösungsbogen 4 zur Lernerfolgskontrolle (AB 4) 304
Arbeitsblatt 5: Passivformen erkennen und bilden (2) 306
Lösungsbogen 5 zur Lernerfolgskontrolle (AB 5) 307

Grammatiktraining – Konjunktiv in der indirekten Rede 308

Zusatz- und Differenzierungsmaterial, Lernerfolgskontrollen, Lösungsbogen 308

Arbeitsblatt 1: Den Konjunktiv in der indirekten Rede verwenden 309
Arbeitsblatt 2: Konjunktiv II-Formen bilden 310
Lösungen 1/2 (zu den AB 1/2) 311
Arbeitsblatt 3: Modi des Verbs unterscheiden 312
Lösungsbogen 3 zur Lernerfolgskontrolle (AB 3) 313
Arbeitsblatt 4: Konjunktivformen bilden 314
Lösungsbogen 4 zur Lernerfolgskontrolle (AB 4) 315
Arbeitsblatt 5: Die direkte Rede in indirekter Rede wiedergeben 316
Lösungsbogen 5 zur Lernerfolgskontrolle (AB 5) 317

Grammatiktraining – Nebensätze/Gliedsätze 318

Zusatz- und Differenzierungsmaterial, Lernerfolgskontrollen, Lösungsbogen 318

Arbeitsblatt 1: Nebensätze/Gliedsätze erkennen 319
Arbeitsblatt 2: Satzgefüge bilden und Nebensätze/Gliedsätze bestimmen 320
Arbeitsblatt 3: Adverbialsätze erkennen und bestimmen 321
Lösungsbogen 3 zur Lernerfolgskontrolle (AB 3) 323
Arbeitsblatt 4: Nebensätze/Gliedsätze erkennen und bestimmen (1) 325
Lösungsbogen 4 zur Lernerfolgskontrolle (AB 4) 327
Arbeitsblatt 5: Nebensätze/Gliedsätze erkennen und bestimmen (2) 329
Lösungsbogen 5 zur Lernerfolgskontrolle (AB 5) 331

Bewertungstabellen für die Ermittlung der Noten bei Klassenarbeiten 333

Statt eines Vorworts: P.A.U.L. D. – „Differenzierende Ausgabe" in Stichworten

Aufbau der Kapitel nach Basis- und Erweiterungsmodulen

Alle Themen sind in überschaubare, inhaltlich klar ausgewiesene Teilkapitel untergliedert. Dieser modulartige Aufbau erleichtert die Umsetzung eines Unterrichtsvorhabens in einzelne Stunden bzw. Lernsequenzen durch die Lehrkraft. Weiter sorgt diese Einteilung der Schulbuchkapitel aufseiten der Schüler[1] bezüglich des Lernprozesses für Orientierung und Transparenz. Die Kapitel in P.A.U.L. D. sind in der Regel so angelegt, dass die einzelnen überschaubaren Teilkapitel sowohl aufeinander aufbauend als auch unabhängig voneinander im Unterricht eingesetzt werden können. Der Lehrkraft bietet sich hier die Möglichkeit der Auswahl von einzelnen Lernmodulen für die jeweiligen Lern- oder Schülergruppen. In den Teilkapiteln, die im Inhaltsverzeichnis als Basis ausgewiesen sind, werden zentrale Inhalte, Methoden, Themen und Fähigkeiten grundlegend vermittelt. Die anderen Teilkapitel erweitern dann diese grundlegend vermittelten Kompetenzen, indem die jeweiligen Inhalte, Methoden und Themen vertieft und mit der Anforderung immer größerer Selbstständigkeit behandelt werden.

Inhaltsverzeichnis

Das Inhaltsverzeichnis weist die Modulstruktur der Einheiten deutlich aus. In der linken Spalte finden die Schüler eine schülernahe und motivierende Formulierung der Inhalte der jeweiligen Einheit sowie der einzelnen Teil- und Unterkapitel. Direkt gegenübergestellt, in der rechten Spalte des Inhaltsverzeichnisses, finden sich die am Kernlehrplan orientierten Kompetenzen. Deutlich wird damit die Verzahnung von Themen, Methoden und Kompetenzen. Durch die Kennzeichnung „Basis" werden für die Lehrkraft diejenigen Teilkapitel, in denen grundlegende Kompetenzen der jeweiligen Jahrgangsstufe vermittelt werden, hervorgehoben.

Auftaktdoppelseite

Jede Unterrichtseinheit beginnt mit einer Auftaktdoppelseite. Diese enthält einen an die Schüler gerichteten Einstiegstext, der sie im Sinne der Transparenz des eigenen Lernprozesses darüber informiert, was sie in dem jeweiligen Kapitel lernen. Die Schüler erhalten so einen Überblick über die thematischen Schwerpunkte, die zu erwerbenden Kompetenzen und die Ziele der Einheit. Die Arbeitsaufträge und das Bildmaterial knüpfen an das Vorverständnis der Schüler an, aktivieren ihre Vorkenntnisse und bieten einen direkten, motivierenden Einstieg in die folgende Erarbeitung.

Kompetenzorientierung

Die konsequente Verpflichtung auf einen kompetenzorientierten Unterricht bestimmt die Anlage und den Aufbau der einzelnen Einheiten. Die in dem Einstiegstext der Auftaktdoppelseite angeführten Kompetenzen werden in den einzelnen Unterkapiteln vermittelt. Umfangreichere Unterkapitel werden in Teilkapitel unterteilt, für die eben-

---

[1] Im gesamten Materialienband ist mit der Bezeichnung Schüler (bzw. Lehrer, Schriftsteller …) jeweils ohne diskriminierende Absicht aus Gründen der Sprachökonomie die entsprechende weibliche Form mitgemeint.

falls das Prinzip gilt, dass die in der Überschrift ausgewiesene Kompetenz schrittweise erlernt wird. Die einzelnen Unter- und Teilkapitel einer Einheit können aufeinander aufbauend oder unabhängig voneinander erarbeitet werden. Diese modulartige Struktur bietet vielfältige Möglichkeiten der Differenzierung.

Aufgaben mit unterschiedlichen Anforderungsprofilen

Um Lernprozesse differenziert auszugestalten und Schülern ein individuelles Lernen zu ermöglichen, bietet P.A.U.L. D. der Lehrkraft folgende Hilfen: Der Aufgabenapparat ist nach Anforderungsprofilen gestuft aufgebaut. Grün gekennzeichnete Aufgaben sind geeignet, einen Text oder ein Thema grundsätzlich zu erschließen. Aufgaben zur selbstständigen Weiterarbeit mit Hilfestellungen sind blau gekennzeichnet. Schwierigere Aufgaben sind mit Rot ausgewiesen.

Förderung des kooperativen Lernens

Der Aufgabenapparat ist so ausgestaltet, dass die Lehrkraft mithilfe der Aufgaben das kooperative Lernen fördern kann, um so alle Schüler in den Unterricht zu integrieren. Die Aufgaben für die Erarbeitung orientieren sich am Prinzip „think-pair-share". Nachdem jeder Schüler sich individuell mit den Aufgaben beschäftigt hat, kann die Bearbeitung der Aufgaben in Partnerarbeit oder in Kleingruppen erfolgen. Die Ergebnisse werden anschließend präsentiert. So können sich die Schüler je nach ihrem individuellen Leistungsvermögen in den Lernprozess einbringen. Im Schulbuch weisen entsprechende Piktogramme neben den Aufgaben darauf hin, wenn es besonders lernförderlich ist, dass ein Arbeitsauftrag in Einzel-, Partner-, Kleingruppenarbeit oder arbeitsteilig von den Schülern bearbeitet wird. Bei Aufgaben, bei denen sich keine bestimmte Sozialform besonders anbietet, fehlt ein entsprechendes Piktogramm. Hier sollte die Lehrkraft nach der spezifischen Situation ihrer Lerngruppe über das Vorgehen entscheiden.

Wahlaufgaben zur Vertiefung und Weiterarbeit

Die Berücksichtigung der unterschiedlichen Lerntempi der Schüler wird durch das in der Regel am Ende eines Teilkapitels erscheinende Aufgabenformat „Durchstarten! So könnt ihr weiterarbeiten" geleistet. Schüler, die mit einem Arbeitsauftrag fertig sind, erhalten hier verschiedene Vorschläge, wie sie weiterarbeiten können. Dieses Angebot von nach Schwierigkeitsgrad und Lernintention ganz unterschiedlichen Wahlaufgaben gewährleistet, dass allen Schülern eine individuelle Möglichkeit zur vertiefenden Weiterarbeit geboten werden kann. Dabei ist besonders lernförderlich, dass sich die Schüler bei der Auswahl der für sie passenden Aufgabe mit allen Arbeitsaufträgen gedanklich beschäftigen. Die Schüler setzen sich so damit auseinander, welche Anforderungen die einzelnen Wahlaufgaben stellen, wie sie sie lösen würden und welchen Arbeitsauftrag sie vor dem Hintergrund ihrer Lernmöglichkeiten auswählen sollten. Dadurch vertiefen die Schüler einerseits ihr Verständnis des bisher Erarbeiteten. Zugleich führt diese Auseinandersetzung mit den verschiedenen Aufgabenstellungen zum Erwerb von wichtigen metakognitiven Kompetenzen.

Lernboxen

Die in den einzelnen Kapiteln eingeübten Methoden werden in den Lernboxen „So gehst du vor" zusammengefasst. Die Schüler werden hier genau angeleitet, wie sie vorgehen können. Da auf diese Lernboxen immer wieder in den entsprechenden Aufgaben verwiesen wird, lernen die Schüler, die Methoden in verschiedenen Lernsituationen anzuwenden.

Die erarbeiteten Inhalte, die die Schüler im Sinne eines grundlegenden materiellen Wissens beherrschen sollten, werden in Lernboxen mit der Überschrift „Das musst du lernen und wissen" zusammengefasst und als Lernhilfe angeboten.

Übungen zur Lernerfolgskontrolle

Am Ende eines jeden Kapitels in P.A.U.L. D. finden die Schüler unter der Überschrift „Alles klar? – Wiederholen, üben und überprüfen" Übungen zur Lernkontrolle. Hier kann jeder Schüler individuell oder in Zusammenarbeit mit einem Lernpartner die wichtigsten Lerninhalte eines Kapitels wiederholen und üben. Dabei können die Schüler, je nach Lerntempo und Vorwissen, aus den Übungen auswählen, indem sie z. B. einzelne Übungen überspringen und sich anderen besonders intensiv widmen. Die einzelnen Teilkapitel im „Deutschtraining" enden mit einem Selbsttest. Mit den Übungen auf diesen „Teste dich selbst!"-Seiten können die Schüler individuell überprüfen, inwieweit sie zu einem Fehlerschwerpunkt oder Thema schon genug geübt haben. Die Lösungen zu den Aufgaben dieser Tests finden die Schüler im Anhang des Schülerbandes. Anhand der Ergebnisse dieser Lernerfolgskontrolle kann die Lehrkraft den einzelnen Schülern weitere Übungsmöglichkeiten in den Kapiteln des Deutschtrainings oder im Arbeitsheft aufzeigen.

Auch die Kapitel in den Arbeitsheften schließen dort, wo dies möglich ist, mit „Teste dich selbst!"-Seiten ab. Die Lösungen für diese eigenständigen Lernerfolgskontrollen finden die Schüler im beiliegenden Lösungsheft.

Das Deutschtraining

Im Hinblick auf die Anforderungen der Differenzierung und der individuellen Förderung in den Bereichen Rechtschreibung, Grammatik und Zeichensetzung spielt das ab Jahrgang 7 die Schülerbände abschließende umfangreiche Kapitel „Deutschtraining – üben, wiederholen und mehr" eine besondere Rolle. Spiralcurricular werden hier alle zentralen Themen der vorherigen Schuljahre aus den Bereichen Rechtschreibung, Grammatik und Zeichensetzung aufgegriffen und behandelt. Die vielfältigen Übungen sind so angelegt, dass die Schüler alleine oder mit einem Lernpartner selbstständig arbeiten können.

Individuelles Üben und Wiederholen

Nachhaltiges Lernen ist nur dann möglich, wenn die Schüler Gelegenheiten erhalten, das Gelernte vielfach zu üben und zu wiederholen. Deshalb werden in dem Lehrwerk die einmal vermittelten Kompetenzen immer wieder aufgegriffen und vertiefend eingeübt. Die Einheiten bieten zu den einzelnen Themen ein derart umfangreiches Übungsmaterial, dass den Schülern unmittelbar ein selbstständiges und individuelles Lernen und Üben ermöglicht wird. Das umfassende Übungsangebot, insbesondere im „Deutschtraining", sowie die ebenfalls äußerst umfangreichen Materialien in den Arbeitsheften helfen der Lehrkraft auch beim Erstellen von Förderempfehlungen und -plänen.

Spiralcurriculum

Die Schülerbände sind so konzipiert, dass bestimmte Elemente immer wieder spiralcurricular aufgegriffen und erweitert werden. Jeder Band enthält z. B.:
- eine Methodeneinheit zur Rechtschreibung,
- eine Einheit zu Kinder- und Jugendbüchern,
- eine oder mehrere Einheiten mit den Schwerpunkten „Lesetechniken und -strategien" und „Überprüfung des Leseverstehens",
- eine oder mehrere Einheiten mit einem Schwerpunkt „Verbessern und Überarbeiten von Texten",

- eine Einheit, in der Methoden zum „Umgang mit Sachtexten" vermittelt werden,
- eine Einheit zum Bereich „Das Lernen lernen",
- eine oder mehrere Einheiten, in denen Textsorten thematisiert werden (z. B. Märchen oder Fabeln),
- eine Einheit zum Thema „Theater" sowie
- eine Einheit zum Thema „Umgang mit Spielfilmen und Filmanalyse".

Das Lernen lernen

Die Beherrschung von fächerübergreifenden Methoden und Arbeitstechniken (z. B.: Sachtexte erschließen, Rechtschreibstrategien anwenden, das Verfassen von Texten planen oder einen Kurzvortrag halten) ist eine Voraussetzung für selbstständiges und individuelles Lernen. In jedem Jahrgang werden den Schülern in den Kapiteln „Das Lernen lernen" Kompetenzen in Bezug auf ihr Lernverhalten, ihre Selbstorganisation und fächerübergreifende Arbeitstechniken vermittelt. Zudem enthält jeder Schülerband eine Methodeneinheit zur Rechtschreibung. Ein weiterer methodisch durchgehender Schwerpunkt des Lehrwerks liegt auf der Förderung der Texterschließungskompetenz durch die Vermittlung grundlegender Lesetechniken. Von Anfang an werden die Schüler zudem gezielt angeleitet, ihre eigenen Texte zu planen und zu überarbeiten.

Umgang mit Texten

Die an Themen und Textarten orientierten Kapitel zum Umgang mit literarischen Texten bieten ein breites Spektrum bewährter und neuer Texte. Dabei werden analytische, kreative sowie handlungs- und produktionsorientierte Zugänge ausgewogen angeboten. Die Schüler lernen zahlreiche zum Lesen motivierende Kinder- und Jugendbücher kennen und erhalten zusätzliche Lesehinweise.

Neben den literarischen Texten und der Leseförderung liegt ein weiterer Schwerpunkt auf der Vermittlung des methodischen Umgangs mit Sachtexten. Mindestens eine Einheit pro Band behandelt den Umgang mit Sachtexten und vermittelt den Schülern unterschiedliche Erschließungsmethoden. Dabei werden auch diskontinuierliche Texte mit einbezogen.

Sowohl im Umgang mit fiktionalen als auch nicht fiktionalen Texten liegt ein deutliches Gewicht auf der Förderung von Lesetechniken und der Überprüfung des Leseverstehens. Dabei werden die Schüler mit den gängigen Aufgabentypen zum Leseverstehen, die in standardisierten Tests wie Lernstandserhebungen oder Abschlussprüfungen verwendet werden, vertraut gemacht.

Rechtschreibung

Jeder Schülerband enthält eine ausgewiesene Einheit, in der den Schülern Lösungsstrategien im Bereich der Rechtschreibung vermittelt werden. Darüber hinaus werden ausgewählte Rechtschreibprobleme gesondert thematisiert. In diesen Einheiten werden umfassend Übungsmaterialien angeboten. Der Umfang der Übungen ermöglicht sowohl eine Differenzierung und Individualisierung innerhalb des Lernprozesses als auch ein wiederholendes und nachhaltiges Lernen und Üben. Die Auswahl der Übungen orientiert sich dabei an unterschiedlichen Strategien und Lernertypen. Zu dem Angebot gehören auch zahlreiche Diktattexte, mit denen die Schüler selbstständig arbeiten können (z. B. in Form von Selbst- und Partnerdiktaten).

Umgang mit Medien

Insgesamt kommt ein weit gefasster Medienbegriff zum Tragen. Das Leitmedium Buch des Deutschunterrichts wird ausführlich thematisiert. Weiterhin setzen sich die

Schüler mit modernen Medien kritisch auseinander und lernen, mit diesen umzugehen. Sie werden z. B. umfassend in die Methoden des Recherchierens mithilfe des Internets oder in die Methoden der Filmanalyse eingeführt.

Arbeitshefte

Die Arbeitshefte sind inhaltlich auf die einzelnen Schulbücher abgestimmt. Die für die jeweilige Jahrgangsstufe besonders wichtigen Kompetenzen können so in den Arbeitsheften noch einmal geübt und vertieft werden. Sie enthalten ein ungewöhnlich umfassendes Material- und Übungsangebot, aus dem sich im Zusammenspiel mit dem Schulbuch zahlreiche Differenzierungsmöglichkeiten anbieten. Wie in den Schülerbüchern sind die verschiedenen Anforderungsprofile der Aufgaben farblich gekennzeichnet. Aufgaben, die ein kooperatives Lernen verlangen und fördern, werden durch ein entsprechendes Piktogramm besonders ausgewiesen. Alle Übungen können von den Schülern alleine oder mit einem Lernpartner selbstständig durchgeführt werden und bieten diesen viele Möglichkeiten der Auswahl von Aufgaben gemäß des eigenen Lerntempos und Lernstandes. Dabei dient das beigelegte Lösungsheft der Kontrolle des individuellen Lernerfolgs durch den einzelnen Schüler. Wo dies sinnvoll und möglich ist, schließen die einzelnen Kapitel mit einer „Teste dich selbst!"-Seite. Die Lösungen und eine punktemäßige Einschätzung ihrer Leistungen finden die Schüler ebenfalls in dem beiliegenden Lösungsheft.

Lehrerkommentare

Zur Vorbereitung und Durchführung des Unterrichts findet die Lehrkraft in den Kommentarbänden viele Unterstützungsangebote. In den Vorüberlegungen zu den einzelnen Einheiten wird die Struktur und Anlage der einzelnen Kapitel skizziert und der angestrebte Kompetenzerwerb ausgewiesen. Dann erfolgt die didaktische Aufbereitung der einzelnen Teilkapitel mit Lösungsvorschlägen zu den Aufgaben, weiteren fachlichen, methodischen und didaktischen Kommentaren sowie Vorschlägen für Tafelbilder.

Materialien für Lehrerinnen und Lehrer

Die Materialien für Lehrerinnen und Lehrer bieten auf die Einheiten der Schulbücher abgestimmte Materialien zur Weiterarbeit und Differenzierung. Weiter enthalten die Materialien zu den Kapiteln der Schulbücher mindestens drei Klassenarbeiten mit Bewertungsbogen. Zu Themen, bei denen sich keine Klassenarbeiten anbieten (z. B. bei einigen Bereichen der Rechtschreibung), werden der Lehrkraft mindestens drei Vorschläge für Lernerfolgskontrollen angeboten. Auch zu diesen Lernerfolgskontrollen findet die Lehrkraft entsprechende Bewertungsbögen, sodass diese auch als Diagnose-Instrument genutzt werden können.

CD-ROM

Die den Materialien für Lehrerinnen und Lehrer beigelegte CD-ROM enthält alle Arbeitsblätter, Vorschläge für Klassenarbeiten und Lernerfolgskontrollen sowie Beurteilungs- und Lösungsbögen. Dies ermöglicht der Lehrkraft eine Anpassung der Materialien an die jeweilige Lerngruppe und -situation.

BiBox – Digitale Lehrermaterialien

In der digitalen Version des Lehrerbandes sind die Materialien den Kapiteln und Seiten des Lehrwerks zugeordnet, sodass auf einen Blick alle vorhandenen Lehrerband-Materialien (Arbeitsblätter, Lösungen, Bewertungsbogen zur Leistungsüberprüfung/ Klassenarbeit) zu einer Lehrwerkseinheit zu sehen sind.

Hörverstehen und Zuhören

Die Ausbildung der Hörkompetenz ist vor dem Hintergrund, dass die Lebenswelt heutiger Schüler von audio-visuellen Medien bestimmt ist, zu einer wichtigen Aufgabe geworden. Zu den Schulbüchern für die Jahrgangsstufen 5–8 bietet „P.A.U.L. D. – Differenzierende Ausgabe" jeweils ein Paket von Doppel-CD und Arbeitsblättern zur Schulung der Hörkompetenz an. Auf der Doppel-CD werden viele, darunter die meisten längeren Texte, die im Schulbuch abgedruckt sind, von professionellen Sprechern vorgetragen. Zu den Texten des ersten umfangreicheren Teiles „Hörverstehen" werden für die Schüler Arbeitsblätter zur Texterfassung und -erschließung angeboten. Diese Arbeitsblätter können insbesondere als Differenzierungsangebot für schwächere Schüler eingesetzt werden. Oft hilft ihnen das Vortragen eines Textes dabei, ein angemessenes Textverständnis zu entwickeln. Die Arbeitsblätter geben diesen Schülern konkrete Hilfen, die zentralen Informationen, wichtigsten Aussagen und grundlegenden Intentionen eines Textes zu erfassen. Am Ende der zweiten CD werden einige literarische Texte, die im jeweiligen Schulbuch angeboten werden, unter der Überschrift „Zuhören" vorgetragen. Hier steht die Förderung der Motivation zur Beschäftigung mit Literatur im Vordergrund. Deshalb wurde bei diesem Teil auf Arbeitsblätter, die auf die technische Informationsentnahme im Sinne standardisierter Prüfungen zielen, verzichtet.

Online-Diagnose

Mithilfe eines 30-minütigen Tests kann für jeden Schüler eine individuelle Stärken-Schwächen-Analyse zu den einzelnen Kompetenzbereichen des Fachs Deutsch erstellt werden. Auf der Basis dieser Diagnose wird ein individueller Förderplan erstellt. Die Fördermaterialien können einfach heruntergeladen und ausgedruckt werden.

Rafik Schami: Geschichtenerzähler aus dem Orient – einen Autor kennenlernen

(Schülerbuch, S. 12 – 37)

Zusatz- und Differenzierungsmaterial, Leistungsüberprüfungen/Klassenarbeiten, Bewertungsbogen

Arbeitsblatt 1: Eine Charakterisierung vorbereiten (SB, S. 14 – 17)
   Der Streit – Charakterisierung des Bäckerjungen

Arbeitsblatt 2: Die Entwicklung eines Konflikts untersuchen (SB, S. 18 – 20)
   Der Plan – der Konflikt zwischen dem Bäckerjungen und seinem Vater

Arbeitsblatt 3: Eine Buchkritik erschließen (1) (SB, S. 14 – 21)
   Miriam Fritsch: Rafik Schamis Roman „Eine Hand voller Sterne"

Arbeitsblatt 4: Einem Sachtext Informationen entnehmen (SB, S. 22 – 25)
   Frank Radke: Syrien – Geschichte und politische Situation

Arbeitsblatt 5: Eine Buchkritik erschließen (2) (SB, S. 26 – 33)
   Eva Felka: Rafik Schamis Roman „Erzähler der Nacht"

Arbeitsblatt 6: Die Biografie eines Autors kennenlernen (SB, S. 12 – 37)
   Annika Ernst: Rafik Schami

Bewertungsbogen 7 zur Leistungsüberprüfung/Klassenarbeit (SB, S. 14 – 21)

Kopiervorlage 7 zur Aufgabenstellung der Leistungsüberprüfung/Klassenarbeit
→ CD-ROM

Aufgaben zur Leistungsüberprüfung/Klassenarbeit (Bewertungsbogen 7)

1. Charakterisiere den Bäckerjungen aus dem Roman „Eine Hand voller Sterne" von Rafik Schami. Gehe dabei so vor:
   - Formuliere eine Einleitung, in der du benennst, welche Figur du aus welchem Text charakterisierst. Benenne dazu den Autor, die Textsorte, den Titel und stelle die Figur und ihre Lebensumstände vor.
   - Lege dann dar, welchen Konflikt er mit seinem Vater hat und wie dieser Konflikt sich entwickelt. Erkläre auch, aus welchen Gründen der Bäckerjunge von zu Hause flieht.
2. Anna meint: „Ich finde das Verhalten des Jungen bewundernswert." Nimm Stellung zu der Frage, ob Anna mit dieser Einschätzung recht hat. Begründe deine Meinung.

Bewertungsbogen 8 zur Leistungsüberprüfung/Klassenarbeit (SB, S. 14–21)

Kopiervorlage 8 zur Aufgabenstellung der Leistungsüberprüfung/Klassenarbeit
→ CD-ROM

Aufgaben zur Leistungsüberprüfung/Klassenarbeit (Bewertungsbogen 8)

1. Charakterisiere die Figur des Onkel Salim aus dem Roman „Eine Hand voller Sterne" von Rafik Schami. Gehe dabei so vor:
   - Formuliere eine Einleitung, in der du benennst, welche Figur du aus welchem Text charakterisierst. Benenne dazu den Autor, die Textsorte, den Titel und stelle die Figur und ihre Lebensumstände vor.
   - Erläutere dann die Beziehung und das Verhältnis von Onkel Salim zu dem Bäckerjungen. Lege dabei vor allem dar, welche Rolle Onkel Salim im Leben des Bäckerjungen spielt.

2. Ein Schüler meint: „Die Freundschaft mit Onkel Salim hat dem Bäckerjungen geschadet." Nimm Stellung zu der Frage, ob er mit dieser Einschätzung recht hat. Begründe deine Meinung.

Bewertungsbogen 9 zur Leistungsüberprüfung/Klassenarbeit (SB, S. 14–21)

Kopiervorlage 9 zur Aufgabenstellung der Leistungsüberprüfung/Klassenarbeit
→ CD-ROM

Aufgabe zur Leistungsüberprüfung/Klassenarbeit (Bewertungsbogen 9)

Die Mutter des Bäckerjungen unterstützt ihren Sohn darin, dass er weiter zur Schule geht. Ihr Mann ist dagegen. Kurz vor der Flucht des Bäckerjungen kommt es zu einem Gespräch der beiden darüber, ob ihr Sohn weiter zur Schule gehen sollte.
- Sammle zunächst alle Gründe der Mutter und des Vaters für ihre Haltung und halte sie in Stichworten in einer Tabelle mit den Spalten „Argumente der Mutter" und „Argumente des Vaters" fest.
- Schreibe nun das Gespräch zwischen der Mutter und dem Vater darüber, ob ihr Sohn weiter die Schule besuchen sollte, auf.

Bewertungsbogen 10 zur Leistungsüberprüfung/Klassenarbeit (SB, S. 26–29)

Kopiervorlage 10 zur Aufgabenstellung der Leistungsüberprüfung/Klassenarbeit
→ CD-ROM

Aufgabe zur Leistungsüberprüfung/Klassenarbeit (Bewertungsbogen 10)

Analysiere den Textauszug „Tumas zweites Leben" (P.A.U.L.D. 9, S. 26–28) aus dem Roman „Erzähler der Nacht" von Rafik Schami. Gehe dabei so vor:
- Formuliere eine Einleitung (Autor, Textsorte, Titel, Thema).
- Gib den Inhalt des Textauszugs kurz wieder.
- Erläutere, was Tuma die Zeit in der Fremde gebracht hat.
- Nimm abschließend kurz Stellung zu der Frage, ob Tumas Auswanderung deiner Meinung nach ihm mehr Vor- oder Nachteile gebracht hat.

Bewertungsbogen 11 zur Leistungsüberprüfung/Klassenarbeit (SB, S. 30–33)

Kopiervorlage 11 zur Aufgabenstellung der Leistungsüberprüfung/Klassenarbeit
→ CD-ROM

Aufgabe zur Leistungsüberprüfung/Klassenarbeit (Bewertungsbogen 11)

Am Ende des Romanauszugs in P.A.U.L. D. 9, S. 33, will Ali von Tuma wissen, ob es in Amerika Hundefriedhöfe gibt. Darauf lügt Tuma „müde und verzweifelt" (Z. 125) und antwortet: „‚Nein, nein'" (Z. 125).

1. Schreibe einen inneren Monolog Tumas in dieser Situation. Mache dabei klar,
   - warum er seinen Zuhörern nicht die Wahrheit sagt und
   - was er über seine Zuhörer denkt.

2. Alex meint: „Tuma hatte sich vorgenommen, seinen Landsleuten nur die Wahrheit über Amerika zu erzählen. Ich finde es falsch, dass er nun am Ende lügt." Nimm begründet Stellung zu der Frage, ob sich Tuma in dieser Situation falsch verhält.

Arbeitsblatt 1

Eine Charakterisierung vorbereiten

Der Streit – Charakterisierung des Bäckerjungen

Äußere Lebensumstände	Verhalten, Eigenschaften und Einstellungen	Beziehung zu anderen Figuren

Halte in Stichworten fest, was der Leser in den Romanauszügen über den Ich-Erzähler erfährt.

Arbeitsblatt 2

Die Entwicklung eines Konflikts untersuchen

Der Plan – der Konflikt zwischen dem Bäckerjungen und seinem Vater

1. Phase (Z. 1–4) _____ _____	
2. Phase (Z. 20–23) _____ _____	
3. Phase (Z. 24–47) _____ _____	
4. Phase (Z. 48–61) _____ _____	
5. Phase (Z. 62–67) _____ _____	
6. Phase (Z. 68–82) _____ _____	

1. Die Entwicklung des Konflikts lässt sich sinnvoll in sechs Phasen einteilen. Finde für jede einzelne Phase eine passende Überschrift.

2. Halte in der rechten Spalte in Stichworten fest, was sich in den einzelnen Phasen ereignet und wie der Sohn die Situation jeweils erlebt.

© Schöningh Verlag

Eine Buchkritik erschließen (1)

Miriam Fritsch
Rafik Schamis Roman „Eine Hand voller Sterne"

„Eine Hand voller Sterne" zeigt die Lebenswelt eines 14-jährigen Bäckerjungen aus Damaskus (Syrien). Über zwei Jahre lang berichtet der Junge in seinem Tagebuch von seinen Erlebnissen und Gedanken.
5 Sein Vater möchte, dass er mit in der Bäckerei arbeitet, doch der Junge würde viel lieber in die Schule gehen, und sein Traum ist es, eines Tages Journalist zu werden, was in Syrien kein ungefährlicher Beruf ist. Er erzählt von der Schule, seinen
10 Freunden, seiner Familie und auch von Nadia, die er liebt. Obwohl viel Armut und Ungerechtigkeit in Damaskus existiert, gibt es auch viele schöne Momente in dem Leben des Bäckerjungen. Einer dieser Augenblicke ist der Tag, an dem sein Gedicht in
15 einem schönen Gedichtband veröffentlicht wird, was er u. a. einem engagierten Lehrer zu verdanken hat. Der Leser erfährt in dem Buch viel über das Leben eines normalen Kindes in Syrien, einem Land, in dem vieles anders ist als in Deutschland, in dem
20 Kinder und Jugendliche aber auch ähnliche Träume haben wie die Kinder hier.
Zu Beginn des Buches erscheint einem die Erzählung ein wenig langweilig, doch schon nach kurzer Zeit findet man Interesse am Leben des pfiffigen
25 Bäckerjungen, und man verfolgt gespannt seine Erlebnisse und hofft mit ihm, dass seine Träume wahr werden. Die Erlebnisse und somit auch die Tagebucheinträge werden zum Ende des Buches hin immer spannender, denn zunehmend geht es nicht
30 nur um kleine Erfahrungen in der Schule oder in der Familie, sondern auch um Leben und Tod.
Das Buch „Eine Hand voller Sterne" ist in einer einfachen, aber dennoch schönen Sprache geschrieben, sodass sich das Buch gut lesen lässt. Sicherlich
35 erscheint es einem manchmal so, dass die Sätze für Tagebucheinträge eines 14-Jährigen sehr ausformuliert sind (so kommt u. a. auch wörtliche Rede vor), aber dennoch spiegeln sie immer die Sichtweise eines Teenagers wider.

Insgesamt ist dieses Buch von Rafik Schami, der selbst in Damaskus geboren wurde, ein sehr schönes Buch für Kinder ab ca. 12 Jahren. Zum Vorlesen eignet es sich jedoch weniger gut, da es durch 40
Einträge, die teilweise kaum länger als ein Satz sind, sehr zerstückelt wirken würde.
„Eine Hand voller Sterne" war auf der Auswahlliste des Deutschen Jugendliteraturpreises 1988. [...] 45
(www.roterdorn.de [26.10.2015])

▌ Untersuche die Rezension. Achte dabei auf folgende Punkte:
- Was sagt die Autorin zum Inhalt des Romans?
- Welche Wertungen nimmt sie vor und wie begründet sie ihre Urteile?

Arbeitsblatt 4

Einem Sachtext Informationen entnehmen

Frank Radke: Syrien – Geschichte und politische Situation

Religion und Sprache (Z. 1–10)

Geschichte Syriens: Anfang des 20. Jahrhunderts bis zum Jahre 2000 (Z. 11–34)

Kriege unter der Baath-Regierung (Z. 35–46)

Arbeitsblatt 4

Syrien nach dem Tod von Hafez al-Assad (Z. 47–60)

„Arabischer Frühling" (Z. 61–77)

Verlauf und Folgen des Bürgerkriegs (Z. 78–113)

Halte in Stichworten die Informationen fest, die du in den jeweilgen Sinnabschnitten in dem Text zur „Geschichte und politischen Situation Syriens" erhältst.

Eine Buchkritik erschließen (2)

Eva Felka
Rafik Schamis Roman „Erzähler der Nacht"

Im Buch „Erzähler der Nacht" von Rafik Schami geht es um Salim, einen ehemaligen Kutscher und ausgezeichneten Geschichtenerzähler, der plötzlich auf mysteriöse Weise verstummt.

Salims Geschichte spielt in Damaskus. Dort war er Kutscher. Wohlgemerkt: WAR. Denn er hat sich zur Ruhe gesetzt und erzählt jetzt wie vorher wunderschöne Geschichten, die er auf seinen Fahrten von A nach B und zurück gesammelt hat. Doch eines Morgens im August 1959 ist er fast verstummt. Mit achtzehn Worten erklärt er seinen Freunden, was letzte Nacht passiert ist: Eine Fee sei ihm erschienen, die sagte, sie sei seine Helferin beim Erzählen gewesen. Wenn er sich bei seinen Geschichten so verschachtelt habe, dass er selbst nicht mehr herausfand, sei sie ihm zu Hilfe geeilt. Doch nun sei sie alt und könne ihm nicht mehr helfen. Er müsse sich eine neue, junge Fee suchen, die seinen Erzählungen problemlos folgen könne. Doch die bekäme er nur, wenn er vorher innerhalb von drei Monaten sieben einzigartige Geschenke erhielte. „Was denn für Geschenke?", fragte Salim. Doch das habe der Elfenkönig selbst ihr nicht verraten, das müsse er schon selbst herausfinden. Und er solle vorsichtig sein mit seinen Worten, denn jetzt habe er nur noch einundzwanzig. „Noch einundzwanzig Worte?" „Achtzehn!" Und sie verschwand.

Diese Schilderung packt er so gut wie möglich in siebzehn Worte, denn in der Nacht hat er ein weiteres vergeudet. Als er noch hinzusetzen will, dass er selbst nicht so ganz daran glaube, bringt er keine Silbe, keinen Schrei, keinen Laut mehr hervor.

Seine Freunde fangen an zu rätseln, was die sieben Geschenke sein könnten. Ali, der Schlosser, ist sich sicher, dass damit nur sieben Einladungen gemeint sein können. Doch der Versuch schlägt fehl. Auch Junis' Vorschlag, Salim sieben Weine kosten zu lassen, stellt sich als falsch heraus. Musa, der Friseur, glaubt zu wissen, dass der stumme Erzähler sieben Parfümsorten riechen müsse, siebenmal an jeder Flasche. Doch auch das funktioniert nicht. Sieben Hosen und Hemden vermögen ihn genauso wenig zu heilen wie der Gang zu sieben Beamten. Tuma, der „Emigrant", hat schließlich die rettende Idee. Dem Witwer müssen sieben Geschichten erzählt werden, dann kann er wieder sprechen.

Doch es bleibt nicht allzu viel Zeit. Die drei Monate sind fast um. Jeden Abend hören sich die Männer eine Geschichte an, die einer von ihnen erzählt. Am letzten Tag vor dem Ende der drei Monate schließlich ist Ali an der Reihe. Doch die Runde wartet lange auf ihn. Als nur noch vier Stunden bleiben, erscheint der Schlosser endlich – mit seiner Frau, die die siebte Geschichte erzählen soll. Aber die anderen sind gegen diese Variante und ein heftiger und langer Streit entbrennt. Und die Zeit wird immer knapper …
[…]

Ich finde, dass „Erzähler der Nacht" ein sehr schönes Buch ist. Beim Lesen fühlte ich mich wie in einem orientalischen Märchen, auch wenn ich manches Mal aus dieser Welt herausgerissen wurde durch Jahreszahlen, Ventilatoren oder Transistorradios. Es wurde vor allem dadurch interessant, dass sich die Geschichten der Freunde ineinander verstrickten. Einzelheiten der einen Erzählung waren der Kern der nächsten und so bildete sich ein richtiger Geschichtenkranz. Auch sehr gut gemacht war, dass es in dem Buch nicht nur um die Erzählungen selber, sondern auch um die Erzählkunst an sich ging. Viele Nebenbemerkungen helfen, sich ein Bild davon zu machen, wie man am besten eine Geschichte beginnt, sich merkt, ausformuliert. Alles in allem ist „Erzähler der Nacht" ein wunderschönes Märchen, das auch gut für Jugendliche und Erwachsene geeignet ist. Ich würde es in jedem Fall weiterempfehlen, besonders an Leute, die gerne fantasiereiche Geschichten und Romane lesen.

(www.home.arcor.de/tauchermuschel/buchliste78/erzähler.htm [26.10.2015])

- Untersuche die Rezension. Achte dabei auf folgende Punkte:
  - Was sagt die Autorin zum Inhalt des Romans?
  - Welche Wertungen nimmt sie vor und wie begründet sie ihre Urteile?

Die Biografie eines Autors kennenlernen

Annika Ernst: Rafik Schami

Rafik Schami

geb. 1946 in Damaskus (Syrien)

Leben

Die Erfahrung, einer Minderheit anzugehören, hat *Schami* von frühester Kindheit geprägt. Denn der Autor wurde als Kind christlicher Eltern in einem
5 überwiegend islamischen Land geboren. Seine Mutter stammt aus einem christlich-aramäischen Dorf und sprach die Minderheitensprache Aramäisch, während in Syrien überwiegend Arabisch oder Französisch gesprochen wurde. Diese Erfahrungen des Außensei-
10 tertums sollten künftig auch für *Schamis* literarische Arbeit von Bedeutung sein. So war *Schami* von 1966 bis 1969 in Damaskus Mitherausgeber und Autor einer kritischen Wandzeitung, die schließlich verboten wurde. 1971 kam *Schami* in die Bundesrepublik Deutsch-
15 land. Er arbeitete auf Baustellen und in Fabriken als Gastarbeiter, bis er ein Chemiestudium begann, das er 1979 mit der Promotion abschloss. Anschließend arbeitete *Schami* in der Chemie-Industrie. Seit 1982 ist er freier Schriftsteller.

20 **Leben und Werk**

Schon im Alter von 19 Jahren schreibt *Schami* erste Märchen. Nachdem er sich in der Bundesrepublik für das Leben als Schriftsteller entschieden hat, gründet er in den Achtzigerjahren eine Literaturgruppe
25 („Südwind") und einen interkulturellen Literatur- und Kunstverein („PoLiKunst"). Seine Bücher und Texte verfasst der Autor zunächst auf Arabisch, um sie dann selbst ins Deutsche zu übersetzen. Seit 1977 schreibt *Schami* direkt auf Deutsch. Damit gehört
30 *Schami* zu den ersten Migrantenautoren (Autoren, die in ein fremdes Land gezogen sind) in Deutschland, die in den Siebzigerjahren beginnen, das literarische Erbe und die Kultur ihres Herkunftslandes mit ihren Erfahrungen in der Fremde zu ver-
35 schmelzen und für deutschsprachige Leser zu verarbeiten. So engagiert sich *Schami* mit seinen Werken für Völkerverständigung und interkulturelle Literatur.

Das Werk *Rafik Schamis* ist geprägt von einem
40 märchenhaften, teils fantastischen, stets aber fantasievollen und oft schlitzohrigen Stil. *Schami* schreibt

Erzählungen und Romane für Kinder, Jugendliche und Erwachsene. Seine Werke setzen sich zum einen mit der Problematik des Fremdseins auseinander, vermitteln aber zugleich Kultur, Politik und persönli- 45 che Erlebnisse aus der syrischen Heimat des Autors. So bietet *Schami* in dem Erzählband „Der Fliegenmelker" (1985) märchenhafte, reale oder fantastische Geschichten aus seiner Kindheit. Ebenfalls um die Freude an farbigen, lustigen und verdrehten Ge- 50 schichten und den Spaß am Erzählen geht es in dem Roman „Erzähler der Nacht" (1989).

Mit der politischen Situation Syriens befasst sich *Schami* in seinem Jugendbuch „Eine Hand voller Sterne" (1987). Hier beschreibt ein Bäckersohn in 55 seinen Tagebuchaufzeichnungen sein Leben in Damaskus. Zwei Menschen stehen für ihn im Mittelpunkt: der Geschichtenerzähler Salim und der politische Journalist Habib. Habib schreibt für eine Untergrundzeitung, die sich gegen das Militärregime 60 wendet. Der Junge beginnt, begeistert von dem Engagement Habibs, mit seinen Freunden heimlich die Untergrundzeitung zu verbreiten. Doch schließlich wird Habib verhaftet.

65 Für seine Bücher erhielt *Schami* zahlreiche Preise, darunter den Züricher Jugendbuchpreis „La vache qui lit", den „Preis der Leseratten" des ZDF und den Adelbert-von-Chamisso-Preis. Mehrere Titel standen auf der Auswahlliste zum Deutschen Jugendliteraturpreis.

(Aus: Jörg Knobloch/Steffen Peltsch (Hg.): Lexikon Deutscher Kinder- und Jugendliteratur. Autorenportraits und literarische Begriffe, Stark Verlag, Freising 1998, S. 129–130)

1. Erstelle mithilfe des Lexikonartikels eine tabellarische Übersicht über das Leben des Schriftstellers Rafik Schami.

2. Fasse mit eigenen Worten zusammen, was das Besondere am Schreiben Rafik Schamis ist.

Bewertungsbogen 7

Name _____

Leistungsüberprüfung/Klassenarbeit zu der Unterrichtseinheit

„Eine Hand voller Sterne" – eine Figur charakterisieren
(P.A.U.L. D. 9, S. 14 – 21)

Aufgabentyp:
Eine Romanfigur charakterisieren und beurteilen

Aufgaben:

1. Charakterisiere den Bäckerjungen aus dem Roman „Eine Hand voller Sterne" von Rafik Schami. Gehe dabei so vor:
   - Formuliere eine Einleitung, in der du benennst, welche Figur du aus welchem Text charakterisierst. Benenne dazu den Autor, die Textsorte, den Titel und stelle die Figur und ihre Lebensumstände vor.
   - Lege dann dar, welchen Konflikt er mit seinem Vater hat und wie dieser Konflikt sich entwickelt. Erkläre auch, aus welchen Gründen der Bäckerjunge von zu Hause flieht.

2. Anna meint: „Ich finde das Verhalten des Jungen bewundernswert." Nimm Stellung zu der Frage, ob Anna mit dieser Einschätzung recht hat. Begründe deine Meinung.

Bewertungsbogen zur Leistungsüberprüfung/Klassenarbeit

Inhaltliche Leistungen

Aufgabe 1

	Du hast eine Charakterisierung des Bäckerjungen verfasst.	maximale Punktzahl	erreichte Punktzahl
1	Du hast in der Einleitung folgende Punkte benannt: – Figur, die charakterisiert wird: 14-jähriger Bäckerjunge und Ich-Erzähler – Text, in dem die Figur eine Rolle spielt: Jugendroman (Textsorte) „Eine Hand voller Sterne" (Titel) von Rafik Schami (Autor)	4	
2	Du hast in der Einleitung die Figur und ihre Lebensumstände kurz vorgestellt. Dabei bist du auf folgende Punkte eingegangen: Der Bäckerjunge – ist vierzehn Jahre alt, – lebt im christlichen Viertel in Damaskus, der Hauptstadt von Syrien, – ist Klassenbester und sehr ehrgeizig, – möchte unbedingt zur Schule gehen und später Journalist werden, um gegen politische Missstände in Syrien ankämpfen zu können, – soll nach dem Willen des Vaters aber die familiäre Bäckerei weiterführen, – seine Mutter und sein Onkel Salim unterstützen ihn bei seinem Plan, weiter zur Schule zu gehen und nicht Bäcker zu werden, – …	16	

Bewertungsbogen 7

3	Du hast im Hauptteil den Konflikt zwischen dem Bäckerjungen und seinem Vater und dessen Entwicklung dargelegt. Dabei bist du auf folgende Punkte eingegangen: – Der Vater lehnt einen weiteren Schulbesuch seines Sohnes ab, weil er unbedingt will, dass dieser in der Bäckerei arbeitet und diese später übernimmt. – Er ist überzeugt davon, dass dies das Beste für den Sohn ist. Außerdem hält er es für Schicksal bzw. nicht anzuzweifelnde Tradition, dass der Sohn eines Bäckers auch Bäcker wird. – Der Vater hat auch keinerlei Verständnis für die Absichten des Sohnes, weiter zur Schule zu gehen, sondern meldet diesen hinter seinem Rücken von der Schule ab. – Der Sohn hält weiter an seinen Plänen fest und wehrt sich dagegen, in der Bäckerei arbeiten zu müssen. – Er wird immer wütender auf seinen Vater und hasst die Bäckerei immer mehr. – Der Konflikt schaukelt sich so hoch, dass die beiden nicht mehr miteinander reden können. Es kommt jeden Tag zu Auseinandersetzungen und Streit. – Dann beschließt der Bäckerjunge, von zu Hause zu fliehen. – …	16	
4	Du hast die Gründe dafür erklärt, warum der Junge von zu Hause flieht. Dabei bist du auf folgende Punkte eingegangen: – Der Junge wird immer verzweifelter, da er sieht, dass sein Vater ihm auf keinen Fall einen weiteren Besuch der Schule erlaubt. – Er hält es nicht mehr mit seinem Vater und der Vorstellung, in der Bäckerei arbeiten zu müssen, aus. Deshalb ist ihm alles lieber als die Arbeit in der Bäckerei und das Zusammenleben mit dem Vater. – Er hofft in Aleppo eine Möglichkeit zu finden, sich als Journalist bei einer Zeitung ausbilden lassen zu können. – Dazu ist er bereit, jede Arbeit oder Unannehmlichkeit auf sich zu nehmen. – …	12	
	Gesamtpunktzahl für Aufgabe 1	**48**	

Aufgabe 2

	Du hast deine Meinung zu der Frage, ob Anna mit ihrer Aussage, dass das Verhalten des Bäckerjungen bewundernswert sei, begründet dargelegt:	**maximale Punktzahl**	**erreichte Punktzahl**
1	Du hast deine Meinung z. B. mit folgenden Gründen gestützt: Für Annas Aussage spricht: – Der Bäckerjunge möchte etwas in der Welt als Journalist verändern. Dazu ist er bereit, große Opfer auf sich zu nehmen. – Er lässt sich nicht von seinem Vater und dessen traditionellen Vorstellungen von den Pflichten seines Sohnes bestimmen. Vielmehr glaubt er an die Möglichkeit, sein Leben selbst zu bestimmen, und handelt auch dementsprechend. – … Gegen Annas Aussage spricht: – Die Flucht des Bäckerjungen ist sehr leichtsinnig und realistisch betrachtet sinnlos. Im wahren Leben würde er an den Umständen vorhersehbar scheitern.	12	

Bewertungsbogen 7

	– In seiner Wut auf seinen Vater sieht er nicht, dass sein Vater aus seiner Sicht wirklich nur das Beste für ihn will. Er müsste mehr Verständnis für seinen Vater aufbringen. – ...		
	Gesamtpunktzahl für Aufgabe 2	12	
	Gesamtpunktzahl für Aufgabe 1 und 2	60	

Darstellungsleistungen

		maximale Punktzahl	erreichte Punktzahl
1	Deine Rechtschreibung, Zeichensetzung und Grammatik sind fehlerfrei.	10	
2	Du formulierst genau, sachlich und beachtest das Präsens.	4	
3	Du formulierst syntaktisch angemessen. Dein Satzbau ist sicher und abwechslungsreich.	4	
4	Deine Ausführungen sind durchgehend nachvollziehbar, schlüssig und verständlich.	6	
	Gesamtpunktzahl für die Darstellungsleistungen	24	
	Gesamtpunktzahl	84	

Die Leistungsüberprüfung/Klassenarbeit wird mit der Note

_____ bewertet.

_____
Datum   Unterschrift

Zuordnung der Punkte zu den Notenstufen

Note	Punkte
sehr gut	84 – 73
gut	72 – 61
befriedigend	60 – 50
ausreichend	49 – 38
mangelhaft	37 – 16
ungenügend	15 – 0

Bewertungsbogen 8

Name _____

Leistungsüberprüfung/Klassenarbeit zu der Unterrichtseinheit

„Eine Hand voller Sterne" – eine Figur charakterisieren
(P.A.U.L. D. 9, S. 14–21)

Aufgabentyp: Eine Romanfigur charakterisieren und beurteilen
Aufgaben: 1. Charakterisiere die Figur des Onkel Salim aus dem Roman „Eine Hand voller Sterne" von Rafik Schami. Gehe dabei so vor: • Formuliere eine Einleitung, in der du benennst, welche Figur du aus welchem Text charakterisierst. Benenne dazu den Autor, die Textsorte, den Titel und stelle die Figur und ihre Lebensumstände vor. • Erläutere dann die Beziehung und das Verhältnis von Onkel Salim zu dem Bäckerjungen. Lege dabei vor allem dar, welche Rolle Onkel Salim im Leben des Bäckerjungen spielt. 2. Ein Schüler meint: „Die Freundschaft mit Onkel Salim hat dem Bäckerjungen geschadet." Nimm Stellung zu der Frage, ob er mit dieser Einschätzung recht hat. Begründe deine Meinung.

Bewertungsbogen zur Leistungsüberprüfung/Klassenarbeit

Inhaltliche Leistungen

Aufgabe 1

	Du hast eine Charakterisierung der Figur des Onkel Salim verfasst.	maximale Punktzahl	erreichte Punktzahl
1	Du hast in der Einleitung folgende Punkte benannt: – Figur, die charakterisiert wird: 75-jähriger ehemaliger Kutscher aus Damaskus – Text, in dem die Figur eine Rolle spielt: Jugendroman (Textsorte) „Eine Hand voller Sterne" (Titel) von Rafik Schami (Autor)	5	
2	Du hast in der Einleitung die Figur und ihre Lebensumstände kurz vorgestellt. Dabei bist du auf folgende Punkte eingegangen: Onkel Salim: – ist der väterliche Freund des Ich-Erzählers, des Bäckerjungen, – lebt mit dessen Familie in einem Haus des christlichen Viertels in Damaskus, der Hauptstadt von Syrien, – erzählt spannende und fantasievolle Geschichten von Räubern, Feen oder Königen, – ist sehr klug und sehr informiert über das politische Weltgeschehen, – bedauert, dass er nicht schreiben und deshalb seine Lebenserinnerungen nicht weitergeben kann, – …	12	

Bewertungsbogen 8

3	Du hast im Hauptteil die Beziehung und das Verhältnis Onkel Salims zu dem Bäckerjungen erläutert und dargestellt, welche Rolle Onkel Salim im Leben des Bäckerjungen spielt. Dabei bist du auf folgende Punkte eingegangen: Onkel Salim: – erklärt dem Bäckerjungen, dass ein Journalist Missstände aufdeckt und sich mutig gegen die Mächtigen stellt, – gibt mit seinen Schwärmereien über den Mut und das freie Leben eines Journalisten den Anstoß dazu, dass der Bäckerjunge unbedingt Journalist werden will, – unterstützt den Bäckerjungen entschlossen gegen den Vater; er streitet sich zweimal heftig mit dem Vater, um zu erreichen, dass der Junge weiter zur Schule gehen darf, – kann den Vater aber nicht überzeugen und scheitert mit seinem Eingreifen, – …	18	
	Gesamtpunktzahl für Aufgabe 1	**35**	

Aufgabe 2

	Du hast deine Meinung zu der Aussage, dass die Freundschaft zu Onkel Salim dem Bäckerjungen geschadet habe, begründet dargelegt:	maximale Punktzahl	erreichte Punktzahl
1	Du hast deine Meinung z. B. mit folgenden Gründen gestützt: Für diese Aussage spricht: – Es sind die Schwärmereien Onkel Salims über das Leben eines Journalisten, die dazu führen, dass der Bäckerjunge von zu Hause flieht. – Onkel Salim mit seinen Verrücktheiten ist kein gutes Vorbild für den Bäckerjungen. Der Einfluss Onkel Salims hat dazu geführt, dass der Junge eine gesicherte Existenz als Bäcker zugunsten einer fixen Idee ausschlägt. – … Gegen diese Aussage spricht: – Onkel Salim versteht den Bäckerjungen im Gegensatz zum Vater. Ohne Onkel Salim wäre dem Bäckerjungen nie klar geworden, was er wirklich im Leben erreichen möchte. – Im Gegensatz zu dem Vater verhält sich Onkel Salim gegenüber dem Jungen wie ein Vater. Onkel Salim unterstützt den Jungen darin, eine möglichst gute Schulbildung zu erreichen. – …	10	
	Gesamtpunktzahl für Aufgabe 2	**10**	
	Gesamtpunktzahl für Aufgabe 1 und 2	**45**	

© Schöningh Verlag

Bewertungsbogen 8

Darstellungsleistungen

		maximale Punktzahl	erreichte Punktzahl
1	Deine Rechtschreibung, Zeichensetzung und Grammatik sind fehlerfrei.	6	
2	Du formulierst genau, sachlich und beachtest das Präsens.	3	
3	Du formulierst syntaktisch angemessen. Dein Satzbau ist sicher und abwechslungsreich.	2	
4	Deine Ausführungen sind durchgehend nachvollziehbar, schlüssig und verständlich.	4	
	Gesamtpunktzahl für die Darstellungsleistungen	**15**	
	Gesamtpunktzahl	**60**	

Die Leistungsüberprüfung/Klassenarbeit wird mit der Note

                                                 bewertet.

Zuordnung der Punkte zu den Notenstufen

Note	Punkte
sehr gut	60 – 52
gut	51 – 44
befriedigend	43 – 35
ausreichend	34 – 27
mangelhaft	26 – 11
ungenügend	10 – 0

Datum   Unterschrift

Bewertungsbogen 9

Name _____

Leistungsüberprüfung / Klassenarbeit zu der Unterrichtseinheit

„Eine Hand voller Sterne" – eine Figur charakterisieren (P.A.U.L. D. 9, S. 14 – 21)

Aufgabentyp:
Einen Dialog zwischen zwei Romanfiguren verfassen

Aufgabe:

Die Mutter des Bäckerjungen unterstützt ihren Sohn darin, dass er weiter zur Schule geht. Ihr Mann ist dagegen. Kurz vor der Flucht des Bäckerjungen kommt es zu einem Gespräch der beiden darüber, ob ihr Sohn weiter zur Schule gehen sollte.

- Sammle zunächst alle Gründe der Mutter und des Vaters für ihre Haltung und halte sie in Stichworten in einer Tabelle mit den Spalten „Argumente der Mutter" und „Argumente des Vaters" fest.
- Schreibe nun das Gespräch zwischen der Mutter und dem Vater darüber, ob ihr Sohn weiter die Schule besuchen sollte, auf.

Bewertungsbogen zur Leistungsüberprüfung / Klassenarbeit

Inhaltliche Leistungen

Aufgabe		maximale Punktzahl	erreichte Punktzahl
	Du hast auf der Grundlage deiner Sammlung der Argumente der Mutter und des Vaters ein Gespräch zwischen den beiden darüber, ob ihr Sohn weiter zur Schule gehen soll, verfasst.		
1	Du hast den Standpunkt der Mutter und des Vaters zutreffend verdeutlicht: – Der Vater will den Jungen von der Schule nehmen, damit er in der Bäckerei arbeitet und Bäcker wird. – Die Mutter möchte, dass der Junge weiter zur Schule geht und selbst bestimmt, was er später werden will.	4	
2	Du hast passende Argumente des Vaters angeführt. Dabei bist du z. B. auf folgende Punkte eingegangen: Der Vater: – hält einen weiteren Schulbesuch für unnötig, da die Bäckerei seinem Sohn ein gutes Auskommen ermöglicht, – beruft sich darauf, dass er als Familienoberhaupt über die Zukunft seines Sohnes bestimmen könne, da dieser die staatliche Schulpflicht erfüllt habe, – hält es aus Gründen der Tradition für ein nicht zu änderndes Schicksal, dass der Sohn eines Bäckers Bäcker werden müsse, – hält die Schule für sinnlos, da nicht klar ist, wovon sein Sohn später trotz der höheren Schulbildung leben soll, – …	12	

Bewertungsbogen 9

3	Du hast passende Argumente der Mutter angeführt. Dabei bist du z. B. auf folgende Punkte eingegangen: Die Mutter: – verweist darauf, dass der Junge Klassenbester sei und deshalb ein weiterer Besuch der Schule nötig sei, – beruft sich darauf, dass ihr Sohn die Arbeit in der Bäckerei hasst und er deshalb etwas anderes machen sollte, – meint, dass die Begabungen und Interessen des Sohnes in der Schule und nicht in der Bäckerei gefördert und entwickelt werden könnten, – vertritt den Standpunkt, dass der Junge das Recht habe, selbst über seine Zukunft zu entscheiden, – …	12	
4	Du hast in deinem Gespräch das Verhalten der Mutter und des Vaters passend verdeutlicht. – Der Vater wird laut, herrisch und zornig. – Die Mutter bittet, bleibt hartnäckig und redet auf den Vater ein.	6	
5	Du hast einen passenden Schluss für das Gespräch entwickelt. Z. B.: – Der Vater bricht das Gespräch ab. – Er wirft die Mutter aus dem Zimmer. – Er verbietet sich jede weitere Diskussion. – …	4	
	Gesamtpunktzahl für die inhaltlichen Leistungen	38	

Darstellungsleistungen

		maximale Punktzahl	erreichte Punktzahl
1	Deine Rechtschreibung, Zeichensetzung und Grammatik sind fehlerfrei.	6	
2	Du gestaltest deinen Text in Form eines Dialogs.	2	
3	Du gestaltest die Figurenrede so, dass sie zu der Situation passt.	2	
4	Deine Ausführungen sind durchgehend nachvollziehbar, schlüssig und verständlich.	3	
	Gesamtpunktzahl für die Darstellungsleistungen	13	
	Gesamtpunktzahl	51	

Die Leistungsüberprüfung/Klassenarbeit wird mit der Note

_____ **bewertet.**

Zuordnung der Punkte zu den Notenstufen

Note	Punkte
sehr gut	51 – 44
gut	43 – 37
befriedigend	36 – 30
ausreichend	29 – 23
mangelhaft	22 – 10
ungenügend	9 – 0

Datum   Unterschrift

Bewertungsbogen 10

Name _____

Leistungsüberprüfung/Klassenarbeit zu der Unterrichtseinheit

Zwischen zwei Welten – Romanauszüge erschließen
(P.A.U.L. D. 9, S. 26 – 29)

Aufgabentyp:	
	Erzähltexte analysieren

Aufgabe:

Analysiere den Textauszug „Tumas zweites Leben" (P.A.U.L. D. 9, S. 26 – 28) aus dem Roman „Erzähler der Nacht" von Rafik Schami. Gehe dabei so vor:
- Formuliere eine Einleitung (Autor, Textsorte, Titel, Thema).
- Gib den Inhalt des Textauszuges kurz wieder.
- Erläutere, was Tuma die Zeit in der Fremde gebracht hat.
- Nimm abschließend kurz Stellung zu der Frage, ob Tumas Auswanderung deiner Meinung nach ihm mehr Vor- oder Nachteile gebracht hat.

Bewertungsbogen zur Leistungsüberprüfung/Klassenarbeit

Inhaltliche Leistungen

Aufgabe		maximale Punktzahl	erreichte Punktzahl
	Du hast den Textauszug „Tumas zweites Leben" (P.A.U.L. D. 9, S. 26 – 28) aus dem Roman „Erzähler der Nacht" von Rafik Schami analysiert.		
1	Du hast einen vollständigen Einleitungssatz formuliert. Dabei hast du folgende Punkte benannt: – Autor: Rafik Schami – Textsorte: Roman – Titel: Erzähler der Nacht – Thema: Salim der Kutscher wird eines Tages stumm. Um ihn zu erlösen, müssen seine Freunde ihm in sieben Nächten eine Geschichte erzählen. In der dritten Nacht erzählt Tuma über seine Erfahrungen, die er als Auswanderer in Amerika gemacht hat.	8	
2	Du hast den Inhalt kurz wiedergegeben. Dabei hast du folgende Punkte aufgeführt: – Tuma erzählt, dass er in Amerika ein hartes Leben geführt hat. – Es ärgert ihn, dass seine Landsleute ihn nach seiner Rückkehr für einen Versager hielten, weil sie denken, jeder müsse in Amerika reich werden. – Niemand hat sich nach seiner Rückkehr für das interessiert, was er wirklich in Amerika erlebt hat und was ihm die Auswanderung gebracht hat. Alle zeigten sich nur enttäuscht, dass er nicht reich geworden ist. – Tuma zieht für sich das Fazit, dass die Auswanderung ihn mutig gemacht habe und er gelernt habe, sein Leben selbst in die Hand zu nehmen.	12	

Bewertungsbogen 10

	– Weiter berichtet Tuma über die Erfahrung, dass die Amerikaner keine oder falsche Vorstellung vom Leben in Syrien haben. Sie erwarteten, dass Tuma sich anpasst, waren aber an seinen Erklärungen über das Leben in seiner Heimat nicht interessiert.		
3	Du hast erläutert, was die Auswanderung Tuma gebracht habe. Dabei bist du auf folgende Punkte eingegangen: – Tuma hat keinen Reichtum, aber ein „zweite[s] Leben" (Z. 29f.) gefunden. – In Amerika entwickelte er einen ihm bis „dahin fremden Mut" (Z. 33). Vorher in Latakia war er ein „Angsthase" (Z. 30) gewesen. – Früher hat er sich immer auf den „Schutz" (Z. 35), den ihm die Familie und die Angehörigen gegeben haben, verlassen. In Amerika hat er gelernt, ohne seine „Sippe" (Z. 34) zu leben, „frei" (Z. 37) zu sein und „etwas Neues zu wagen" (Z. 37). – Auch hat er gelernt, ein „hartes Leben" (Z. 6) auszuhalten und als Einwanderer in einem großen und unbekannten Land zurechtzukommen. – Als Belastung hat Tuma vor allem erlebt, dass er sich auf Englisch nie so ausdrücken konnte wie in seiner Muttersprache. Er hat unter dieser „bittere[n] Stummheit" (Z. 60) gelitten.	15	
4	Du hast abschließend Stellung dazu bezogen, ob Tumas Auswanderung ihm deiner Meinung nach mehr Vor- oder mehr Nachteile gebracht hat. Dabei hast du deine Meinung z. B. mit folgenden Argumenten begründet: Tumas Auswanderung hat ihm mehr Vorteile gebracht, weil – er gelernt hat, ein selbstständiges Leben zu führen, und er sich unabhängig von seiner Familie gemacht hat, – er viele Erfahrungen gemacht hat, die er zu Hause nicht hätte machen können, – … Tumas Auswanderung hat ihm mehr Nachteile gebracht, weil – er es in Amerika zu keinem Wohlstand gebracht hat und er schließlich nach Latakia zurückgekehrt ist, wo ihn jetzt alle für einen Versager halten, – er in Amerika ein Fremder geblieben ist, in Latakia aber Freunde und Familie gehabt hätte, – …	10	
	Gesamtpunktzahl für die inhaltlichen Leistungen	**45**	

Darstellungsleistungen

		maximale Punktzahl	erreichte Punktzahl
1	Deine Rechtschreibung, Zeichensetzung und Grammatik sind fehlerfrei.	8	
2	Deine Wortwahl ist abwechslungsreich, genau und angemessen.	3	
3	Deine Ausführungen sind durchgehend nachvollziehbar, schlüssig und verständlich.	4	
	Gesamtpunktzahl für die Darstellungsleistungen	**15**	
	Gesamtpunktzahl	**60**	

© Schöningh Verlag

Bewertungsbogen 10

Die Leistungsüberprüfung/Klassenarbeit wird mit der Note

▓▓▓▓▓▓▓▓▓▓▓▓▓▓▓▓▓▓▓▓▓▓▓▓▓▓▓▓▓▓ bewertet.

_____
Datum   Unterschrift

Zuordnung der Punkte zu den Notenstufen

Note	Punkte
sehr gut	60 – 52
gut	51 – 44
befriedigend	43 – 35
ausreichend	34 – 27
mangelhaft	26 – 11
ungenügend	10 – 0

© Schöningh Verlag

Bewertungsbogen 11

Name _____

Leistungsüberprüfung/Klassenarbeit zu der Unterrichtseinheit

Zwischen zwei Welten – Romanauszüge erschließen
(P.A.U.L. D. 9, S. 30–33)

Aufgabentyp:
Einen inneren Monolog verfassen und eine Romanfigur beurteilen

Aufgaben:

Am Ende des Romanauszugs in P.A.U.L. D. 9, S. 33, will Ali von Tuma wissen, ob es in Amerika Hundefriedhöfe gibt. Darauf lügt Tuma „müde und verzweifelt" (Z. 125) und antwortet: „‚Nein, nein'" (Z. 125).

1. Schreibe einen inneren Monolog Tumas in dieser Situation. Mache dabei klar,
   - warum er seinen Zuhörern nicht die Wahrheit sagt und
   - was er über seine Zuhörer denkt.

2. Alex meint: „Tuma hatte sich vorgenommen, seinen Landsleuten nur die Wahrheit über Amerika zu erzählen. Ich finde es falsch, dass er nun am Ende lügt." Nimm begründet Stellung zu der Frage, ob sich Tuma in dieser Situation falsch verhält.

Bewertungsbogen zur Leistungsüberprüfung/Klassenarbeit

Inhaltliche Leistungen

Aufgabe 1

	Du hast einen passenden inneren Monolog Tumas zu der vorgegebenen Situation verfasst.	maximale Punktzahl	erreichte Punktzahl
1	Du hast deutlich gemacht, warum Tuma seinen Zuhörern nicht die Wahrheit sagt. Dabei bist du z. B. auf folgende Punkte eingegangen: – Die Zuhörer sind der Überzeugung, dass Tuma ihnen mit Absicht Märchen über Amerika erzählt, weil sie die Sitten der Amerikaner aufgrund ihrer eigenen Kultur für barbarisch oder unglaublich halten. – Tuma stellt fest, dass seine Zuhörer ihm umso mehr nicht glauben und sich belogen fühlen, je mehr er die Wahrheit über Amerika erzählt. – Er sieht, dass seine Zuhörer nicht wirklich interessiert sind, zu erfahren, wie die Amerikaner leben. Sie halten engstirnig vor allem an ihren Vorurteilen fest. – Tuma sieht, dass es genauso aussichtslos ist, seine Landsleute über die wirklichen Zustände in Amerika aufzuklären, wie die Amerikaner über den Orient. Sowohl die Amerikaner wie auch seine Zuhörer halten Tumas Bericht für „Ammenmärchen". – …	20	

Bewertungsbogen 11

		maximale Punktzahl	erreichte Punktzahl
2	Du hast deutlich gemacht, was Tuma von seinen Zuhörern hält. Dabei bist du z. B. auf folgende Punkte eingegangen: – Tuma ist angesichts der Engstirnigkeit seiner Zuhörer verzweifelt. – Er sieht, dass seine Freunde genauso in ihren Vorurteilen gefangen sind wie die Amerikaner. – Er hält seine Zuhörer für beschränkt, da sie nur das glauben, was sie kennen. – …	12	
	Gesamtpunktzahl für Aufgabe 1	**32**	

Aufgabe 2

		maximale Punktzahl	erreichte Punktzahl
	Du hast zu der Meinung von Alex, dass es von Tuma falsch gewesen sei, seine Zuhörer am Ende anzulügen, begründet Stellung genommen.		
1	Dabei hast du deine Meinung begründet dargelegt, indem du z. B. folgende Argumente angeführt hast: Argumente dafür, dass Alex recht hat: – Der Verlauf des bisherigen Gesprächs hat gezeigt, dass es nur zu einem unnötigen Streit gekommen wäre, wenn Tuma nicht eingelenkt hätte. – Tumas Zuhörer sind derart unbelehrbar, dass Tuma nichts anderes übrig geblieben ist. – … Argumente dagegen, dass Alex recht hat: – Tuma hätte Faris und den Minister direkt auffordern müssen, den anderen zu sagen, dass er die Wahrheit erzählt. – Er hätte den Streit mit seinen Freunden in Kauf nehmen müssen, um seinem Grundsatz, nur die Wahrheit über Amerika zu berichten, treu zu bleiben. – …	8	
	Gesamtpunktzahl für Aufgabe 2	**8**	
	Gesamtpunktzahl für Aufgabe 1 und 2	**40**	

Darstellungsleistungen

		maximale Punktzahl	erreichte Punktzahl
1	Deine Rechtschreibung, Zeichensetzung und Grammatik sind fehlerfrei.	8	
2	Du gestaltest deinen Text in Form eines inneren Monologs (Ich-Form/Präsens/Gedankenstrom …).	3	
3	Deine Ausführungen sind durchgehend nachvollziehbar, schlüssig und verständlich.	4	
	Gesamtpunktzahl für die Darstellungsleistungen	**15**	
	Gesamtpunktzahl	**55**	

Bewertungsbogen 11

Die Leistungsüberprüfung/Klassenarbeit wird mit der Note

bewertet.

_____
Datum   Unterschrift

Zuordnung der Punkte zu den Notenstufen

Note	Punkte
sehr gut	55 – 48
gut	47 – 40
befriedigend	39 – 32
ausreichend	31 – 25
mangelhaft	24 – 10
ungenügend	9 – 0

© Schöningh Verlag

Von Grenzsituationen und ungewöhnlichen Ereignissen – Kurzgeschichten erschließen
(Schülerbuch, S. 38 – 55)

Zusatz- und Differenzierungsmaterial, Leistungsüberprüfungen/Klassenarbeiten, Lösungs- und Bewertungsbogen

Arbeitsblatt 1: Die eigenen Textkenntnisse überprüfen (SB, S. 40 – 43)
   Charakterisierung der Figur Senter (Fehlertext)
Lösung 1 (zum AB 1)

Arbeitsblatt 2: Merkmale einer Kurzgeschichte nachweisen (SB, S. 44 – 47)
   Ilse Aichinger: Das Fenster-Theater

Arbeitsblatt 3: Das Verhalten einer Figur untersuchen und darstellen (SB, S. 44 – 47)
   Ilse Aichinger: Das Fenster-Theater

Arbeitsblatt 4: Anfänge und Schlüsse von kurzen Erzählungen untersuchen (SB, S. 47)
   Die Anfänge dreier kurzer Erzählungen/Die Schlüsse dreier kurzer Erzählungen

Arbeitsblatt 5: Die Entwicklung einer Figurenbeziehung untersuchen (SB, S. 48 – 53)
   Wolfgang Borchert: Nachts schlafen die Ratten doch
Lösung 5 (zum AB 5)

Arbeitsblatt 6: Eine Kurzgeschichte analysieren (1) (SB, S. 40 – 53)
   Heinrich Böll: Anekdote zur Senkung der Arbeitsmoral
Bewertungsbogen 6 zur Leistungsüberprüfung/Klassenarbeit (AB 6)

Arbeitsblatt 7: Eine Kurzgeschichte analysieren (2) (SB, S. 40 – 53)
   Ernest Hemingway: Alter Mann an der Brücke
Bewertungsbogen 7 zur Leistungsüberprüfung/Klassenarbeit (AB 7)

Arbeitsblatt 8: Eine Kurzgeschichte analysieren (3) (SB, S. 40 – 53)
   Robert Musil: Der Verkehrsunfall
Bewertungsbogen 8 zur Leistungsüberprüfung/Klassenarbeit (AB 8)

Arbeitsblatt 1

Die eigenen Textkenntnisse überprüfen

Die Beschreibung und Deutung eines Textes nennt man Analyse. In den vergangenen Schuljahren hast du bereits einige Kenntnisse erworben, die bei einer Textanalyse vorausgesetzt werden. Jeder sollte wissen, wie eine Inhaltsangabe formuliert werden muss, wie man eine Figur aus dem Text charakterisiert, wie man seine Meinung begründet und stützt und was man unter sprachlichen Besonderheiten (Bilder, Satzarten, Spracharten) versteht. Bei einer Charakterisierung werden zunächst alle Angaben über eine Figur, die im Text vorkommen, zusammengestellt.

Der folgende Text könnte bereits den Anfang einer Charakterisierung bilden:

Charakterisierung der Figur Senter (Fehlertext)

1. William M. Harg schrieb den Bericht „Der Retter", bei der ein Matrose namens Senter die Hauptfigur ist.
2. Senter ist der Seemann am Ruder eines dreimastigen Segelschiffs, der seine zehn Mannschaftskameraden beim Untergang der „Christopher" überlebt.
3. Dies gelingt ihm aber nur mithilfe eines Hundes, von dem er lernen kann, nicht an die Vergangenheit zu denken, sondern nur das zu tun, was gerade getan werden muss.
4. So überleben Senter und der Hund sieben Tage ohne Wasser und Nahrung auf einem Floß im Meer.
5. Der Kapitän des Schiffes, das ihn aufgenommen hat, kann dies nicht glauben, da Menschen normalerweise nicht so lange ohne Wasser überleben können.
6. Auch die Entwicklung des Verhältnisses zwischen Senter und dem Hund gehört zu einer Charakterisierung dazu, weil hier die Gefühle und Verhaltensweisen eine große Rolle spielen.
7. Das Verhältnis zwischen Senter und dem Hund verändert sich im Verlauf der Geschichte.
8. Am Anfang herrscht völlige Zuneigung auf beiden Seiten vor.
9. Danach durchläuft Senter ein Wechselbad der Gefühle: Er wird wütend auf den Hund, dann böse, schließlich triumphiert er, weil er weiß, dass er es länger aushalten kann. Allmählich wächst die Erkenntnis, dass er das Tier nicht entbehren kann in seinem Kampf ums Überleben, und am Ende liebt er den Hund.

Die Charakterisierung der Figur Senter enthält insgesamt elf Fehler.
- Unterstreiche oder markiere diese Fehler.
- Berichtige die Fehlersätze und schreibe sie richtig auf.

Lösung 1

Die eigenen Textkenntnisse überprüfen

Charakterisierung der Figur Senter

1. William M. Harg schrieb ~~(den Bericht)~~ **die Kurzgeschichte** „Der Retter", bei der ein Matrose namens Senter die Hauptfigur ist.
2. Senter ist der Seemann ~~(am Ruder)~~ **im Ausguck** eines ~~(dreimastigen)~~ **zweimastigen** Segelschiffs, der seine ~~(zehn)~~ **acht** Mannschaftskameraden beim Untergang der ~~("Christopher")~~ **„Christoph"** überlebt.
3. Dies gelingt ihm aber nur mithilfe eines Hundes, von dem er lernen kann, nicht an die ~~(Vergangenheit)~~ **Zukunft** zu denken, sondern nur das zu tun, was gerade getan werden muss.
4. So überleben Senter und der Hund ~~(sieben)~~ **sechs** Tage ohne Wasser und Nahrung auf ~~(einem Floß)~~ **einer Planke** im Meer.
5. Der ~~(Kapitän)~~ **Schiffsarzt** des Schiffes, das ihn aufgenommen hat, kann dies nicht glauben, da Menschen normalerweise nicht so lange ohne Wasser überleben können.
6. Auch die Entwicklung des Verhältnisses zwischen Senter und dem Hund gehört zu einer Charakterisierung dazu, weil hier die Gefühle und Verhaltensweisen eine große Rolle spielen.
7. Das Verhältnis zwischen Senter und dem Hund verändert sich im Verlauf der Geschichte.
8. Am Anfang herrscht völlige ~~(Zuneigung)~~ **Abneigung** ~~(auf beiden Seiten)~~ **bei Senter** vor.
9. Danach durchläuft Senter ein Wechselbad der Gefühle: Er wird wütend auf den Hund, dann böse, schließlich triumphiert er, weil er weiß, dass er es länger aushalten kann. Allmählich wächst die Erkenntnis, dass er das Tier nicht entbehren kann in seinem Kampf ums Überleben, und am Ende liebt er den Hund.

Merkmale einer Kurzgeschichte nachweisen

Der Text „Das Fenster-Theater" von Ilse Aichinger ist eine typische Kurzgeschichte und weist sämtliche Merkmale dieser Textsorte auf.

> Merkmal:

Der Text beginnt ganz plötzlich („Die Frau lehnte am Fenster und sah hinüber."). Auch der Schluss ist offen, wie das Geschehen endet, bleibt der Fantasie des Lesers überlassen.

> Merkmal:

Die Menschen aus dem Text sind ganz normale Menschen – eine neugierige Frau, ein alter Mann und ein kleiner Junge. Ihre Namen werden nicht genannt, sie stehen eben für viele, die ähnlich handeln in unserer Gesellschaft. Das Geschehen ist für alle eine besondere, also eine Ausnahmesituation.

> Merkmal:

Nur ein kleiner Ausschnitt im Leben der Figuren wird dargestellt. Vom Blick aus dem Fenster bis zum Zurückwerfen des Lachens am Ende können höchstens 30 Minuten vergangen sein. Man kann auch durchaus von einer krisenhaften Situation im Leben des alten Mannes sprechen, weil er ohne Schuld mit der Polizei in Berührung kommt.

> Merkmal:

Der Text ist in einer einfachen Sprache geschrieben. Kurze Hauptsätze („Die Frau blieb am Fenster." oder „Dazu lächelte er.") wechseln sich mit einfachen, leicht verständlichen Satzgefügen ab. Das Symbol des Lachens am Schluss macht dann aber auch die tiefere Ebene deutlich: Geschehnisse, die etwas von der Norm abweichen, werden schnell als „verrückt" oder „unnormal" angesehen, weil es vielen Erwachsenen an Fantasie und Kreativität fehlt.

1. Schreibe die Fachbegriffe für die Kurzgeschichtenmerkmale über die entsprechenden Absätze. Wenn du dazu weitere Hinweise brauchst, findest du sie auf S. 47 im Schulbuch.

2. Verfasse zu einer dir bekannten Kurzgeschichte einen ähnlichen Text, in dem du die Merkmale einer Kurzgeschichte nachweist.

Das Verhalten einer Figur untersuchen und darstellen

Ilse Aichinger: Das Fenster-Theater

1. Untersuche das Verhalten des alten Mannes in der Kurzgeschichte „Das Fenster-Theater" von Ilse Aichinger. Lies dazu Z. 12 – 30 auf S. 44 im Schulbuch.
   Notiere dir, welche Gegenstände der alte Mann benutzt und welche Handlungen er ausführt.

2. Stelle dann oben in den Fenstern als Bilderfolge dar, wie der Mann sich verhält.

Anfänge und Schlüsse von kurzen Erzählungen untersuchen

Die Anfänge dreier kurzer Erzählungen

Text 1: Manfred Theisen: Reise nach Jerusalem

Wenn andere Menschen verreisen, lesen sie Reiseführer, kaufen sich ein Ticket und fliegen los. Wir reisen nie. Denn meine Mutter schreibt ihre Reisen selbst, erfindet ihre Städte und Landschaften, denkt sich ganze Länder und Kontinente aus, die auf keiner Karte liegen, die nicht heute sind, nicht gestern waren und niemals sein werden. Und ich?
5 Ich bin ihre Tochter Svenja. Wenn die anderen Kinder auf Mallorca schnorcheln oder in der Schweiz Ski fahren, dann liege ich im Bett und lese die Bücher meiner Mutter. Auf ihren Bergen schneit es auch und in ihren Wüsten scheint auch die Sonne, aber diese Sonne bräunt nicht.
So lebten wir, bis jener Brief eintraf, der unser Leben verändern sollte. [...]

(Aus: Ich schenk dir eine Geschichte 2009, Abenteuergeschichten, herausgegeben von der Stiftung Lesen, einmalige Sonderausgabe April 2009, S. 66)

Text 2: Reiner Engelmann: Geheimnisvoller Brief von Mr. X

Ich heiße Paul und ich finde, der Name passt gut zu mir. Er ist kurz und klar, da fühle ich mich angesprochen, wenn man mich ruft. Meinen Eltern bin ich dankbar dafür, dass sie ihn als Rufnamen gewählt haben, denn ich habe noch zwei andere Vornamen, die von meinen beiden Onkels, aber die verschweige ich lieber. Na ja, Siegmund und ... hm
5 Fürchtegott sind ja wirklich nicht der Brüller. Gut. Schwamm drüber.
Die Geschichte, von der ich erzähle, spielt in unserem Haus. [...]

(Aus: Ich schenk dir eine Geschichte 2009, Abenteuergeschichten, herausgegeben von der Stiftung Lesen, einmalige Sonderausgabe April 2009, S. 40)

Text 3: Max von der Grün: Friedrich und Friederike: Baustelle

Angefangen hatte es damit, dass in der Schule über Berufe und Berufsaussichten gesprochen wurde. Ein Vertreter des Arbeitsamtes war eingeladen worden und hatte über den gegenwärtigen Stand beruflicher Aussichten berichtet. Zu Hause, bei Lodemanns und Meisters, setzte sich das Gespräch fort. Herr Lodemann gab seinem Sohn zu verstehen,
5 dass er nur noch ein Jahr Zeit habe, sich für einen Beruf zu entscheiden, ein Jahr sei schnell rum. Einige Berufe wurden in Erwägung gezogen und darauf geprüft, was nach der Lehrzeit zu verdienen war und welche Aufstiegschancen es gab; Friedrich aber wollte zum Bau, Maurer oder Betonierer, am liebsten Kranführer werden. Wenn man im Akkord arbeitet, sagte er, könne man gutes Geld verdienen, außerdem sei man die meiste Zeit an
10 der frischen Luft. Friederike fiel es leicht, sich zu entscheiden. Sie wollte Kosmetikerin werden: Eine provisorische Zusage für eine Lehrstelle hatte sie schon von der Firma, bei der ihre Tante, eine Schwester ihrer Mutter, arbeitete. [...]
An der Dresslerstraße wurden in diesem Sommer zehn Zweifamilienhäuser gebaut.

(Aus: Max von der Grün: Friedrich und Friederike oder Ist das schon Liebe? Rowohlt, Reinbek 1996, S. 66)

Arbeitsblatt 4

Die Schlüsse dreier kurzer Erzählungen

Text 1: Manfred Theisen: Reise nach Jerusalem

Ich habe bis heute Isas Mail nicht geöffnet. Das ist jetzt drei Monate her. Meine Mutter und ich werden in den Sommerferien nach Israel fliegen. Ach ja, Mama hat übrigens einen Reiseführer gekauft und meine Freundin Patrizia hat wissen wollen, ob ich denn keine Angst hätte, noch einmal dorthin zu gehen. Nein, die habe ich nicht. „Denn auf meine
5 Mutter wartet dort das Buch ihres Lebens und auf mich wartet in Jerusalem Isa."

(Aus: Ich schenk dir eine Geschichte 2009, Abenteuergeschichten, herausgegeben von der Stiftung Lesen, einmalige Sonderausgabe April 2009, S. 80)

Text 2: Reiner Engelmann: Geheimnisvoller Brief von Mr. X

Seit dieser Zeit verläuft das Leben von Anton Düsterhaus völlig anders. Er geht nicht mehr zu bestimmten Zeiten aus dem Haus, sondern immer dann, wenn er Lust dazu hat oder wenn er sich mit Xaver trifft.
Die Bewohner der Marktstraße 23 mussten sich erst daran gewöhnen, und wenn sie die
5 genaue Uhrzeit erfahren wollten, mussten sie ihr Radio einschalten.
Ich treffe mich seither fast jeden Tag mit Sebastian.
Übrigens: Anton Düsterhaus ist tatsächlich Erfinder. Und im Augenblick arbeiten wir auch wirklich an einer Maschine, mit der man Socken übereinanderziehen kann.

(Aus: Ich schenk dir eine Geschichte 2009, Abenteuergeschichten, herausgegeben von der Stiftung Lesen, einmalige Sonderausgabe April 2009, S. 54)

Text 3: Max von der Grün: Friedrich und Friederike: Baustelle

Dann schaltete er den Elektromotor aus und schloss ihn ab; als er den Schlüsselbund in die Jackentasche des Kranführers zurücksteckte, waren seine Glieder wie Blei.

(Aus: Max von der Grün: Friedrich und Friederike oder Ist das schon Liebe? Rowohlt, Reinbek 1996, S. 75)

1. Vergleiche die Erzählanfänge miteinander und erkläre, wie die Verfasser in das erzählte Geschehen einsteigen.

2. Vergleiche danach die Schlüsse miteinander und erkläre, wie die Verfasser das Ende der Erzählhandlung gestalten.

3. Beschreibe die Wirkungen, die durch diese Art, eine Erzählung zu beginnen und zu beenden, erzielt werden.

Arbeitsblatt 5

Die Entwicklung einer Figurenbeziehung untersuchen

Wolfgang Borchert: Nachts schlafen die Ratten doch

Die Entwicklung der Beziehung zwischen dem Jungen und dem Mann	
Mittel des Mannes, die das Verhalten des Jungen verändern:	Reaktionen des Jungen:

© Schöningh Verlag

Arbeitsblatt 5

Kärtchen zum Ausschneiden

Frage, ob Jürgen auch nachts aufpasse	fühlt sich geschmeichelt, Ablenkung
Lob und Rechenaufgabe	Bestätigung, bewusste Wahrnehmung
Andeutung des Weggehens	zaghafte Annäherung
Aussicht auf ein Kaninchen	Geringschätzung
Frage, warum Jürgen aufpasse	Erschöpfung, Müdigkeit, Trauer
Notlügen (3-malig)	Staunen, Resignation, Unsicherheit
Fragen nach Essen, Trinken, Rauchen	neuer Lebensmut
Hinweis auf den Inhalt des Korbes	Abweisung
Nennen der Kaninchenanzahl – 27!	Mitteilung des Geheimnisses

Erstelle eine Übersicht über die Entwicklung der Beziehung zwischen dem Jungen und dem Mann.
- Schneide dazu die einzelnen Kärtchen zu den Mitteln, mit denen der Mann das Verhalten des Jungen verändert, und zu den Reaktionen des Jungen aus.
- Klebe sie dann in der richtigen Reihenfolge in die jeweiligen Spalten der Tabelle ein.

© Schöningh Verlag

Die Entwicklung einer Figurenbeziehung untersuchen
Wolfgang Borchert: Nachts schlafen die Ratten doch

Die Entwicklung der Beziehung zwischen dem Jungen und dem Mann	
Mittel des Mannes, die das Verhalten des Jungen verändern:	**Reaktionen des Jungen:**
Frage, warum Jürgen aufpasse	Abweisung
Hinweis auf den Inhalt des Korbes	Geringschätzung
Lob und Rechenaufgabe	fühlt sich geschmeichelt, Ablenkung
Nennen der Kaninchenanzahl – 27!	Staunen, Resignation, Unsicherheit
Frage, ob Jürgen auch nachts aufpasse	Bestätigung, bewusste Wahrnehmung
Fragen nach Essen, Trinken, Rauchen	zaghafte Annäherung
Andeutung des Weggehens	Mitteilung des Geheimnisses
Notlügen (3-malig)	Erschöpfung, Müdigkeit, Trauer
Aussicht auf ein Kaninchen	neuer Lebensmut

Eine Kurzgeschichte analysieren (1)

Heinrich Böll (1917 – 1985)
Anekdote zur Senkung der Arbeitsmoral

In einem Hafen an der westlichen Küste Europas liegt ein ärmlich gekleideter Mann in seinem Fischerboot und döst. Ein schick angezogener Tourist legt eben einen neuen Farbfilm in seinen Fotoapparat, um das idyllische Bild zu fotografieren: blauer Himmel, grüne See mit friedlichen, schneeweißen Wellenkämmen, schwarzes Boot, rote Fischer-
5 mütze. Klick. Noch einmal: klick, und da aller guten Dinge drei sind, und sicher sicher ist, ein drittes Mal: klick. Das spröde, fast feindselige Geräusch weckt den dösenden Fischer, der sich schläfrig aufrichtet, schläfrig nach seiner Zigarettenschachtel angelt, aber bevor er das Gesuchte gefunden, hat ihm der eifrige Tourist schon eine Schachtel vor die Nase gehalten, ihm die Zigarette nicht gerade in den Mund gesteckt, aber in die Hand gelegt,
10 und ein viertes Klick, das des Feuerzeuges, schließt die eilfertige Höflichkeit ab. Durch jenes kaum messbare, nie nachweisbare Zuviel an flinker Höflichkeit ist eine gereizte Verlegenheit entstanden, die der Tourist – der Landessprache mächtig – durch ein Gespräch zu überbrücken versucht.

„Sie werden heute einen guten Fang machen." Kopfschütteln des Fischers.
15 „Aber man hat mir gesagt, dass das Wetter günstig ist." Kopfnicken des Fischers.
„Sie werden also nicht ausfahren?"
Kopfschütteln des Fischers, steigende Nervosität des Touristen. Gewiss liegt ihm das Wohl des ärmlich gekleideten Menschen am Herzen, nagt an ihm die Trauer über die verpasste Gelegenheit. „Oh, Sie fühlen sich nicht wohl?"
20 Endlich geht der Fischer von der Zeichensprache zum wahrhaft gesprochenen Wort über. „Ich fühle mich großartig", sagt er. „Ich habe mich nie besser gefühlt." Er steht auf, reckt sich, als wollte er demonstrieren, wie athletisch er gebaut ist. „Ich fühle mich fantastisch."

Der Gesichtsausdruck des Touristen wird immer unglücklicher, er kann die Frage nicht
25 mehr unterdrücken, die ihm sozusagen das Herz zu sprengen droht: „Aber warum fahren Sie dann nicht aus?"

Die Antwort kommt prompt und knapp. „Weil ich heute morgen schon ausgefahren bin."
„War der Fang gut?"
„Er war so gut, dass ich nicht noch einmal auszufahren brauche, ich habe vier Hummer in
30 meinen Körben gehabt, fast zwei Dutzend Makrelen gefangen ..."

Der Fischer, endlich erwacht, taut jetzt auf und klopft dem Touristen beruhigend auf die Schultern. Dessen besorgter Gesichtsausdruck erscheint ihm als ein Ausdruck zwar unangebrachter, doch rührender Kümmernis.

„Ich habe sogar für morgen und übermorgen genug", sagt er, um des Fremden Seele zu
35 erleichtern. „Rauchen Sie eine von meinen?"
„Ja, danke."

Zigaretten werden in Münder gesteckt, ein fünftes Klick, der Fremde setzt sich kopfschüttelnd auf den Bootsrand, legt die Kamera aus der Hand, denn er braucht jetzt beide Hände, um seiner Rede Nachdruck zu verleihen.
40 „Ich will mich ja nicht in Ihre persönlichen Angelegenheiten mischen", sagt er, „aber stellen Sie sich mal vor, Sie führen heute ein zweites, ein drittes, vielleicht sogar ein viertes Mal aus und Sie würden drei, vier, fünf, vielleicht gar zehn Dutzend Makrelen fangen ... stellen Sie sich das mal vor."

Der Fischer nickt.

45 „Sie würden", fährt der Tourist fort, „nicht nur heute, sondern morgen, übermorgen, ja, an jedem günstigen Tag zwei-, dreimal, vielleicht viermal ausfahren – wissen Sie, was geschehen würde?"

Der Fischer schüttelt den Kopf.

„Sie würden sich in spätestens einem Jahr einen Motor kaufen können, in zwei Jahren ein
50 zweites Boot, in drei oder vier Jahren könnten Sie vielleicht einen kleinen Kutter haben, mit zwei Booten oder dem Kutter würden Sie natürlich viel mehr fangen – eines Tages würden Sie zwei Kutter haben, Sie würden ...", die Begeisterung verschlägt ihm für ein paar Augenblicke die Stimme, „Sie würden ein kleines Kühlhaus bauen, vielleicht eine Räucherei, später eine Marinadenfabrik, mit einem eigenen Hubschrauber rundfliegen,
55 die Fischschwärme ausmachen und Ihren Kuttern per Funk Anweisung geben. Sie könnten die Lachsrechte erwerben, ein Fischrestaurant eröffnen, den Hummer ohne Zwischenhändler direkt nach Paris exportieren – und dann ... ", wieder verschlägt die Begeisterung dem Fremden die Sprache. Kopfschüttelnd, im tiefsten Herzen betrübt, seiner Urlaubsfreude schon fast verlustig, blickt er auf die friedlich hereinrollende Flut, in der die ungefange-
60 nen Fische munter springen.

„Und dann", sagt er, aber wieder verschlägt ihm die Erregung die Sprache. Der Fischer klopft ihm auf den Rücken, wie einem Kind, das sich verschluckt hat. „Was dann?", fragt er leise. „Dann", sagt der Fremde mit stiller Begeisterung, „dann könnten Sie beruhigt hier im Hafen sitzen, in der Sonne dösen – und auf das herrliche Meer blicken."

65 „Aber das tu ich ja schon jetzt", sagt der Fischer, „ich sitze beruhigt am Hafen und döse, nur Ihr Klicken hat mich dabei gestört."

Tatsächlich zog der solcherlei belehrte Tourist nachdenklich von dannen, denn früher hatte er auch einmal geglaubt, er arbeite, um eines Tages einmal nicht mehr arbeiten zu müssen, und es blieb keine Spur von Mitleid mit dem ärmlich gekleideten Fischer in ihm
70 zurück, nur ein wenig Neid. (1963)

(Aus: Deutsche Kurzgeschichten 9. – 10. Schuljahr; Für die Sekundarstufe I herausgegeben von Winfried Ulrich, Philipp Reclam Jun. Stuttgart, 1975, S. 16 – 18)

1. Beschreibe und deute die Kurzgeschichte. Gehe so vor:
   a) Formuliere eine Einleitung.
   b) Fasse den Inhalt kurz mit eigenen Worten zusammen.
   c) Untersuche das Verhalten der Hauptfiguren und ihre Einstellung zur Arbeit. Vergleiche insbesondere, was der Tourist denkt, als er auf den Fischer trifft, und was er am Ende der Kurzgeschichte fühlt und denkt.
   d) Arbeite sprachliche Mittel heraus und erläutere ihre Wirkung.
   e) Weise die folgenden Merkmale einer Kurzgeschichte am Text nach:
      – kurzer Handlungszeitraum,
      – entscheidender Lebensausschnitt.

   Vergiss nicht, deine Deutungen mit Zitaten und Textverweisen zu belegen.

2. Ein Schüler sagt: „Der Autor hat den Text so verfasst, dass ich nachvollziehen kann, warum der Tourist am Ende den Fischer ein wenig beneidet."
Nimm Stellung zu dieser Aussage und begründe deine Meinung.
Denke daran, dass du mit Zitaten arbeitest.

Bewertungsbogen 6

Name _____

Bewertungsbogen zur Leistungsüberprüfung / Klassenarbeit

Eine Kurzgeschichte analysieren (1)

Inhaltliche Leistungen

	Aufgaben 1 und 2		
	Du hast eine vollständige Analyse der Kurzgeschichte erstellt.	maximale Punktzahl	erreichte Punktzahl
a)	Du hast einen Einleitungssatz mit allen erforderlichen Angaben formuliert: – Verfasser: Heinrich Böll – Titel: Anekdote zur Senkung der Arbeitsmoral – Textsorte: Kurzgeschichte – Erscheinungsjahr: 1963 – Inhalt: Ein reicher Tourist erteilt einem Fischer Ratschläge für seine Arbeit. In dem Gespräch werden ihre unterschiedlichen Auffassungen zur Arbeit und zum Leben allgemein deutlich.	1 1 1 1 2	
b)	– Du hast den Inhalt kurz mit eigenen Worten zusammengefasst: Bei der Besichtigung eines kleinen Hafens an der Westküste Europas sieht ein schick aussehender Tourist einen etwas ärmlichen, vor sich hin dösenden Fischer. Der Tourist zwingt dem Einheimischen ein Gespräch auf, in dem er von diesem wissen will, warum er nicht fische, da doch das Wetter so gut sei. Nach anfänglichem Ausweichen erzählt der Fischer schließlich, dass er bereits ausgefahren sei und dass er einen so guten Fang eingebracht habe, dass der Verdienst für mehrere Tage ausreiche. Dies will der Tourist nicht einsehen. Er führt dem Fischer vor Augen, was er alles erwerben könne, wenn er häufiger ausfahre, und schildert ihm einen steilen Aufstieg bis hin zur Einrichtung einer Marinadenfabrik und eines Fischrestaurants. Der Fischer will wissen, was er von diesen Gütern letztendlich habe. Worauf der Tourist nur antworten kann, dass er sich dann beruhigt im Hafen ausruhen könne. Das tue er doch bereits, entgegnet der Fischer. Und der Tourist geht belehrt, nachdenklich und ein wenig neidisch fort. – Du hast die indirekte Rede und das Präsens benutzt.	10 2	
c)	Du hast das Verhalten der Hauptfiguren und ihre Einstellung zur Arbeit untersucht. Bei dem <u>Touristen</u> bist du z. B. auf folgende Punkte eingegangen. Er – legt Wert auf Äußeres, – ist (zu) höflich und nervös, – will den Fischer belehren, wie er mehr Gewinn erzielen kann, denkt, man müsse möglichst viel arbeiten, um möglichst viel zu verdienen, damit man eines Tages nicht mehr arbeiten müsse, – ist am Ende neidisch auf den Fischer, da dieser sein Leben genießt und schon das hat, wonach sich der Tourist sehnt, – ist am Ende nachdenklich, ob der Fischer nicht die bessere Einstellung zur Arbeit und zum Leben hat als er. Bei dem <u>Fischer</u> bist du auf folgende Punkte eingegangen. Er – döst zufrieden in seinem Fischerboot, – ist wortkarg gegenüber dem Touristen, – fühlt sich fantastisch, ist mit seiner Situation zufrieden,	8 8	

52
© Schöningh Verlag

Bewertungsbogen 6

	– arbeitet so viel, dass er gut davon leben, aber sein Leben auch noch genießen kann, – versteht den Ehrgeiz des Touristen nicht, weil er sein Leben nicht mehr genießen könnte, wenn er den Ratschlägen des Touristen folgen würde.		
d)	Du hast sprachliche Mittel und ihre Wirkung erläutert: – viele Fragesätze → Beharrlichkeit des Touristen – Konjunktivformen → sollen dem Fischer eine verlockende Zukunft verdeutlichen – „Klick" (5 x) → Störung der Idylle – ...	4	
e)	Du hast folgende Kurzgeschichtenmerkmale nachgewiesen: – <u>kurze Zeitspanne</u>: Zeit, die das Gespräch dauert – <u>entscheidender Lebensausschnitt</u>: Dem Touristen wird eine Lehre erteilt, er wird über seine Einstellung zur Arbeit und zu seinem Leben nachdenken.	4	
f)	Du hast deine Deutungen mit Zitaten und Textverweisen belegt.	4	
g)	Du hast zu der Aussage des Schülers Stellung bezogen und deine Meinung begründet.	6	
	Gesamtpunktzahl für Aufgabe 1 und 2	**52**	

Darstellungsleistungen

		maximale Punktzahl	erreichte Punktzahl
1	Du strukturierst deine Ausführungen in sich schlüssig und gedanklich klar.	2	
2	Du schreibst hinsichtlich Rechtschreibung, Zeichensetzung und Grammatik fehlerfrei.	10	
3	Du formulierst syntaktisch (= im Hinblick auf den Satzbau) sicher und variabel.	2	
4	Du drückst dich variabel und angemessen aus, indem du z. B. Wortwiederholungen sowie Umgangssprache vermeidest und klar formulierst.	4	
5	Du benutzt durchgehend als Tempus der Textanalyse das Präsens.	2	
	Gesamtpunktzahl für die Darstellungsleistungen	**20**	
	Gesamtpunktzahl	**72**	

Die Leistungsüberprüfung/Klassenarbeit wird mit der Note

_____ **bewertet.**

Zuordnung der Punkte zu den Notenstufen

Note	Punkte
sehr gut	72–67
gut	66–55
befriedigend	54–44
ausreichend	43–32
mangelhaft	31–14
ungenügend	13–0

_____

Datum   Unterschrift

© Schöningh Verlag

Eine Kurzgeschichte analysieren (2)

Ernest Hemingway (1898 – 1961)
Alter Mann an der Brücke

Ernest Hemingway führte ein bewegtes Leben. Er war Journalist, Kriegsberichterstatter, Schriftsteller, Jäger und begeisterter Stierkampfzuschauer.

Im spanischen Bürgerkrieg (1936–1939) unterstützte er die Republikaner gegen die unter General Franco kämpfenden Faschisten. Ereignisse und Erlebnisse aus dem spanischen Bürgerkrieg sind immer wieder Themen in seinem Werk, so auch in dieser Kurzgeschichte.

Ein alter Mann mit einer stahlumränderten Brille und sehr staubigen Kleidern saß am Straßenrand. Über den Fluss
5 führte eine Pontonbrücke, und Karren und Lastautos und Männer, Frauen und Kinder überquerten sie. Die von Maultieren gezogenen Karren schwank-
10 ten die steile Uferböschung hinauf, und Soldaten halfen und stemmten sich gegen die Speichen der Räder. Die Lastautos arbeiteten schwer, um aus alledem herauszukommen, und die Bauern stapften in dem knöcheltiefen Staub einher. Aber der
15 alte Mann saß da, ohne sich zu bewegen. Er war zu müde, um noch weiter zu gehen.
Ich hatte den Auftrag, die Brücke zu überqueren, den Brückenkopf auf der anderen Seite auszukundschaften und ausfindig zu machen, bis zu welchem Punkt der Feind vorgedrungen war. Ich tat das und kehrte über die Brücke zurück. Jetzt waren dort nicht mehr so viele Karren und nur noch wenige Leute zu Fuß, aber der alte Mann war immer noch da.
20 „Wo kommen Sie her?", fragte ich ihn.
„Aus San Carlos", sagte er und lächelte.
Es war sein Heimatort, und darum machte es ihm Freude, ihn zu erwähnen, und er lächelte.
„Ich habe Tiere gehütet", erklärte er.
25 „So", sagte ich und verstand nicht ganz.
„Ja", sagte er, „wissen Sie, ich blieb, um die Tiere zu hüten. Ich war der letzte, der die Stadt San Carlos verlassen hat."
Er sah weder wie ein Schäfer noch wie ein Rinderhirt aus, und ich musterte seine staubigen, schwarzen Sachen und sein graues, staubiges Gesicht und seine stahlumränderte
30 Brille und sagte: „Was für Tiere waren es denn?"
„Allerhand Tiere", erklärte er und schüttelte den Kopf. „Ich musste sie dalassen."
Ich beobachtete die Brücke und das afrikanisch aussehende Land des Ebro-Deltas und war neugierig, wie lange es jetzt wohl noch dauern würde, bevor wir den Feind sehen würden, und ich horchte die ganze Zeit über auf die ersten Geräusche, die immer wieder das
35 geheimnisvolle Ereignis ankündigen, das man ‚Fühlung nehmen' nennt, und der alte

Arbeitsblatt 7

Mann saß immer noch da.

„Was für Tiere waren es?", fragte ich.

„Es waren im ganzen drei Tiere", erklärte er. „Es waren zwei Ziegen und eine Katze und dann noch vier Paar Tauben."

40 „Und Sie mussten sie dalassen?", fragte ich.

„Ja, wegen der Artillerie. Der Hauptmann befahl mir, fortzugehen wegen der Artillerie."

„Und Sie haben keine Familie?", fragte ich und beobachtete das jenseitige Ende der Brücke, wo ein paar letzte Karren die Uferböschung herunterjagten.

„Nein", sagte er, „nur die Tiere, die ich angegeben habe. Der Katze wird natürlich nichts 45 passieren. Eine Katze kann für sich selbst sorgen, aber ich kann mir nicht vorstellen, was aus den andern werden soll."

„Wo stehen Sie politisch?", fragte ich.

„Ich bin nicht politisch", sagte er. „Ich bin sechsundsiebzig Jahre alt. Ich bin jetzt zwölf Kilometer gegangen, und ich glaube, dass ich jetzt nicht mehr weiter gehen kann."

50 „Dies ist kein guter Platz zum Bleiben", sagte ich. „Falls Sie es schaffen könnten dort oben, wo die Straße nach Tortosa abzweigt, sind Lastwagen."

„Ich will ein bisschen warten", sagte er, „und dann werde ich gehen. Wo fahren die Lastwagen hin?"

„Nach Barcelona zu", sagte ich ihm.

55 „Ich kenne niemand in der Richtung", sagte er, „aber danke sehr. Nochmals sehr schönen Dank."

Er blickte mich ganz ausdruckslos und müde an, dann sagte er, da er seine Sorgen mit jemandem teilen musste: „Der Katze wird nichts passieren, das weiß ich; man braucht sich wegen der Katze keine Sorgen zu machen. Aber die andern; was glauben Sie wohl von den 60 andern?"

„Ach, wahrscheinlich werden sie heil durch alles durchkommen."

„Glauben Sie das?"

„Warum nicht?", sagte ich und beobachtete das jenseitige Ufer, wo jetzt keine Karren mehr waren.

65 „Aber was werden sie unter der Artillerie tun, wo man mich wegen der Artillerie fortgeschickt hat?"

„Haben Sie den Taubenkäfig unverschlossen gelassen?", fragte ich.

„Ja."

„Dann werden sie wegfliegen."

70 „Wenn Sie sich ausgeruht haben, würde ich gehen", drängte ich. „Stehen Sie auf, und versuchen Sie jetzt einmal zu gehen."

„Danke", sagte er und stand auf, schwankte hin und her und setzte sich dann rücklings in den Staub.

„Ich habe Tiere gehütet", sagte er eintönig, aber nicht mehr zu mir. „Ich habe doch nur 75 Tiere gehütet."

Man konnte nichts mit ihm machen. Es war Ostersonntag, und die Faschisten rückten gegen den Ebro vor. Es war ein grauer, bedeckter Tag mit tiefhängenden Wolken, darum waren ihre Flugzeuge nicht am Himmel. Das und die Tatsache, dass Katzen für sich selbst sorgen können, war alles an Glück, was der alte Mann je haben würde.

(1938)

(Aus: Ernest Hemingway: Sämtliche Erzählungen, Rowohlt, Reinbek 1966, S. 74–76)

Arbeitsblatt 7

1. Verbessere und ergänze den folgenden Einleitungssatz.

> *In dem Text „Alter Mann an der Brücke" thematisiert der Verfasser die schrecklichen Folgen, die der Krieg für den einzelnen Menschen hat.*

2. Verbessere die folgende Inhaltsangabe sprachlich und ergänze sie an den mit einem * gekennzeichneten Stellen auch inhaltlich. Schreibe die verbesserte Fassung in dein Heft.

> *Ein alter Mann sitzt erschöpft an einer Pontonbrücke und wird von einem Soldaten angesprochen. Der alte Mann erzählt von seinem Heimatort San Carlos. * Er hat keine Familie. Aber er macht sich Sorgen *. Politisch ist er nicht. Der Soldat will, dass er weitergeht, aber der alte Mann will noch warten und dann erst gehen. Er kennt niemanden in der Gegend, in die er gehen soll. Er erzählt erneut von seinen Sorgen. * Der Soldat beruhigt ihn. * Er steht auf Drängen des Soldaten auf, schwankt und muss sich sofort wieder setzen. Der Soldat erkennt, dass man nichts mit ihm machen kann.*

3. Untersuche das Verhalten des alten Mannes.
- Stelle dar, in welcher Situation er sich befindet.
- Beschreibe sein Verhalten, seine Gefühle und Sorgen.

4. Der Satz „Ich habe Tiere gehütet" (Z. 24) kommt etwas abgewandelt dreimal vor. Erkläre seine Bedeutung im Zusammenhang der Kurzgeschichte.

5. Weise die folgenden Merkmale einer Kurzgeschichte am Text nach:
- kurze Handlungsdauer,
- Offenheit.

6. Ein Schüler schreibt in seiner Textanalyse: „Hemingway stellt am Beispiel des alten Mannes dar, welche furchtbaren Folgen der Krieg für jeden Einzelnen hat."

Nimm Stellung zu dieser Aussage und begründe deine Meinung.
Denke daran, dass du deine Deutungen mit Zitaten und Textverweisen belegst.

Bewertungsbogen 7

Name _____

Bewertungsbogen zur Leistungsüberprüfung / Klassenarbeit

Eine Kurzgeschichte analysieren (2)

Inhaltliche Leistungen

Aufgaben 1 bis 6

		maximale Punktzahl	erreichte Punktzahl
1	Du hast den Einleitungssatz verbessert: – statt „Text": Kurzgeschichte	1	
	Du hast den Einleitungssatz ergänzt: – Verfasser: Ernest Hemingway – Erscheinungsjahr: 1938	2	
2	Du hast die Inhaltsangabe ergänzt: – Der alte Mann erzählt von seinem Heimatort San Carlos **und von seinem Beruf als Hirte**. Zwei Ziegen, eine Katze und vier Paar Tauben lässt er zurück, als er vor der Artillerie fliehen muss.	3	
	– Aber er macht sich Sorgen, **was mit den Tieren geschehen wird**.	3	
	– **Die Katze werde allein zurechtkommen, glaubt er, bei den anderen Tieren ist er sich nicht sicher**.	3	
	– Der Soldat beruhigt ihn, **indem er sagt, dass sie wohl heil durchkommen würden**.	3	
	Du hast die Inhaltsangabe sprachlich (Satzanfänge, Satzverbindungen) überarbeitet. Eine mögliche Lösung könnte so aussehen: Ein alter Mann sitzt erschöpft an einer Pontonbrücke und wird von einem Soldaten angesprochen, **dem** er von seinem Heimatort San Carlos und von seinem Beruf als Hirte **erzählt**. Zwei Ziegen, eine Katze und vier Paar Tauben lässt er zurück, als er vor der Artillerie fliehen muss. Er hat keine Familie. Aber er macht sich Sorgen, was mit den Tieren geschehen wird. Politisch ist er nicht. Der Soldat will, dass er weitergeht, aber der alte Mann will noch warten und dann erst gehen. Er kennt niemanden in der Gegend, in die er gehen soll, **und** erzählt erneut von seinen Sorgen. Die Katze werde allein zurechtkommen, glaubt er, bei den anderen Tieren ist er sich nicht sicher. Der Soldat beruhigt ihn, indem er sagt, dass sie wohl heil durchkommen würden. **Der Alte** steht auf Drängen des Soldaten auf, schwankt und muss sich sofort wieder setzen. Der Soldat erkennt, dass man nichts mit ihm machen kann.	4	
	Du hast keine direkte Rede und das Präsens benutzt.	2	
3	Du hast das Verhalten der Hauptfigur untersucht. Dabei bist du insbesondere auf folgende Punkte eingegangen: – Der alte Mann befindet sich in einer **Krisensituation**. Er hat **alles durch den Krieg verloren**, was ihm im Leben wichtig war – seine **Heimat** und seine **Tiere**. – Er ist **körperlich geschwächt** und **weiß nicht, wie es weitergehen soll**. – Er **ist einsam, unsicher, hilflos** und **sorgt sich um seine Tiere**, die er bis zuletzt versorgt hat.	12	

© Schöningh Verlag

Bewertungsbogen 7

4	Du hast die Bedeutung des Satzes erklärt: – Der alte Mann versteht nicht, **warum** ihm so etwas passiert. Er war **nie politisch** und hat sich **nie etwas zuschulden kommen lassen**. Trotzdem **verliert** er durch den Krieg **alles**, was **sein Leben ausmachte**.	6	
5	Du hast folgende Kurzgeschichtenmerkmale nachgewiesen: – <u>kurze Handlungsdauer</u>: Zeit, die das Gespräch dauert – <u>Offenheit</u>: Die Kurzgeschichte steigt direkt in das Geschehen ein; es wird nicht zu Ende erzählt, der Leser weiß nicht, was mit dem alten Mann geschehen wird.	2 2	
6	Du hast zu der Aussage des Schülers Stellung bezogen und deine Meinung begründet.	6	
	Du hast deine Ausführungen mit Zitaten und Textverweisen belegt.	4	
	Gesamtpunktzahl für Aufgabe 1 bis 6	**53**	

Darstellungsleistungen

		maximale Punktzahl	erreichte Punktzahl
1	Du strukturierst deine Ausführungen in sich schlüssig und gedanklich klar.	2	
2	Du schreibst hinsichtlich Rechtschreibung, Zeichensetzung und Grammatik fehlerfrei.	10	
3	Du formulierst syntaktisch (= im Hinblick auf den Satzbau) sicher und variabel.	2	
4	Du drückst dich variabel und angemessen aus, indem du z. B. Wortwiederholungen sowie Umgangssprache vermeidest und genau formulierst.	6	
5	Du benutzt durchweg als Tempus der Textanalyse das Präsens.	2	
	Gesamtpunktzahl für die Darstellungsleistungen	**22**	
	Gesamtpunktzahl	**75**	

Die Leistungsüberprüfung/Klassenarbeit wird mit der Note

_____ bewertet.

Zuordnung der Punkte zu den Notenstufen

Note	Punkte
sehr gut	75–70
gut	69–58
befriedigend	57–46
ausreichend	45–34
mangelhaft	33–15
ungenügend	14–0

_____
Datum   Unterschrift

Eine Kurzgeschichte analysieren (3)

Robert Musil (1880 – 1942)
Der Verkehrsunfall

Die beiden Menschen, die eine breite, belebte Straße hinaufgingen, gehörten ersichtlich einer bevorzugten Gesellschaftsschicht an, waren vornehm in Kleidung, Haltung und in der Art, wie sie miteinander sprachen,
5 trugen die Anfangsbuchstaben ihrer Wäsche bedeutsam auf ihre Wäsche gestickt, und ebenso, das heißt nicht nach außen gekehrt, wohl aber in der feinen Unterwäsche ihres Bewusstseins, wussten sie, wer sie seien und dass sie sich in einer Haupt- und Residenzstadt auf
10 ihrem Platze befanden.

Robert Musil

Diese beiden hielten nun plötzlich den Schritt an, weil sie vor sich einen Auflauf bemerkten. Schon einen Augenblick vorher war etwas aus der Reihe gesprungen, eine querschlagende Bewegung; etwas hatte sich
15 gedreht, war seitwärts gerutscht, ein schwerer, jäh gebremster Lastwagen war es, wie sich jetzt zeigte, wo er, mit einem Rad auf der Bordschwelle, gestrandet dastand. Wie die Bienen um das Flugloch hatten sich im Nu Menschen um einen kleinen Fleck angesetzt, den sie in ihrer Mitte freiließen.

Von seinem Wagen herabgekommen, stand der Lenker darin, grau wie Packpapier, und
20 erklärte mit großen Gebärden den Unglücksfall. Die Blicke der Hinzukommenden richteten sich auf ihn und sanken dann vorsichtig in die Tiefe des Lochs, wo man einen Mann, der wie tot dalag, an die Schwelle des Gehsteigs gebettet hatte. Er war durch seine eigene Unachtsamkeit zu Schaden gekommen, wie allgemein zugegeben wurde. Abwechselnd knieten Leute bei ihm nieder, um etwas mit ihm anzufangen, man öffnete seinen Rock und
25 schloss ihn wieder, man versuchte ihn aufzurichten oder im Gegenteil, ihn wieder hinzulegen; eigentlich wollte niemand etwas anderes damit, als die Zeit ausfüllen, bis mit der Rettungsgesellschaft sachkundige und befugte Hilfe käme.

Auch die Dame und ihr Begleiter waren herangetreten und hatten, über Köpfe und gebeugte Rücken hinweg, den Daliegenden betrachtet. Dann traten sie zurück und
30 zögerten. Die Dame fühlte etwas Unangenehmes in der Herz-Magen-Grube, das sie berechtigt war, für Mitleid zu halten; es war ein unentschlossenes, lähmendes Gefühl. Der Herr sagte nach einigem Schweigen zu ihr: „Diese schweren Kraftwagen, wie sie hier verwendet werden, haben einen zu langen Bremsweg." Die Dame fühlte sich dadurch erleichtert und dankte mit einem aufmerksamen Blick. Sie hatte dieses Wort wohl schon
35 einmal gehört, aber sie wusste nicht, was ein Bremsweg sei, und wollte es auch nicht wissen; es genügte ihr, dass damit dieser grässliche Vorfall in irgendeine Ordnung zu bringen war und zu einem technischen Problem wurde, das sie nicht mehr unmittelbar anging.

Man hörte jetzt das Pfeifen eines Rettungswagens schrillen, und die Schnelligkeit seines
40 Eintreffens erfüllte alle Wartenden mit Genugtuung. Bewundernswert diese sozialen Einrichtungen. Man hob den Verunglückten auf eine Tragbahre und schob ihn mit dieser in den Wagen. Männer in einer Art Uniform waren um ihn bemüht, und das Innere des Fuhrwerks, das der Blick erhaschte, sah so sauber und regelmäßig wie ein Krankensaal

aus. Man ging fast mit dem berechtigten Eindruck davon, dass sich ein gesetzliches und
45 ordnungsgemäßes Ereignis vollzogen habe. „Nach den amerikanischen Statistiken", so
bemerkte der Herr, „werden dort jährlich durch Autos 190 000 Personen getötet und
450 000 verletzt."
„Meinen Sie, dass er tot ist?", fragte seine Begleiterin und hatte noch immer das unberechtigte Gefühl, etwas Besonderes erlebt zu haben. „Ich hoffe, er lebt", erwiderte der Herr.
50 „Als man ihn in den Wagen hob, sah es ganz so aus."

(1952)

(Aus: F. J. Thiemermann: Kurzgeschichten im Deutschunterricht, 12. Aufl., Verlag Ferdinand Kamp GmbH & Co. KG, Bochum 1967, S. 40 f.)

1. Beschreibe und deute die Kurzgeschichte. Gehe dabei so vor:
   a) Formuliere eine Einleitung.
   b) Fasse den Inhalt kurz mit eigenen Worten zusammen.
   c) Untersuche das Verhalten der Hauptfiguren.
      – Stelle ihr Verhalten im ersten Absatz kurz dar.
      – Erkläre dann, was mit dem unangenehmen Gefühl in der „Herz-Magen-Grube" (Z. 30), von dem die Dame spricht, gemeint sein könnte.
      – Untersuche hiernach die Reaktionen des Mannes und ihre Bedeutung.
   d) Benenne die Art der sprachlichen Bilder in den zwei folgenden Textstellen und erläutere ihre Bedeutung und Wirkung:
      – Z. 7 f.: „in der feinen Unterwäsche ihres Bewusstseins"
      – Z. 16 ff.: „Wie die Bienen um das Flugloch hatten sich im Nu Menschen um einen kleinen Fleck angesetzt, den sie in ihrer Mitte freiließen."
   e) Weise die zwei folgenden Merkmale einer Kurzgeschichte am Text nach:
      – kurzer Handlungszeitraum,
      – Alltäglichkeit.

2. Ein Schüler schreibt in seiner Analyse:

„Die Kurzgeschichte verdeutlicht dem Leser, dass wir in einer Gesellschaft leben, in der Leid und Tod an den Rand gedrängt werden."

Nimm Stellung dazu, ob diese Deutung zutrifft. Beziehe dich dabei auf die Kurzgeschichte, indem du Textstellen zitierst.

Bewertungsbogen 8

Name _____

Bewertungsbogen zur Leistungsüberprüfung/Klassenarbeit

Eine Kurzgeschichte analysieren (3)

Inhaltliche Leistungen

Aufgaben 1 und 2

1	*Du hast die Kurzgeschichte beschrieben und gedeutet.*	maximale Punktzahl	erreichte Punktzahl
a)	Du hast eine Einleitung mit allen erforderlichen Angaben formuliert: – Verfasser: Robert Musil – Titel: Der Verkehrsunfall – Textsorte: Kurzgeschichte – Erscheinungsjahr: 1952 – Inhalt: Ein Paar wird plötzlich mit einem Verkehrsunfall konfrontiert und reagiert distanziert.	1 1 1 1 2	
b)	Du hast den Inhalt kurz mit eigenen Worten zusammengefasst. Mögliche Lösung: Ein vornehmes Paar kommt in der Stadt an einen Ort, an dem sich gerade ein Verkehrsunfall ereignet hat. Ein Mann liegt auf dem Gehsteig, der Fahrer des Lastwagens, der ihn angefahren hat, erklärt den Passanten den Unfallhergang. Es wird allgemein angenommen, dass der Verletzte durch eigene Schuld zu Schaden gekommen ist. Einige Passanten bemühen sich, dem Mann zu helfen. Sie wollen die Zeit überbrücken, bis sachkundige Hilfe eintrifft. Die vornehme Dame bemerkt ein unangenehmes Gefühl in ihrer Herz-Magen-Grube und hält es für Mitleid. Erleichtert hört sie ihrem Begleiter zu, der den zu langen Bremsweg der schweren Lastkraftwagen erwähnt und so den Unfall zu einem technischen Problem macht. Der Rettungswagen trifft ein und die Sanitäter kümmern sich um das Unfallopfer. Die Passanten werfen einen Blick in den sauberen Rettungswagen und gehen mit dem Eindruck davon, dass sich ein gesetzliches und ordnungsgemäßes Ereignis vollzogen hat. Der vornehme Herr weist auf eine amerikanische Statistik hin, in der die Toten und Verletzten von Verkehrsunfällen erfasst worden sind. Auf die Frage seiner Begleiterin, ob er glaube, dass der Verunglückte tot sei, antwortet er, er hoffe, dass er lebe. Du hast dabei keine wörtliche Rede und das Präsens benutzt.	10 2	
c)	Du hast das Verhalten der Hauptfiguren untersucht. Das Paar am Anfang: – Es gehört einer bevorzugten Gesellschaftsschicht an, ist vornehm gekleidet. – Dies macht es auch durch seine Haltung und Sprache deutlich, dabei ist es aber nicht auf eine direkte Außenwirkung bedacht. – Die beiden bemerken den Auflauf und verhalten sich dann wie alle anderen, indem sie anhalten und an die Unfallstelle herantreten. Gefühl in der Herz-Magen-Grube: – Die Dame hält sich nur für „berechtigt", es für Mitleid zu halten, es ist für sie etwas „Unangenehmes", „ein unentschlossenes, lähmendes Gefühl". – Es ist kein echtes Mitleid mit dem Verletzten, sondern eher die Vorstellung, dass es sie auch hätte treffen können wie diesen Fremden.	4 4	

© Schöningh Verlag

Bewertungsbogen 8

	Reaktionen des Mannes: – Aufbau von Distanz zu dem Unfallgeschehen durch den Hinweis auf den zu langen Bremsweg, die Bewunderung der Rettungswageneinrichtung und den Hinweis auf die Statistik	4	
d)	Du hast die Art der sprachlichen Bilder benannt und ihre Bedeutung und Wirkung erläutert: a) „feine Unterwäsche ihres Bewusstseins" = Metapher → Bedeutung: Verdeutlichung des ironischen Abstands des Erzählers und Verdeutlichung des Standesbewusstseins des Paares b) „Wie die Bienen um das Flugloch ..." = Vergleich → Veranschaulichung der Schaulust der Menschen und der Anziehungskraft, die von einem solchen Unglück ausgeht	1 2 1 2	
e)	Du hast folgende zwei Merkmale einer Kurzgeschichte am Text nachgewiesen: – <u>kurze Zeitspanne</u>: Zeit, die die Konfrontation mit dem Verkehrsunfall dauert, beträgt vielleicht 15-30 Min. – <u>Alltäglichkeit</u>: normale Passanten einer Residenzstadt, häufig vorkommender Vorfall	2 2	
2	Du hast begründet Stellung dazu bezogen, ob die Deutung des Schülers zutrifft. Du hast dich dabei auf die Kurzgeschichte bezogen, indem du Textstellen zitiert hast.	4 4	
Gesamtpunktzahl für Aufgabe 1 und 2		**48**	

Darstellungsleistungen

		maximale Punktzahl	erreichte Punktzahl
1	Du strukturierst deine Ausführungen in sich schlüssig und gedanklich klar.	2	
2	Du schreibst hinsichtlich Rechtschreibung, Zeichensetzung und Grammatik fehlerfrei.	10	
3	Du formulierst syntaktisch (= im Hinblick auf den Satzbau) sicher und variabel.	2	
4	Du drückst dich variabel und angemessen aus, indem du Wortwiederholungen sowie Umgangssprache vermeidest und klar formulierst.	4	
5	Du benutzt durchweg als Tempus der Textanalyse das Präsens.	2	
Gesamtpunktzahl für die Darstellungsleistungen		**20**	
Gesamtpunktzahl		**68**	

Bewertungsbogen 8

Die Leistungsüberprüfung/Klassenarbeit wird mit der Note

bewertet.

_____
Datum   Unterschrift

Zuordnung der Punkte zu den Notenstufen

Note	Punkte
sehr gut	68 – 63
gut	62 – 52
befriedigend	51 – 41
ausreichend	40 – 31
mangelhaft	30 – 14
ungenügend	13 – 0

© Schöningh Verlag

Zukunft der Mobilität – das Lernen lernen: Sachtexte zusammenfassen

(Schülerbuch, S. 56 – 81)

Zusatz- und Differenzierungsmaterial, Leistungsüberprüfungen/Klassenarbeiten, Bewertungsbogen

Arbeitsblatt 1: Einen Sachtext erschließen und eine Einleitung einer Sachtextzusammenfassung verfassen (SB, S. 58 – 71)
Thomas Kuther: Wasserrettung. Elektrisches Jet-Ski-Paddleboard soll Leben retten

Arbeitsblatt 2: Diagramme beschreiben und auswerten (SB, S. 71 – 73)
Diagramme: Interesse an Elektrorädern

Arbeitsblatt 3: Einen Sachtext erschließen (SB, S. 58 – 65)
Katja Grundmann: Giga-Brummis

Bewertungsbogen 3 zur Leistungsüberprüfung/Klassenarbeit (AB 3)

Arbeitsblatt 4: Einen Sachtext erschließen und eine Sachtextzusammenfassung schreiben (1) (SB, S. 61 – 71 und S. 74 – 79)
Ulrich Eberl: Das Dilemma der Zukunftsforscher

Bewertungsbogen 4 zur Leistungsüberprüfung/Klassenarbeit (AB 4)

Arbeitsblatt 5: Einen Sachtext erschließen und eine Sachtextzusammenfassung schreiben (2) (SB, S. 61 – 71 und S. 74 – 79)
spiegel-online.de: US-Unternehmer will Reisende in die Highspeed-Röhre schicken

Bewertungsbogen 5 zur Leistungsüberprüfung/Klassenarbeit (AB 5)

Einen Sachtext erschließen und eine Einleitung einer Sachtextzusammenfassung verfassen

1. Sieh dir die Überschrift, die Zwischenüberschriften und das Bild des folgenden Sachtextes an. Was kannst du ihnen entnehmen, worum es in dem Text geht und welche Informationen er enthält?

2. Bearbeite und erschließe den Text so, wie du es gelernt hast.

Thomas Kuther
Wasserrettung. Elektrisches Jet-Ski-Paddleboard soll Leben retten

ASAP steht ja eigentlich für „as soon as possible" – also „so schnell wie möglich". Für den britischen Designer Ross Kemp handelt es sich dabei um ein elektrisch angetriebenes Jet-Ski-Paddleboard zur Rettung Ertrinkender – und das sollte natürlich ebenfalls so schnell wie möglich vor Ort sein. Wie Ross Kemp erklärt, kam ihm die Idee zu diesem
5 ungewöhnlichen Rettungsboot während eines Rettungsschwimmerkurses, bei dem ihm klar wurde, wie schwierig es ist, Menschen aus dem Wasser zu retten. Und so begann der junge Designer mit der Entwicklung eines elektrisch angetriebenen Paddleboards als Ein-Mann-Rettungsboot.

Arbeitsblatt 1

Elektroantrieb bringt es fast auf 25 km/h

10 Nach mehreren Monaten harter Arbeit und mit Unterstützung von Virgin-CEO Richard Branson präsentierte Ross stolz das ASAP – ein sehr leichter Jet-Ski in Form eines Paddleboards, der von einem Elektromotor angetrieben wird und es auf eine Geschwindigkeit von rund 25 km/h bringt. Aufgeladen wird sein Akku mit Solarstrom.

V-förmiger Schwimmkörper liegt stabil im Wasser

15 Auf der Plattform des ungewöhnlichen Rettungsgeräts kann eine Person liegend transportiert werden. Die V-förmige Hülle erinnert an einen Katamaran und bricht die Wellen so, dass auch die Fahrt auf unruhigem Wasser nicht zu heftig ist. ASAP hat inzwischen sogar schon eine Auszeichnung erhalten, als „Best Startup Business" im Rahmen des UK Lloyds TSB Enterprise Awards. ASAP wird derzeit zur Marktreife entwickelt und soll in Kürze
20 verfügbar sein.

Ein cooles Freizeitgerät

Dabei hat Ross Kemp auch die Freizeitbranche im Visier, denn ein ASAP kostet nur etwa ein Drittel eines gebrauchten Jet-Skis – und der ist kaum unter 1200 US-$ zu haben.

(www.elektromobilitaet-praxis.de/elektro-und-hybridautos/articles/414582/; 13.08.2013)

3. Welche der drei folgenden Formulierungen trifft deiner Meinung nach das Thema des Textes? Entscheide dich für eine Formulierung und begründe deine Entscheidung.

☐ Thomas Kuther verdeutlicht in dem Internetartikel, dass Ross Kemp die Idee eines elektrisch angetriebenen Jet-Ski-Paddleboards während eines Rettungsschwimmerkurses kam.

☐ In dem Internetartikel stellt Thomas Kuther die von Ross Kemp entwickelte Idee eines elektrisch angetriebenen Jet-Ski-Paddleboards zur Wasserrettung vor.

☐ In dem Internetartikel geht es darum, dass es elektrisch angetriebene Jet-Ski-Paddelboards zum Einsatz bei der Wasserrettung gibt.

4. Ergänze die Angaben, die du für eine vollständige Einleitung benötigst.

Titel des Textes:

Autor:

Textsorte:

Erscheinungsjahr:

Publikationsorgan:

5. Verfasse nun eine vollständige Einleitung mit Angabe des Themas zu dem Text „Wasserrettung. Elektrisches Jet-Ski-Paddleboard soll Leben retten".

Diagramme beschreiben und auswerten

Für den „Fahrrad-Monitor Deutschland 2011" hat das SINUS-Institut im Auftrag des Bundesministeriums für Verkehr, Bau und Stadtentwicklung (BMVBS) und in Zusammenarbeit mit dem ADFC 2.000 Bundesbürgerinnen und -bürger zu ihrer Meinung über das Radfahren in Deutschland befragt, um ein genaues Bild der deutschen Radfahrer zu erhalten. Die Studie wurde im November 2011 veröffentlicht.

Interesse an Elektrofahrrädern

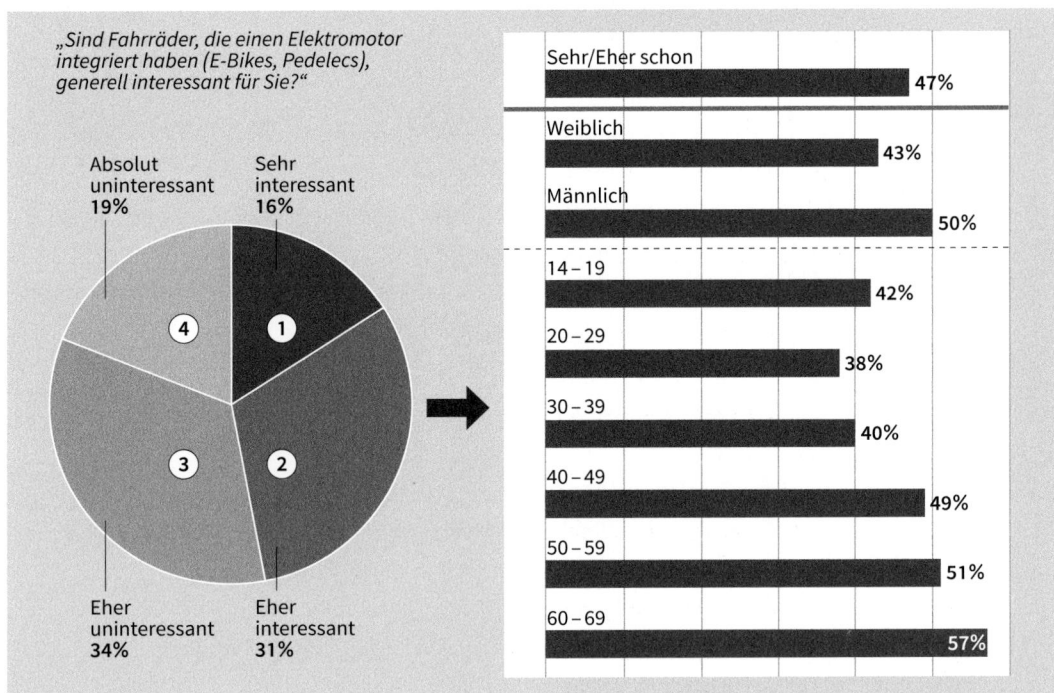

1. Übertrage die folgenden Stichwortzettel zu den beiden Diagrammen in dein Heft und ergänze die fehlenden Angaben.

Angaben zum Torten- und Balkendiagramm

Überschrift:

Angaben zum Tortendiagramm (links)

Das Diagramm zeigt ...

Farberklärung: dunkelgrau (1) =
  mittelgrau (2) =
  grau (3) =
  hellgrau (4) =

Aussage der Einzelwerte: – Für 16 % der Befragten sind Elektrofahrräder sehr interessant.
  – ...
  – ...
  – ...

Arbeitsblatt 2

Angaben zum Balkendiagramm (rechts)	
Das Diagramm zeigt ...	
Wichtige Einzelwerte:	– Mit insgesamt 50 % zeigen die männlichen Befragten mehr Interesse an Elektrofahrrädern als die weiblichen Befragten. – ... – ...

2. Erkläre, was durch den Pfeil vom Tortendiagramm hin zum Balkendiagramm verdeutlicht werden soll.

3. Welche Ergebnisse der Studie sind für dich überraschend? Welche Ergebnisse lassen sich gut erklären? Halte deine Überlegungen mit möglichst abwechslungsreichen Formulierungen fest.

4. Schreibe eine Einleitung für eine Zusammenfassung der Statistik. Deine Einleitung muss folgende Aspekte enthalten:
- Herausgeber der Studie,
- Titel der Studie,
- Art des Diagramms,
- Erscheinungsjahr,
- Publikationsorgan und
- Thema der vorliegenden Diagramme.

Einen Sachtext erschließen

Katja Grundmann
Giga-Brummis

Ab Januar 2011 rollen Riesen-Lkws, sogenannte Eurocombis, durch Deutschland. Während in anderen Ländern ähnliche Riesen-Lkws schon seit vielen Jahren fahren, wird bei uns noch immer heftig über sie diskutiert.

In Australien sind diese Schwergewichte schon längst nicht mehr aus dem Verkehr wegzudenken. Die „Roadtrains", bis zu 50 Meter lange Straßenzüge auf Rädern,
5 transportieren Güter quer durch das Land und besonders in entlegene Gegenden, die nicht an das Eisenbahnnetz angeschlossen sind. Sie versorgen die Menschen mit allem, was sie zum Leben benötigen. Häufig
10 werden andere Waren angeliefert, als später wieder in die entgegengesetzte Richtung transportiert werden. So beliefern die Riesen-Trucks abgelegene Orte mit Lebensmitteln oder Treibstoff, auf dem Rückweg befördern sie hingegen Vieh oder Rohstoffe in die Industriezentren. In Städten dürfen die Giganten zwar nur auf bestimmten Strecken fahren. Die breiten, wenig befahrenen Straßen im Outback hingegen sind für die
15 Roadtrains bestens geeignet. Eingehüllt in dicke Staubwolken donnern sie mit bis zu 100 Stundenkilometern über den heißen Asphalt ihrem Ziel entgegen. Sich diese Roadtrains in unserem dicht befahrenen Verkehrsnetz vorzustellen fällt schwer. Doch schon in dieser Woche sollen die ersten Straßenzüge in einem Feldversuch über deutsche Straßen rollen. Eurocombis (oder Lang-Lkws) setzen sich aus einem normalen Lkw und einem weiteren
20 Anhänger zusammen. Das Gespann kommt damit auf immerhin 25,25 Meter, sieben Meter länger als bisher zugelassene Lastwagen. Und um diese sieben Meter wird heftig diskutiert. Die Befürworter sehen in den neuen Giga-Brummis eine Chance, deutsche Straßen besser zu nutzen und dabei die Umwelt zu schonen. Zwei Eurocombis befördern die Ladung von drei normalen Lkws, verbrauchen dabei jedoch weniger Diesel als die drei
25 Lastwagen und verursachen so weniger schädliches CO_2. Noch umweltfreundlicher ist allerdings die Bahn. Es bleibt daher zu hoffen, dass lediglich Lkws, jedoch keine Güterzüge durch Eurocombis ersetzt werden. Die Gegner sorgen sich um die Unfallgefahr. Aufgrund ihrer Länge könnten die Monstertrucks gegen Verkehrsinseln rauschen. Zwar sollen Eurocombis hauptsächlich in Gewerbegebieten und auf Autobahnen verkehren,
30 allerdings müssen sie dort von ihrem Startpunkt aus ja erst einmal hinkommen. Diese Abschnitte – häufig durch Städte – sind nicht für Lkws dieser Länge ausgelegt. Zudem warnen die Gegner vor zu hohem Gewicht der Fahrzeuge. Die deutschen Autobahnen sind bislang für Autos und Laster bis maximal von 40 Tonnen ausgelegt. Da die Riesenlaster aber bis zu 44 Tonnen wiegen, könnten sie Straßen beschädigen. Tatsächlich ist diese
35 Gefahr jedoch begrenzt: Da die Riesenlaster mehr Achsen als die herkömmlichen Lkws haben, verteilt sich das Schwergewicht auf mehr Räder und der Asphalt wird nicht zusätzlich belastet. Um die Giga-Brummis fahren zu dürfen, müssen Lkw-Fahrer eine spezielle Schulung besuchen. Die wichtigste Regel dabei lautet: Eurocombis dürfen zwar überholt werden, sie dürfen selbst aber nicht überholen. Denn der Lang-Lkw ist zwar nur
40 eineinhalb Mal so lang wie ein normaler Lkw, doch sein Überholweg vervielfacht sich

Arbeitsblatt 3

entsprechend. Damit die Autobahn nicht sofort verstopft, wenn sich die Lastwagen gegenseitig überholen, müssen die Riesen auf der rechten Spur bleiben. [...]

(www.geo.de/GEOlino/technik/lkws-giga-brummis-66786.html?t=print [21.08.2013])

1. Gliedere den Text in fünf Abschnitte und ordne den Abschnitten die passende Überschrift zu.

Zeilenangabe	Überschrift des Abschnitts
Z. ... – ...	Befürworter der Lang-Lkws
	„Roadtrains" in Australien
	Eurocombis im Test auf deutschen Straßen
	Gegner der Lang-Lkws
	Regeln für Eurocombis im Straßenverkehr

2. Erkläre mit eigenen Worten, was „Roadtrains" sind und worin ihre Aufgabe besteht.

3. Untersuche besonders den dritten und vierten Textabschnitt. Gehe dabei so vor:
- Schreibe aus dem dritten und vierten Abschnitt des Textes die Argumente für und gegen den Einsatz von Lang-Lkws auf deutschen Straßen heraus.
- Lege hierfür eine Tabelle in deinem Heft an.
- Stelle anschließend dar, welches Gegenargument den Befürwortern und Gegnern von Lang-Lkws jeweils entgegengebracht wird.

4. Nimm Stellung zu der Frage, ob Lang-Lkws auf deutschen Straßen zum Einsatz kommen sollen.

Bewertungsbogen 3

Name _____

Bewertungsbogen zur Leistungsüberprüfung/Klassenarbeit

Einen Sachtext erschließen

Inhaltliche Leistungen

Aufgabe 1

	Du hast den Text in fünf Abschnitte gegliedert und den Textabschnitten die passende Überschrift zugeteilt.	maximale Punktzahl	erreichte Punktzahl
1	Abschnitt 1: „Roadtrains" in Australien, Z. 1–17	2	
2	Abschnitt 2: Eurocombis im Test auf deutschen Straßen, Z. 17–22	2	
3	Abschnitt 3: Befürworter der Lang-Lkws, Z. 22–27	2	
4	Abschnitt 4: Gegner der Lang-Lkws, Z. 27–37	2	
5	Abschnitt 5: Regeln für Eurocombis im Straßenverkehr, Z. 38–42	2	
	Gesamtpunktzahl für Aufgabe 1	**10**	

Aufgabe 2

	Du hast mit eigenen Worten erklärt, was „Roadtrains" sind und worin ihre Aufgabe besteht.	maximale Punktzahl	erreichte Punktzahl
1	Du erklärst, was „Roadtrains" sind: *bis zu 50 Meter lange Straßenzüge auf Rädern, können bis zu 100 Stundenkilometern schnell fahren, kommen u. a. in Australien, insbesondere im Outback, zum Einsatz*	4	
2	Du stellst kurz dar, worin ihre Aufgabe besteht: *transportieren Ware quer durch das Land, fahren insbesondere entlegene Gebiete an, die z. B. keinen Anschluss an das Eisenbahnnetz haben, transportieren unterschiedliche Güter hin und zurück (→ Austausch der Ware)*	6	
	Gesamtpunktzahl für Aufgabe 2	**10**	

Aufgabe 3

	Du hast die in dem dritten und vierten Abschnitt des Textes angeführten Argumente herausgearbeitet.	maximale Punktzahl	erreichte Punktzahl
1	Du nennst die Argumente der Befürworter: – Chance deutsche Straßen besser zu nutzen (2 Eurocombis können die Ladung von 3 normalen Lkws transportieren) – Umwelt wird geschont (weniger Diesel wird verbraucht = weniger CO_2-Ausstoß) Du nennst die Argumente der Gegner: – höhere Unfallgefahr aufgrund der Länge – Städte zu eng für die Lang-Lkws – hohes Gewicht beschädigt die Straßen	12	
2	Du nennst die Gegenargumente: – Noch umweltfreundlicher als die Eurocombis ist die Bahn. – Dadurch, dass die Eurocombis mehr Achsen haben als die normalen Lkws, verteilt sich das Gewicht auf mehr Räder und die Straßen werden durch das höhere Gewicht nicht zusätzlich belastet.	5	
	Gesamtpunktzahl für Aufgabe 3	**17**	

© Schöningh Verlag

Bewertungsbogen 3

Aufgabe 4

		maximale Punktzahl	erreichte Punktzahl
	Du nimmst begründet Stellung dazu, ob Lang-Lkws auf deutschen Straßen eingesetzt werden sollen.		
1	Z. B.: – zustimmend: Verkehr auf den Straßen wird geringer → neben weniger CO_2-Ausstoß weniger Lärmbelästigung – ablehnend: Verkehrschaos, da die Lkws nicht um enge Kurven kommen (z. B. Autobahnauffahrten)	8	
	Gesamtpunktzahl für Aufgabe 4	8	
	Gesamtpunktzahl für Aufgabe 1 bis 4	45	

Darstellungsleistungen

		maximale Punktzahl	erreichte Punktzahl
1	Du formulierst genau und angemessen. Dabei vermeidest du z. B. Wortwiederholungen und Umgangssprache.	5	
2	Dein Satzbau ist sicher und abwechslungsreich.	5	
3	Deine Rechtschreibung, Zeichensetzung und Grammatik sind fehlerfrei.	10	
	Gesamtpunktzahl für die Darstellungsleistungen	20	
	Gesamtpunktzahl	65	

Die Leistungsüberprüfung/Klassenarbeit wird mit der Note

_____ bewertet.

_____
Datum   Unterschrift

Zuordnung der Punkte zu den Notenstufen

Note	Punkte
sehr gut	65–57
gut	56–47
befriedigend	46–38
ausreichend	37–29
mangelhaft	28–12
ungenügend	11–0

© Schöningh Verlag

Einen Sachtext erschließen und eine Sachtextzusammenfassung schreiben (1)

Ulrich Eberl
Das Dilemma der Zukunftsforscher

1. Abschnitt: _____

Wer im antiken Griechenland einen Blick in die Zukunft wagen wollte, der pilgerte zum Mittelpunkt der Erde: nach Delphi zum Tempel des Apollon. Dort saß Pythia, die Orakelpriesterin, auf einem Dreifuß über einer Erdspalte, aus der Dämpfe quollen. Im Trancezustand verkündete sie ihre Weissagungen. Zum Beispiel prophezeite sie König Krösus, dass
5 er ein großes Reich zerstören werde, sobald er den Fluss Halys überschreite. Krösus, der schon immer Persien erobern wollte, folgte diesem scheinbaren Rat – doch das einzige Reich, das er zerstörte, war sein eigenes. Er hatte die Zweideutigkeit in Pythias Worten nicht sehen wollen und wohl auch die Sprüche über dem Apollontempel nicht gelesen: „Erkenne dich selbst" und „Alles in Maßen" stand da geschrieben.

2. Abschnitt: _____

10 Ob das Orakel von Delphi, die Glaskugeln des Mittelalters oder die Zukunftsdeutungen eines Nostradamus – wenn die Hellseher ihre Aussagen nur nebulös genug formulierten, waren sie für Fehlinterpretationen nicht haftbar zu machen. Doch heute wird mehr Präzision verlangt: Politiker interessiert, welche gesellschaftlichen, wirtschaftlichen oder ökologischen Trends sie bei ihren Entscheidungen berücksichtigen müssen. Unterneh-
15 mensführer wollen wissen, mit welchen Produkten sie die Märkte von morgen erobern können. Wissenschaftler suchen die vielversprechendsten Forschungsfelder – und jeder findet es spannend, über das Leben im Jahr 2050 zu spekulieren. Alle wollen das, was der Science Fiction-Autor Herbert G. Wells im Jahr 1900 forderte: „eine Wissenschaft von der Zukunft".

3. Abschnitt: _____

20 Manches ist in der Tat gar nicht so schwer vorherzusagen, denn viele Weichenstellungen, die heute getroffen werden, prägen die Welt, in der wir und unsere Kinder im Jahr 2050 leben werden. Viele Kraftwerke, die die Energieversorger heute errichten, werden dann immer noch Strom und Wärme liefern. Die Häuser, die jetzt gebaut werden, stehen auch in einigen Jahrzehnten noch. Die Zahl der Kinder, die jetzt geboren werden, legt fest, wie
25 die Alterspyramiden und damit die Sozial- und Gesundheitssysteme des Jahres 2050 aussehen und welche Mengen an Nahrung, Wasser und Rohstoffen benötigt werden – und was wir jetzt an Treibhausgasen in die Atmosphäre blasen, wird auch um die Mitte des Jahrhunderts noch das Klima der Erde beeinflussen.

Arbeitsblatt 4

4. Abschnitt: _____

Doch obwohl wir all das wissen, bleibt genug Raum für Überraschungen, wie ein kurzer
30 Blick zurück deutlich macht. 2050 ist von 2010 genauso weit entfernt wie das Jahr 2010 von
1970. Was hatten Zukunftsforscher 1970 nicht alles vorhergesagt! In der beliebten Jugend-
buchreihe *Das Neue Universum* wimmelte es von gigantischen Metropolen mit Wohnzel-
len aus Kunststoff, Laufbändern für Fußgänger, atomgetriebenen Tragflächenbooten und
Rohrpostanlagen, die Menschen in Druckkabinen mit bis zu 600 km/h befördern. Noch
35 vor dem Jahr 2000 sollten Industriestädte unter dem Meer errichtet werden, mit Ozeanau-
ten, die nach Erz schürfen. Große Siedlungen auf dem Mond sollte es geben – und, nicht
zu vergessen, die Umwandlung des Urwalds, der vielen damals noch als
„grüne Hölle" galt, in die Speisekammer der Menschheit.

(Aus: Ulrich Eberl: Zukunft 2050: Wie wir schon heute die Zukunft erfinden, Beltz & Gelberg, Weinheim/Basel 2013)

1. Hebe das Wichtigste mit einem farbigen Stift oder einem Textmarker hervor.
Unterstreiche Zusatzinformationen mit einem Bleistift.
Trage anschließend eine passende Überschrift für den jeweiligen Abschnitt auf
dem Textblatt ein.

2. Fasse den Inhalt des Textauszugs zusammen. Gehe dabei folgendermaßen vor:
- Schreibe eine **Einleitung** mit folgenden Angaben: Textsorte, Titel des Textes,
Autor, Jahr der Veröffentlichung und eine kurze Angabe, worum es in dem
Text geht.
- Fasse im **Hauptteil** den Inhalt des Textes mit eigenen Worten zusammen.
Folge dabei den einzelnen Abschnitten des Textes. Formuliere sachlich und
im Präsens.

3. Erläutere, was der Autor des Textauszugs mit der Überschrift „Das Dilemma der
Zukunftsforscher" zum Ausdruck bringen möchte.

Bewertungsbogen 4

Name _____

Bewertungsbogen zur Leistungsüberprüfung / Klassenarbeit

Einen Sachtext erschließen und eine Sachtextzusammenfassung schreiben (1)

Inhaltliche Leistungen

Aufgabe 1

	Du hast die wichtigsten Informationen und Zusatzinformationen markiert und den Textabschnitten sinnvolle Überschriften gegeben.	maximale Punktzahl	erreichte Punktzahl
1	Deine Markierungen sind angemessen und heben die wichtigsten Informationen hervor.	8	
2	1. Abschnitt: z. B.: Zukunftsdeutung im antiken Griechenland	2	
3	2. Abschnitt: z. B.: Präzise Zukunftsvorhersagen heute erwartet	2	
4	3. Abschnitt: z. B.: Vorhersagbare Entwicklungen	2	
5	4. Abschnitt: z. B.: Raum für Ungewisses bleibt bestehen	2	
	Gesamtpunktzahl für Aufgabe 1	**16**	

Aufgabe 2

	Du hast den Inhalt des Sachbuchauszuges angemessen zusammengefasst.	maximale Punktzahl	erreichte Punktzahl
1	Du formulierst eine Einleitung unter Berücksichtigung von: – Textsorte: Auszug aus einem Sachbuch/Sachtextauszug – Titel des Textes: Das Dilemma der Zukunftsforscher – Autor: Ulrich Eberl – Jahr der Veröffentlichung: 2013	4	
2	Du stellst kurz dar, worum es in dem Text inhaltlich geht: Verlässlichkeit von Zukunftsvorhersagen und ihre Möglichkeiten und Grenzen	5	
3	Du fasst den Inhalt des Textes zusammen: 1. Abschnitt: Beispiel einer Zukunftsvorhersage aus dem antiken Griechenland: Pythia, die Orakelpriesterin sagt König Krösus in einer Art Trancezustand die Zukunft voraus. Dieser erkennt jedoch zu seinem Unglück nicht die Zweideutigkeit von Pythias Worten und hat auch nicht die Sprüche über dem Apollontempel gelesen. So zerstört er sein eigenes Reich. 2. Abschnitt: Heute verlangt man nach mehr Präzision bei Zukunftsvorhersagen. Neben der Tatsache, dass es von allgemeinem Interesse ist, über die Zukunft zu spekulieren, haben insbesondere Politiker, Unternehmensführer und Wissenschaftler Interesse an präzisen Aussagen, um ihr zukünftiges Handeln daran auszurichten. 3. Abschnitt: Einiges ist nicht so schwer vorherzusagen, da bereits heute Weichen dafür gestellt werden, die die zukünftige Welt prägen werden (→ Beispiele anführen).	28	

Bewertungsbogen 4

		maximale Punktzahl	erreichte Punktzahl
	4. Abschnitt: Ein gewisser Raum für Ungewisses in der Zukunft bleibt aber dennoch bestehen. So hatten Zukunftsforscher 1970 zum Beispiel schon viele Dinge (z. B. Industriestädte unter dem Meer, Siedlungen auf dem Mond usw.) vorhergesagt, die aber 40 Jahre später doch nicht so eingetreten sind. Insofern wird das für Vorhersagen für das Jahr 2050 ähnlich sein.		
	Gesamtpunktzahl für Aufgabe 2	**37**	

Aufgabe 3

	Du erläuterst, was der Autor durch seine Textüberschrift zum Ausdruck bringen möchte, z. B.:	maximale Punktzahl	erreichte Punktzahl
1	Man erwartet von Zukunftsforschern, dass sie möglichst präzise Vorhersagen treffen, an denen man sich orientieren kann. Dies ist aber nur bis zu einem gewissen Grade für diese leistbar, da es immer noch eine Menge an Einflüssen gibt, die nicht vorhersagbar sind. Dadurch kann es dazu kommen, dass die Forscher mit ihren Aussagen nicht recht behalten. Dies ist grundsätzlich ein Problem der Zukunftsforschung, das nicht lösbar ist.	10	
	Gesamtpunktzahl für Aufgabe 3	**10**	
	Gesamtpunktzahl für Aufgabe 1 bis 3	**63**	

Darstellungsleistungen

		maximale Punktzahl	erreichte Punktzahl
1	Deine Textarbeit ist übersichtlich und ordentlich. Die Markierungen heben das Wichtigste erkennbar hervor.	5	
2	Du formulierst genau und angemessen. Dabei vermeidest du z. B. Wortwiederholungen und Umgangssprache.	6	
3	Dein Satzbau ist sicher und abwechslungsreich.	3	
4	Du schreibst im Präsens.	3	
5	Deine Rechtschreibung, Zeichensetzung und Grammatik sind fehlerfrei.	10	
	Gesamtpunktzahl für die Darstellungsleistungen	**27**	
	Gesamtpunktzahl	**90**	

Die Leistungsüberprüfung/Klassenarbeit wird mit der Note

bewertet.

_____
Datum   Unterschrift

Zuordnung der Punkte zu den Notenstufen

Note	Punkte
sehr gut	90–84
gut	83–70
befriedigend	69–55
ausreichend	54–41
mangelhaft	40–18
ungenügend	17–0

Einen Sachtext erschließen und eine Sachtextzusammenfassung schreiben (2)

spiegel-online.de
US-Unternehmer will Reisende in die Highspeed-Röhre schicken

An der US-Westküste sollen Reisende künftig mit bis zu 1200 Stundenkilometern unterwegs sein. Der Unternehmer Elon Musk stellte entsprechende Pläne für ein neuartiges Verkehrsmittel vor: Luftkissen-Kapseln, die durch eine Röhre rasen.

Palo Alto (dab/dpa/AFP). Als Chef des Elektroautoherstellers Tesla und des Raumfahrt-
5 unternehmens SpaceX ist Elon Musk für unkonventionelle Ideen wie eine Mars-Kolonie bekannt. Auch das neueste Projekt des 42-Jährigen ist ungewöhnlich und erinnert an Science-Fiction-Schmöker des vergangenen Jahrhunderts: Mit einem Verkehrsmittel namens Hyperloop will Musk Reisende mit bis zu 1220 Stundenkilometern durch Röhren befördern. In San Francisco legte er nun eine 57-seitige Beschreibung seines
10 Vorhabens vor. Hyperloop sei ein „Transportmittel, das das Reisen revolutionieren könnte", sagte Musk.

Hyperloop soll Kapseln durch eine Röhre mit niedrigem Luftdruck befördern. Luftkissen sollen die Geschosse dabei stabilisieren. Musks Plan sieht eine Trasse von Los Angeles nach San Francisco vor, welche die Fahrzeit zwischen den Metropolen auf 35 Minuten
15 verkürzen könnte. Die Kosten sollen zwischen sechs und 7,5 Milliarden Dollar liegen – je nachdem, ob Hyperloop auch Waren befördert. Der Großteil davon entfiele auf den Bau der Strecke: zwei nebeneinander verlaufende Röhren auf Stelzen. Durch diese sollen sich die Kapseln mit einem eigenen Antrieb bewegen.

Hyperloop wäre den Plänen zufolge schneller als ein Flug und soll sich laut Musk fast
20 genauso anfühlen. Außerdem sei der Hyperloop weniger anfällig für Erdbeben und weniger unfallträchtig, „weil er nicht vom Himmel fallen kann oder wie ein Zug entgleisen". Im Vergleich zur Schiene sei Hyperloop zudem vergleichsweise günstig: Ein bereits von der kalifornischen Regierung geplanter Schnellzug soll rund 70 Milliarden Dollar kosten. Dieser sei langsamer, teurer und unsicherer als das Flugzeug, sagte Musk. „Also warum
25 sollte irgendjemand ihn nutzen?" Derart hohe Investitionen schienen „nicht klug für einen Staat, der kürzlich noch vor der Pleite stand".

Der Milliardär rechnete vor, dass Reisende für die Fahrt in einer 28 Passagiere fassenden Kapsel nur 20 Dollar zahlen müssten. Allerdings ist das Projekt noch weit von der Realisierung entfernt. Musk sagte, bei seiner Idee handele es sich um einen „Open-Source-
30 Entwurf", den jeder Interessierte verwirklichen dürfe. Er wolle Hyperloop offen weiterentwickeln, mit einem ersten Modell rechne er in drei bis vier Jahren. „Es ist nicht meine Top-Priorität."

Vergangene Woche hatte der aus Südafrika stammende US-Unternehmer gesagt, er habe derzeit keine Pläne, den Hyperloop zu bauen. Bei der Vorstellung des Projekts äußerte der
35 42-Jährige nun aber Interesse an einem Prototyp zu Demonstrationszwecken. „Ich versuche nicht, tonnenweise Geld damit zu machen, aber ich würde gerne sehen, dass es

Arbeitsblatt 5

fruchtet, und ich denke, es könnte helfen, wenn ich eine Demonstration machen würde."
Dabei sollten Technologien seiner Unternehmen Tesla und SpaceX zum Einsatz kommen.

(www.spiegel.de/wirtschaft/unternehmen/hyperloop-us-unternehmer-musk-will-reisende-durch-roehrenschiessen-a-916210.htm; 13.08.2013)

1. Bearbeite den Text. Gehe hierfür folgendermaßen vor:
- Ordne den folgenden Wörtern aus dem Text ihre richtige Bedeutung zu. Beachte hierfür auch ihre Verwendung im Textzusammenhang. Schreibe das Wort aus dem Text und die passende Bedeutung in dein Heft.

Wörter aus dem Text:	Bedeutungen:
Palo Alto (Z. 4)	ungewöhnlich
unkonventionell (Z. 5)	Gesamtheit der zur Bearbeitung von Stoffen nötigen Prozesse und Arbeitsgänge; Produktionstechnik
Kolonie (Z. 5)	beständig machen
Schmöker (Z. 7)	höherer Rang, größere Bedeutung; Vorrang
revolutionieren (Z. 10)	(vor der Serienproduktion) zur Erprobung
stabilisieren (Z. 13)	Stadt im US-Bundesstaat Kalifornien
Priorität (Z. 32)	grundlegend umgestalten, verändern
Prototyp (Z. 35)	anschauliche Darlegung, Beweisführung, Veranschaulichung
Demonstration (Z. 37)	Siedlung
Technologien (Z. 38)	dickeres, inhaltlich weniger anspruchsvolles Buch

- Hebe das Wichtigste mit einem farbigen Stift oder einem Textmarker hervor. Unterstreiche Zusatzinformationen mit einem Bleistift.
- Halte die wichtigsten Informationen der einzelnen Textabschnitte stichwortartig am Textrand fest.

2. Fasse den Inhalt des Textauszugs zusammen. Gehe dabei folgendermaßen vor:
- Schreibe eine **Einleitung** mit folgenden Angaben: Textsorte, Titel des Textes, Publikationsorgan, Jahr der Veröffentlichung und eine kurze Angabe, worum es in dem Text geht.
- Fasse im **Hauptteil** den Inhalt des Textes mit eigenen Worten zusammen. Folge dabei den einzelnen Abschnitten des Textes. Formuliere sachlich und im Präsens.

Bewertungsbogen 5

Name _____

Bewertungsbogen zur Leistungsüberprüfung/Klassenarbeit

Einen Sachtext erschließen und eine Sachtextzusammenfassung schreiben (2)

Inhaltliche Leistungen

Aufgabe 1

	Du hast den Wörtern die richtige Bedeutung zugeordnet und den Text mithilfe von Markierungen und Notizen am Textrand bearbeitet.	maximale Punktzahl	erreichte Punktzahl
1	Du hast den Wörtern ihre richtige Bedeutung zugeordnet: – Palo Alto: Stadt im US-Bundesstaat Kalifornien – unkonventionell: ungewöhnlich – Kolonie: Siedlung – Schmöker: dickeres, inhaltlich weniger anspruchsvolles Buch – revolutionieren: grundlegend umgestalten, verändern – stabilisieren: beständig machen – Priorität: höherer Rang, größere Bedeutung; Vorrang – Prototyp: (vor der Serienproduktion) zur Erprobung – Demonstration: anschauliche Darlegung, Beweisführung, Veranschaulichung – Technologien: Gesamtheit der zur Bearbeitung von Stoffen nötigen Prozesse und Arbeitsgänge; Produktionstechnik	10	
2	Deine Markierungen sind angemessen und heben die wichtigsten Informationen hervor.	5	
3	Du hast die wichtigsten Informationen der einzelnen Textabschnitte am Textrand festgehalten.	10	
	Gesamtpunktzahl für Aufgabe 1	**25**	

Aufgabe 2

	Du hast den Inhalt des Sachbuchauszuges angemessen zusammengefasst.	maximale Punktzahl	erreichte Punktzahl
1	Du formulierst eine Einleitung unter Berücksichtigung von: Textsorte: Zeitungsbericht Titel des Textes: US-Unternehmer will Reisende in die Highspeed-Röhre schicken Publikationsorgan: spiegel-online.de Jahr der Veröffentlichung: 2013	4	
2	Du stellst kurz dar, worum es in dem Text inhaltlich geht: Vorstellung der neuesten Projektidee „Hyperloop" des US-Unternehmers Elon Musk	5	
3	Du fasst den Inhalt des Textes zusammen: 1. Abschnitt: Der US-Unternehmer Elon Musk hat seine neue Projektidee „Hyperloop", bei der Reisende mit bis zu 1200 km/h durch Röhren befördert werden sollen, in San Francisco vorgestellt. 2. Abschnitt: Hyperloop funktioniert so, dass Kapseln, stabilisiert durch Luftkissen, mit niedrigem Luftdruck durch Röhren befördert werden sollen. Auf einer vorgesehenen Strecke zwischen Los Angeles und San Francisco würden zwei nebeneinander verlaufende Röhren auf Stelzen die Fahrtzeit zwischen den Städten auf 35 Minuten verkürzen.	35	

Bewertungsbogen 5

	3. Abschnitt: Vorteile von Hyperloop: – schneller als ein Flug, – weniger anfällig für Erdbeben, – weniger unfallträchtig, – vergleichsweise günstig (Vergleich mit geplantem Schnellzug) 4. Abschnitt: Musk zeigt sich offen dafür, dass andere sein Projekt weiterentwickeln. Mit einem ersten Modell rechne er in drei bis vier Jahren. 5. Abschnitt: Musk selber habe auch noch keine Pläne für den Bau von „Hyperloop", aber auch durchaus Interesse daran, einen Prototyp mithilfe der Technologien seiner Firmen zu entwickeln.		
	Gesamtpunktzahl für Aufgabe 2	44	
	Gesamtpunktzahl für Aufgabe 1 und 2	69	

Darstellungsleistungen

		maximale Punktzahl	erreichte Punktzahl
1	Du formulierst genau und angemessen. Dabei vermeidest du z. B. Wortwiederholungen und Umgangssprache.	6	
2	Dein Satzbau ist sicher und abwechslungsreich.	3	
3	Du schreibst im Präsens.	3	
4	Deine Rechtschreibung, Zeichensetzung und Grammatik sind fehlerfrei.	9	
	Gesamtpunktzahl für die Darstellungsleistungen	21	
	Gesamtpunktzahl	90	

Die Leistungsüberprüfung/Klassenarbeit wird mit der Note

_____ bewertet.

_____
Datum   Unterschrift

Zuordnung der Punkte zu den Notenstufen

Note	Punkte
sehr gut	90–84
gut	83–70
befriedigend	69–55
ausreichend	54–41
mangelhaft	40–18
ungenügend	17–0

Der erste Schritt ins Berufsleben – ein Betriebspraktikum vorbereiten und durchführen

(Schülerbuch, S. 82–107)

Zusatz- und Differenzierungsmaterial, Leistungsüberprüfungen/Klassenarbeiten, Bewertungsbogen

Arbeitsblatt 1: Ein Bewerbungsanschreiben überarbeiten (1) (SB, S. 86 – 87)

Arbeitsblatt 2: Einen Lebenslauf überarbeiten (SB, S. 88 – 89)

Arbeitsblatt 3: Treffende Zeitangaben in einem Tagesbericht ergänzen und einen Tagesbericht in einen stichwortartigen Kurzbericht umformen (SB, S. 96 – 99)

Arbeitsblatt 4: Einen Tagesbericht überarbeiten (1) (SB, S. 96 – 99)

Arbeitsblatt 5: Einen Betrieb erkunden (SB, S. 94 – 95)
   Erkundungsbogen für das Schülerbetriebspraktikum

Arbeitsblatt 6: Ein Bewerbungsanschreiben überarbeiten (2) (SB, S. 86 – 87)
Bewertungsbogen 6 zur Leistungsüberprüfung/Klassenarbeit (AB 6)

Arbeitsblatt 7: Einen Tagesbericht überarbeiten (2) (SB, S. 96 – 99)
Bewertungsbogen 7 zur Leistungsüberprüfung/Klassenarbeit (AB 7)

Arbeitsblatt 8: Eine Vorgangsbeschreibung verfassen (SB, S. 100 – 105)
   Ein Papierboot falten
Bewertungsbogen 8 zur Leistungsüberprüfung/Klassenarbeit (AB 8)

Arbeitsblatt 1

Ein Bewerbungsanschreiben überarbeiten (1)

Julius Kohlmann
Erlenallee ...
53...

Sehr geehrte Firma,

ich habe kürzlich von einem Kumpel gehört, das bei euch in der nächsten Zeit einige Lehrlinge ihre Gesellenprüfung ablegen. Da stellen sie doch sicher wieder neue Lehrlinge ein. Ich möchte ihnen deshalb mitteilen, dass ich großes Interesse habe. Ich könnte nämlich genau der Richtige fur euch sein. Deshalb bewerbe ich mich auch um eine
5 Lehrstelle als Textilreiniger bei euch. Das ist ein prima Beruf, ich könnte nämlich später mal in der chemischen Industrie arbeiten. Das habe ich mir schon immer gewünscht. Bitte teilt mir doch umgehend mit, wann ich mich bei ihnen vorstellen kann. Mit ganz besonders herzlichen Grüßen

Euer
Julius Kohlmann

1. Informiert euch, z. B. im Internet, über den Beruf des Textilreinigers/der Textilreinigerin. Haltet dabei die Informationen, die ihr bei einer Bewerbung für diesen Beruf benötigt, in Stichworten fest.

2. Seht euch das Bewerbungsanschreiben an. Sucht die Fehler heraus und besprecht, wie man es verbessern müsste. Haltet die Ergebnisse eurer Besprechung stichwortartig fest. Achtet dabei darauf, dass auch die Rechtschreibung fehlerhaft ist.

3. Verbessert das Bewerbungsanschreiben auf der Grundlage eurer Vorarbeiten. Schreibt das überarbeitete Bewerbungsanschreiben auf.

Einen Lebenslauf überarbeiten

Persönliche Daten:

Name: Manuela Aslan
geburtsdatum: 13.5.2000
Geburtsort: Kleinstadt
Anschrift:
35765 Kleinstadt
im Garten 7

Eltern: Johanna und Gabriel
keine Geschwister

Ich war von 2006 – 2010 auf der Grundschule am Markt, danach bin ich auf die Anne-Frank-Schule gegangen, auf der es mir gut gefällt. Bald habe ich den mittleren Schulabschluss erreicht.

Sprachkenntnisse: Englisch und Französisch

Mein persönliches Interesse ist vor allem das Fußballspielen.

12.12.20..

1 Der Lebenslauf ist Manuela noch nicht gut gelungen. Überarbeite ihn.

Arbeitsblatt 3

Treffende Zeitangaben in einem Tagesbericht ergänzen und einen Tagesbericht in einen stichwortartigen Kurzbericht umformen

Tagesbericht 21. Januar 20..

Am ersten Tag kam ich kurz vor 8.00 Uhr mit vier anderen Praktikanten an der STEAG an. Wir stellten uns dem Pförtner am Eingang vor und mussten _____ unsere
5 Namen und die Ankunftszeit eintragen. Da wir noch nicht wussten, wo die Werkstatt ist, und auch aus Sicherheitsgründen nicht allein über das Werksgelände gehen durften, musste er telefonisch den Abteilungsleiter benachrichtigen. Der schickte
10 _____ einen Auszubildenden, der uns _____ zur Werkstatt begleitete. Zur eigenen Sicherheit mussten wir noch Helme aufsetzen. In der Werkstatt stellte sich Herr Schröder, der Ausbildungsleiter,
15 _____ vor. _____ zeigte er uns die Räumlichkeiten und unseren Arbeitsplatz. Jeder von uns bekam noch sein eigenes Werkzeug, mit dem wir die einzelnen Aufgaben zu meistern hatten. Er gab uns _____ die erste Aufgabe: 20
Wir mussten vier verschiedene Größen von Leitungsenden à fünf Stück herstellen. Er erklärte und zeigte uns anhand eines Beispiels, wie man das macht. Um 9.00 Uhr hatten wir _____ eine halbe Stunde Frühstückspause. 25
_____ fuhren wir mit der gleichen Aufgabe fort. Kurz nach 11.00 Uhr waren wir _____ mit dem Herstellen der Leitungsenden fertig. Nun mussten wir diese auf ein rechtwinkliges Gitter befestigen. 30
Gegen 12.20 Uhr waren wir _____ mit der gestellten Aufgabe fertig. _____ wir unseren Arbeitsplatz gesäubert hatten, konnten wir nach Hause gehen.

---

sofort • dann • zunächst • endgültig • schließlich • danach • erst einmal • jetzt • nun • dann • nachdem

---

1. In dem Praktikumsbericht fehlen treffende zeitliche Angaben. Lest den Text vor und setzt passende Formulierungen aus dem Speicher ein.

2. Fasst die Informationen des Berichts zusammen und verfasst einen stichwortartigen Kurzbericht. Gliedert diesen nach den Zeitangaben:

Tagesbericht vom 21. Januar 20..
  — Kurz vor 8 Uhr: Ankunft mit vier weiteren Praktikanten an der STEAG
  — ...

Einen Tagesbericht überarbeiten (1)

Mittwoch, 31. Januar

Habe auch heute den Betrieb nur leicht verspätet antreten können, weil meine kleine Schwester mal wieder das Bad stundenlang blockiert hatte. Entsprechend gut gelaunt war mein Ausbildungsbetreuer, als er mich dann begrüßt hat: Hat mir was von den selbstverständlichen Pflichten eines Praktikanten erzählt.
5 Aber dann wurde mir endlich gezeigt, was meine heutige Aufgabe sein sollte: In der Ausbildungswerkstatt gibt es verschiedene Modellbausätze für die Metallbearbeitung. Durfte mir einen heraussuchen und im Laufe des Tages zusammenbauen. Dazu muss man 'ne ganze Menge mit Metall können. Und auch auf die Details achten und so. Die Aufgabe hat mich auch den ganzen Tag beschäftigt. Hat auch nicht alles so ganz gut
10 geklappt. Fand's aber nervig, dass mein Betreuer ständig kam und zugucken wollte. Machte mich irgendwie rappelig.
Habe aber auch in den Pausen wieder gut ausspannen können. Die Kantine ist echt der Hit. Da gibt es alles, was man sich vorstellen kann. Wie in einem guten Restaurant. Sogar verschiedene Essen zur Auswahl. Nur das Rauchen ist auch hier mal wieder verboten.
15 Total uncool. Aber soll ja gesund sein und so.
Gegen Dienstschluss hab ich meinem Betreuer dann das Ergebnis präsentiert. Er war wohl nur mäßig begeistert. Versteh' ich gar nicht. Hab dann gesehen, dass ich weg bin. Hatte schließlich noch Training und dann ein Date mit den Jungs.

▌ Lies den Bericht zu einem Praktikum in einem metallverarbeitenden Betrieb sorgfältig durch. Verbessere und überarbeite ihn dann.

Arbeitsblatt 5

Einen Betrieb erkunden

Erkundungsbogen für das
Schülerbetriebspraktikum

Betrieb/Unternehmen
- Wie heißt die genaue Firmenbezeichnung?
- Was wird produziert? Welche Dienstleistungen werden erbracht?
- Wie lange existiert der Betrieb bereits? Wie war seine bisherige Entwicklung?
- Wer kauft die Produkte? Wer nimmt die Dienstleistungen in Anspruch?
- Wohin wird verkauft oder geliefert?
- Wer sind die Inhaber/Geschäftsführer?
- Welche unterschiedlichen Abteilungen gibt es?
- Welche Berufe und Berufsrichtungen sind im Betrieb vertreten? Wie viele Mitarbeiterinnen/Mitarbeiter zählt der Betrieb?
- ...

Ausbildungssituation
- Wer ist verantwortlich für die Ausbildung?
- Welche Bildungsabschlüsse werden für welche Berufsgruppen des Betriebs vorausgesetzt?
- Werden innerbetriebliche Fortbildungsmöglichkeiten angeboten?
- ...

Mithilfe dieses Erkundungsbogens könnt ihr die Beschreibung des Praktikumsbetriebes für eure Praktikumsmappe vorbereiten.
Ergänzt den Erkundungsbogen um eigene Punkte oder ändert einzelne Punkte entsprechend eurer Situation um.

Ein Bewerbungsanschreiben überarbeiten (2)

markus Müller
35765 Kleinstadt
im Garten 7
05555/56565656
Markus_Müller@gtv.de

12.12.20..

An Herrn
Meier
35756 Kleinstadt
Marktplatz 5

Betr.: Praktikum als Tischler

Lieber Herr Müller,

ich möchte bei Ihnen in der Firma „Tischlerei Kleinstadt" ein Praktikum machen.

Ich weiß von einem Bekannten meines Vaters, dass Sie Praktikanten einstellen.

Ich kann mir gut vorstellen, mit Holz zu arbeiten. Schon als Kind habe ich am liebsten mit Holzspielzeug gespielt.

In meiner Freizeit spiele ich am liebsten Fußball. Ich möchte einmal Fußballprofi werden.

Ich fände es total super, bei Ihnen mein Praktikum machen zu können.

Mfg

P.S. Ich hab vergessen zu schreiben: Das Praktikum findet vom 2.2. – 14.2.20.. statt und ich gehe zurzeit in die neunte Klasse der Anne-Frank-Schule hier, wo ich wohne.

Dieses Bewerbungsanschreiben ist noch nicht gelungen. Überarbeite und verbessere es.

Bewertungsbogen 6

Name _____

Bewertungsbogen zur Leistungsüberprüfung / Klassenarbeit

Ein Bewerbungsanschreiben überarbeiten (2)

Inhaltliche Leistungen

Aufgabe		maximale Punktzahl	erreichte Punktzahl
	Du hast das Bewerbungsanschreiben inhaltlich und sprachlich überarbeitet und verbessert.		
1	Du hast Ort und Datum des Schreibens oben rechts eingesetzt (Kleinstadt, den 12.12.20..)	2	

2	Du hast Name, Adresse, Telefonnummer und E-Mail des Bewerbers zutreffend angegeben:
	   Markus Müller
	   Im Garten 7
	   35765 Kleinstadt
	   Tel.: 05555/56565656
	   E-Mail: Markus_Müller@gtv.de
		3	

3	Du hast die Firma und den Ansprechpartner zutreffend angegeben:
	   Tischlerei Kleinstadt
	   Herrn Meier
	   Marktplatz 5
	   35756 Kleinstadt
		3	

4	Du hast den Anlass des Schreibens zutreffend angegeben: Bewerbung um ein Betriebspraktikum vom 02.02. – 14.02.20..	2	
5	Du hast die Anrede des Ansprechpartners verbessert: Sehr geehrter Herr Meier,	2	
6	Du hast den Anlass der Bewerbung überarbeitet, z. B.: wie ich über meinen Vater von einem Ihrer Mitarbeiter, Herrn Weber, erfahren habe, stellen Sie regelmäßig in Ihrer Firma Praktikanten ein. Hiermit bewerbe ich mich in Ihrer Firma um einen Praktikumsplatz für die Zeit vom 02.02. – 14.02.20..	5	
7	Du hast den Hinweis auf die derzeitige Tätigkeit verbessert, z. B.: Zurzeit besuche ich die neunte Klasse der Anne-Frank-Schule in Kleinstadt.	3	
8	Du hast die Begründung für den Berufswunsch überarbeitet, z. B.: Aufgrund meiner Erfahrungen im Technikunterricht denke ich, dass Tischler ein Beruf ist, der meinen Interessen und Fähigkeiten entgegenkommt. Im Technikunterricht habe ich immer besonders viel Freude am Unterricht gehabt, wenn wir mit Holz gearbeitet haben. Ein Unterrichtsprojekt bestand dieses Jahr z. B. darin, selbst Holzspielzeuge herzustellen. Ich habe ein Spielzeugauto gebaut und dafür auch eine sehr gute Note erhalten.	6	
9	Du hast die abschließende Bitte um einen Praktikumsplatz bzw. zu einem Vorstellungsgespräch verbessert: Ich würde mich sehr freuen, wenn ich in Ihrer Firma ein Praktikum machen dürfte oder Sie mich zu einem Vorstellungsgespräch einladen würden.	4	

10	Du hast die Grußformel verbessert und die Unterschrift ergänzt:
	   Mit freundlichen Grüßen
	
	   Markus Müller
		3	

	Gesamtpunktzahl für die inhaltlichen Leistungen	**33**	

Bewertungsbogen 6

Darstellungsleistungen

		maximale Punktzahl	erreichte Punktzahl
1	Du hast die Vorgaben für die äußere Form eines Bewerbungsschreibens (Abstände, Absätze, Textgestalt) beachtet.	6	
2	Deine Rechtschreibung, Zeichensetzung und Grammatik sind fehlerfrei.	8	
3	Du formulierst genau, angemessen und abwechslungsreich. Dabei vermeidest du z. B. Wortwiederholungen und Umgangssprache.	6	
	Gesamtpunktzahl für die Darstellungsleistungen	20	
	Gesamtpunktzahl	53	

Die Leistungsüberprüfung/Klassenarbeit wird mit der Note

_____ bewertet.

Zuordnung der Punkte zu den Notenstufen

Note	Punkte
sehr gut	53–46
gut	45–39
befriedigend	38–31
ausreichend	30–24
mangelhaft	23–10
ungenügend	9–0

_____

Datum   Unterschrift

© Schöningh Verlag

Einen Tagesbericht überarbeiten (2)

Tagesbericht für Freitag, 23. Januar

Um 8:00 Uhr kam ich froh gelaunt im Herz-Jesu-Kindergarten an und ging in die mir zugewiesene Gruppe. Dort angekommen, beschäftigte ich mich mit den schon anwesenden Radaubrüdern. Gemeinsam begannen die lieben Kleinen und ich mit dem Aufreihen einer Perlenkette. Leider viel zu spät kamen nach 5 Minuten dann endlich Karin und Korinna, die beiden Erzieherinnen, in die Gruppe. Die Kinder rannten dann plötzlich wie die Verrückten auf Korinna zu und gratulierten ihr zum Geburtstag. Mit den Kindern Max, Vanessa, Melissa und Fabian malte und bastelte ich kleine Geschenke für Korinna. Um 9:30 Uhr begannen wir dann Gott sei Dank mit dem Aufräumen. Da es zur Feier des Tages Spaghetti gab, bildeten wir einen gemeinsamen Frühstückstisch. Nach dem gemeinsamen Gebet „Jedes Vöglein ..." fingen wir zu mampfen an. In der Küche half ich nach dem Frühstück, das schmutzige Geschirr in die Spülmaschine zu räumen. Danach raste ich mit den Kindern nach draußen, wo ich mit ihnen zusammen verschiedene Spiele wie zum Beispiel *Verstecken*, *Knackwurst* und *Fangen* durchführte. Das war supertoll. Nach dem Spielen im Freien sammelten wir uns um 11:00 Uhr im Gruppenraum, um dort gemeinsam im Spielkreis Geburtstagslieder zu singen. Korinna hatte für jedes Kind ein kleines Buch und Süßigkeiten mitgebracht und nutzte jetzt die Gelegenheit, die kleinen Geschenke auszuteilen. Für Karin und mich hatte sie eklig süße Pralinen. Von den Kindern bekam sie Bilder, die die Kinder in mühevoller Kleinarbeit hergestellt hatten.

Gegen 12:30 Uhr wurden die Kinder nach und nach von ihren alten Herrschaften abgeholt. Um 13:00 waren alle Kinder fort und ich konnte endlich auch zur Mittagspause nach Hause latschen.

Dieser Auszug aus einem Tagesbericht muss noch verbessert werden. Gehe dazu so vor:

1. Streiche alle Wörter und Formulierungen, die weggelassen werden sollten, durch. Unterstreiche alle Formulierungen und Wörter, die durch bessere ersetzt werden müssen.

2. Überarbeite und verbessere den Tagesbericht mithilfe deiner Vorarbeiten. Schreibe den verbesserten Tagesbericht auf.

Bewertungsbogen 7

Name _____

Bewertungsbogen zur Leistungsüberprüfung/Klassenarbeit

Einen Tagesbericht überarbeiten (2)

Inhaltliche Leistungen

Aufgabe 1

	Du hast die Überarbeitung des Tagesberichts durch entsprechende Markierungen geplant und vorbereitet.	maximale Punktzahl	erreichte Punktzahl
1	Du hast die Wörter, die weggelassen werden sollten, durchgestrichen (z. B.: froh gelaunt, Leider viel zu spät, eklig süße ...).	6	
2	Du hast andere Formulierungen, die durch bessere ersetzt werden sollten, unterstrichen (z. B. dann plötzlich wie die Verrückten → sehr aufgeregt und fröhlich)	6	
	Gesamtpunktzahl für Aufgabe 1	12	

Aufgabe 2

	Du hast den Tagesbericht überarbeitet und verbessert aufgeschrieben.	maximale Punktzahl	erreichte Punktzahl
1	Mögliche Lösung: **Tagesbericht für Freitag, den 23. Januar 20..** Um 8:00 Uhr kam ich im Herz-Jesu-Kindergarten an und ging in die mir zugewiesene Gruppe. Dort angekommen kümmerte ich mich um die Kinder, die schon anwesend waren. Wir beschäftigten uns mit dem Aufreihen einer Perlenkette. Fünf Minuten später kamen die beiden Erzieherinnen, Karin und Korinna, zu der Gruppe dazu. Die Kinder rannten sofort aufgeregt und fröhlich auf Korinna zu und gratulierten ihr zum Geburtstag. Mit den Kindern der Gruppe bastelte ich danach bis zur Frühstückspause kleine Geschenke für Korinna. Um 9:30 Uhr begannen wir mit dem Aufräumen.	8	
2	Anlässlich des Geburtstages von Korinna bildeten wir einen Frühstückstisch für alle. Nach dem gemeinsamen Gebet begannen wir mit dem Geburtstagsfrühstück. Als das Frühstück beendet war, half ich in der Küche, das schmutzige Geschirr in die Spülmaschine zu räumen. Danach begleitete ich die Kinder nach draußen. Dort führte ich mit den Kindern verschiedene Spiele wie Verstecken oder Fangen durch.	8	
3	Nach dem Spielen im Freien sammelten wir uns wieder um 11:00 Uhr im Gruppenraum. Dort sangen wir gemeinsam im Stuhlkreis Geburtstagslieder. Korinna hatte für jedes Kind ein kleines Buch und Süßigkeiten mitgebracht. Nach dem Singen der Geburtstagslieder teilte sie diese Geschenke an die Kinder aus. Die Kinder schenkten ihr Bilder, die sie selber gezeichnet hatten.	6	
4	Gegen 12:30 Uhr wurden die Kinder nach und nach von ihren Eltern abgeholt. Um 13:00 Uhr waren alle Kinder fort und ich ging nach Hause, um dort meine Mittagspause zu verbringen.	4	
	Gesamtpunktzahl für Aufgabe 2	26	
	Gesamtpunktzahl für Aufgabe 1 und 2	38	

© Schöningh Verlag

Bewertungsbogen 7

Darstellungsleistungen

		maximale Punktzahl	erreichte Punktzahl
1	Deine Rechtschreibung, Zeichensetzung und Grammatik sind fehlerfrei.	10	
2	Du formulierst genau, angemessen und abwechslungsreich. Dabei vermeidest du z. B. Wortwiederholungen und Umgangssprache.	6	
	Gesamtpunktzahl für die Darstellungsleistungen	16	
	Gesamtpunktzahl	54	

Die Leistungsüberprüfung/Klassenarbeit wird mit der Note

_____ bewertet.

_____
Datum   Unterschrift

Zuordnung der Punkte zu den Notenstufen

Note	Punkte
sehr gut	54–47
gut	46–39
befriedigend	38–32
ausreichend	31–24
mangelhaft	23–10
ungenügend	9–0

Eine Vorgangsbeschreibung verfassen

Jakob hat sein Praktikum in einem Kindergarten verbracht. Dort hat er häufig gemeinsam mit den Kindern Papierboote gefaltet. Darum hat er sich entschieden, für seine Praktikumsmappe eine Vorgangsbeschreibung zu diesem Thema zu verfassen. An seinem letzten Tag hat er sich Stichpunkte und Skizzen gemacht, mit deren Hilfe er nun den Vorgang darstellen möchte.

Ein Papierboot falten

Das brauchst du:
- einen DIN-A-4-Bogen weißes oder farbiges Papier (nicht zu dünn)
- wenn vorhanden: ein Falzbein

5 Der Faltvorgang in Stichpunkten:
- Papierbogen vor sich hinlegen
- in der Mitte zusammenfalten
- kleineres Rechteck erneut in der Mitte falten und wieder öffnen
10 - es entsteht eine Bruchlinie in der Mitte
- beide Ecken an Bruchlinie zur Mitte hin falten
- beide unteren Ränder nach oben biegen
- abstehende Ecken nach vorn bzw. hinten falten
- entstandenes Dreieck öffnen, dabei Ecken aufeinanderlegen
15 - beide Ecken von der geöffneten Seite nach oben falten
- Dreieck in der Mitte auseinanderziehen und linke und rechte Ecke aufeinanderlegen
- Quadrat so halten, dass geöffnete Seite unten ist
- vorsichtig die beiden oben etwas abstehenden linken und
20 rechten Spitzen fassen
- Dreiecke auseinanderziehen
- Kanten glatt streichen
- Längsseiten (unter dem Schiff) vorsichtig auseinanderziehen, damit Boot auf Tisch stehen kann

25 Wichtig:
- sorgfältig arbeiten
- Ecken beim Falten aufeinanderlegen
- beim Auseinanderziehen der Spitzen Fingerspitzengefühl anwenden
30 - kleineren Kindern helfen

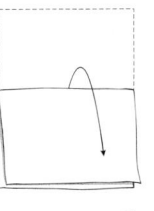
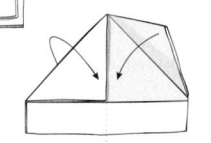
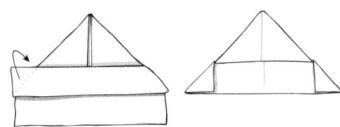
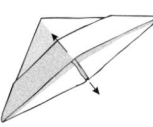 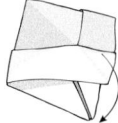
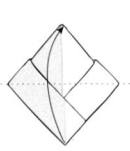 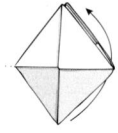
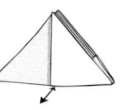 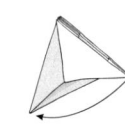
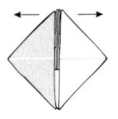 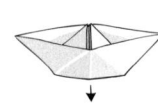

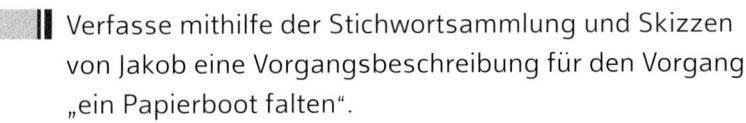 Verfasse mithilfe der Stichwortsammlung und Skizzen von Jakob eine Vorgangsbeschreibung für den Vorgang „ein Papierboot falten".

Bewertungsbogen 8

Name _____

Bewertungsbogen zur Leistungsüberprüfung/Klassenarbeit

Eine Vorgangsbeschreibung verfassen

Inhaltliche Leistungen

	Aufgabe	maximale Punktzahl	erreichte Punktzahl
	Du hast den Vorgang „Ein Papierboot falten" vollständig beschrieben. Dabei hast du den Ablauf genau beschrieben, auf eine sinnvolle Reihenfolge der Einzelschritte und eine Verknüpfung durch unterschiedliche Konjunktionen geachtet. Am Ende hast du auf die Dinge hingewiesen, die besonders zu beachten sind. *Mögliche Lösung:*		
1	Für ein Papierboot benötigst du ein stabiles DIN-A-4-Blatt und, wenn vorhanden, ein Falzbein.	6	
2	Du legst das Papier hochkant vor dich hin und faltest es in der Mitte zusammen. Das so entstandene Rechteck legst du mit der offenen Seite nach unten vor dich, faltest es in der Mitte und öffnest es wieder. Nun faltest du beide Ecken zur Mitte und knickst die beiden unteren Ränder jeweils nach oben. Anschließend faltest du die linke bzw. rechte Ecke nach vorn bzw. hinten. Das so entstandene Dreieck öffnest du und legst die Ecken aufeinander. Dabei entsteht ein Quadrat, das unten offen und oben geschlossen ist. Von der geöffneten Seite her werden die beiden unteren Hälften nach oben gefaltet. Mit beiden Daumen fasst du in das entstandene Dreieck, drückst es auseinander und legst die linke und rechte Ecke aufeinander, sodass wiederum ein Quadrat entsteht. Halte das Quadrat so, dass die geöffnete Seite nach unten zeigt. Fasse die linke und rechte obere Spitze vorsichtig an und ziehe sie auseinander. Streiche alle Kanten glatt und ziehe mit Daumen und Zeigefinger vorsichtig die unteren Längsseiten des Bootes auseinander, damit es auf dem Tisch stehen kann.	20	
3	Wenn du das Papierboot gemeinsam mit jüngeren Kindern bastelst, achte darauf, dass sie das Papier exakt falten und insbesondere beim Auseinanderziehen der Spitzen mit Fingerspitzengefühl arbeiten. Hilf ihnen rechtzeitig, um Frusterlebnisse zu vermeiden.	8	
	Gesamtpunktzahl für die inhaltlichen Leistungen	**34**	

Darstellungsleistungen

		maximale Punktzahl	erreichte Punktzahl
1	Deine Rechtschreibung, Zeichensetzung und Grammatik sind fehlerfrei.	8	
2	Du formulierst deine Vorgangsbeschreibung verständlich, sprachlich angemessen und in ganzen Sätzen.	6	
	Gesamtpunktzahl für die Darstellungsleistungen	**14**	
	Gesamtpunktzahl	**48**	

© Schöningh Verlag

Bewertungsbogen 8

Die Leistungsüberprüfung/Klassenarbeit wird mit der Note

                                             bewertet.

_____
Datum   Unterschrift

Zuordnung der Punkte zu den Notenstufen

Note	Punkte
sehr gut	48–42
gut	41–35
befriedigend	34–28
ausreichend	27–22
mangelhaft	21–9
ungenügend	8–0

© Schöningh Verlag

Streitfälle rund um die Schule – Argumentieren und Erörtern

(Schülerbuch, S. 108 – 131)

Zusatz- und Differenzierungsmaterial, Leistungsüberprüfungen/Klassenarbeiten, Bewertungsbogen

Arbeitsblatt 1: Einem Zeitungsartikel Argumente entnehmen (1) (SB, S. 110 – 114)
   rp-online.de: Neue Studie über Vor- und Nachteile von Schuluniformen

Arbeitsblatt 2: Einem Zeitungsartikel Argumente entnehmen (2) (SB, S. 110 – 114)
   Focus-Schule: Schuluniformen

Arbeitsblatt 3: Eine lineare Erörterung überarbeiten und Argumente ausbauen (SB, S. 115 – 122)

Arbeitsblatt 4: Eine lineare Erörterung verfassen (1) (SB, S. 115 – 122)
   Schuluniform – ja oder nein?

Arbeitsblatt 5: Pro- und Kontra-Argumente sammeln und eine Erörterung verfassen (SB, S. 118 – 129)
   Abschaffung der Schulnoten – ja oder nein?

Arbeitsblatt 6: Eine lineare Erörterung verfassen (2) (SB, S. 115 – 122)
   Einheitliche Schulkleidung für unsere Schule – ja oder nein?
Bewertungsbogen 6 zur Leistungsüberprüfung/Klassenarbeit (AB 6)

Arbeitsblatt 7: Eine lineare Erörterung verfassen (3) (SB, S. 115 – 122)
   Parvin Sadigh: Putzende Schüler
Bewertungsbogen 7 zur Leistungsüberprüfung/Klassenarbeit (AB 7)

Arbeitsblatt 8: Eine lineare Erörterung auf der Grundlage eines Zeitungsartikels verfassen (SB, S. 113 – 122)
   focus.de: Sollen Schülerinnen und Schüler gemeinsam oder getrennt lernen?
Bewertungsbogen 8 zur Leistungsüberprüfung/Klassenarbeit (AB 8)

Arbeitsblatt 9: Eine antithetische Erörterung verfassen (SB, S. 123 – 129)
   Geschlechtergerechte Didaktik in den Naturwissenschaften/Gemeinsam lernen oder getrennt fördern
Bewertungsbogen 9 zur Leistungsüberprüfung/Klassenarbeit (AB 9)

Arbeitsblatt 1

Einem Zeitungsartikel Argumente entnehmen (1)

rp-online.de
Neue Studie über Vor- und Nachteile von Schuluniformen

Schuluniform: Gutes Klima in Gießen
Gießen/Hamburg (rpo). Kein Neid, kein Spott, kein Gruppenzwang – wenn die Schüler in Hamburg-Sinstorf zur Schule gehen, sehen sie alle gleich aus. Dass so das Schulklima verbessert wird, daran glaubt dort nicht nur der Schulleiter Klaus Damian. Je nach Jahreszeit tragen die Schüler der Haupt- und Realschule Hamburg-Sinstorf einen blauen Pulli oder ein T-Shirt mit dem Schullogo auf der Brust. Dass die Schuluniform dem sozialen Miteinander im Klassenzimmer guttut, davon sind Schüler und Lehrer der Schule schon lange überzeugt. Ihre Ansicht wird nun auch von einer Studie der Universität Gießen untermauert.

Der Psychologe Oliver Dickhäuser hat Schüler aus Sinstorf mit denen einer anderen vergleichbaren Hamburger Schule ohne Uniformen verglichen. In Fragebögen bewerteten die Schüler das Miteinander in der Schule und beschrieben ihre persönliche Einstellung zu ihren Mitschülern. Dabei machte der Gießener Forscher gerade bei den älteren Schülern positive Auswirkungen der Einheitskleidung aus: „In den siebten und achten Klassen zeigt sich bei den Trägern einheitlicher Pullis ein besseres Sozialklima."
[...]
Schüler aus den Uniform-Klassen erklärten der Befragung zufolge auch, dass sie sich in der Schule besser konzentrieren könnten. „Und sie legen in der Tendenz mehr Wert auf ein tiefes Verständnis der Lerninhalte", sagt Dickhäuser.

Damit die Schuluniform positiv wirken könne, müssten aber die Schüler mit ihr einverstanden sein, betont der Psychologe. „Es ist naiv zu glauben, dass lediglich ein einheitlich farbiger Pulli alle Probleme im Klassenzimmer lösen kann", warnt er. Damians Erfahrung: „Je früher man die Schüler damit vertraut macht, desto besser." Die Fünftklässler könnten es meist gar nicht erwarten, ihre logogeschmückten Pullis und T-Shirts zu bekommen. „Und wenn sie älter werden, haben sie die Vorzüge der Einheitskleidung erkannt", sagt der Schulleiter. Die Sinstorfer Schüler müssen in der Schule nur den Schul-Pullover tragen, die andere Kleidung können sie selbst bestimmen. „Aber selbst wenn einer mit einer teuren Markenhose in die Schule kommt, erzielt er damit kaum einen Effekt", hat Damian beobachtet. Dickhäuser betont, dass es außerdem auch engagierter Lehrer bedürfe, um das Schulklima zu verbessern. „Die meisten Lehrer, die Sekretärin, der Hausmeister und auch ich tragen Hemden mit Schullogo", berichtet Damian.

Dickhäuser sieht aber auch Nachteile von Schuluniformen: „Man nimmt den Jugendlichen in einem gewissen Maße ein Mittel zum Selbstausdruck." Außerdem hätten die Schüler in Einheitskleidung oft nicht die Möglichkeit, selbst herauszufinden, dass Markenkleidung nichts über den Charakter eines Menschen aussage. Das sieht Schulleiter Damian anders: „Außerhalb der Schule können sich die Jugendlichen schließlich anziehen, wie sie wollen." [...]

(www.rp-online.de/public/article/beruf/bildung/59633/Schuluniform-Gutes-Klima-in-Giessen.htm [25.10.2015])

1. Welche Meinung vertritt der Psychologe Oliver Dickhäuser? Benenne seinen Standpunkt in einem Satz.

2. Schreibe aus dem Zeitungsartikel alle Argumente heraus, die für und gegen die Einführung von Schuluniformen sprechen, und stelle sie in einer Tabelle einander gegenüber.

3. Ergänze deine Tabelle durch weitere Argumente, die für oder gegen die Einführung von Schuluniformen sprechen.

Einem Zeitungsartikel Argumente entnehmen (2)

Magazin Schule
Schuluniformen

Karo schlägt bauchfrei
Andere Länder haben sie längst. Hierzulande setzt sich normierte Kleidung selten durch – obwohl gute Argumente dafür sprechen. [...]

Selbstverständlich ist der Konformitätsdruck[1] nicht überall gleich arg, doch wer Pech hat, kauft für seine Kinder nicht nur coole Streetwear und sportiv lässige Outfits, sondern darf dafür auch ausgesprochen viel bezahlen. Der Jugendforscher Klaus Hurrelmann beschreibt in dem Buch „Wenn Kinder immer alles haben wollen" den Hang zu Markenkleidung: „Gute Turnschuhe ohne Namen – das ist schlimmer als keine Turnschuhe an den Füßen. Prominente Namenszüge, noble Initialen, das weithin bekannte Fischgerippe, das flachgelegte Komma oder die drei Streifen auf dem Turnschuh – all diese Embleme gleichen Eintrittskarten in diese oder jene gute Gesellschaft, der man sich zugehörig fühlen will." [...]

Kleider machen Leute – auch und gerade in der Schule. Gleichwohl muss man das nicht gutheißen. Doch wie kann man gegensteuern? „Schulkleidung einführen." Das empfiehlt jedenfalls Karin Brose. Die Studienrätin hat vor fünf Jahren an der Haupt- und Realschule in Hamburg-Sinstorf erstmalig an einer staatlichen Schule in Deutschland ihren Schülern einen Look diktiert, und seither wird die Pädagogin nicht müde, das Hohe Lied auf die Einheitsklamotte zu singen. [...]

Ihre Erfahrungen mit Schulkleidung – das Wort Schuluniform meidet Brose, da es „falsche Assoziationen" mit Aufmärschen der Hitlerjugend und Paraden der FDJ nähre – sei durchweg positiv: Das für eine Klasse wichtige Zusammengehörigkeitsgefühl entwickle sich leichter, Mobbing wegen falscher Kleidung entfalle, neue Schüler würden schneller integriert. Zudem hat die Lehrerin beobachtet, dass sich die Schüler nun eher mit der Schule identifizieren, ja sich gar „gewisser Stolz" auf Klasse und Schule entwickelt habe. Von diesem Glanz profitiere selbstverständlich auch der einzelne Schüler als Teil des respektierten, geradezu geschätzten Ganzen. „Egozentrische Selbstdarstellung kommt am Vormittag jedenfalls nicht mehr vor", bilanziert die Lehrerin sachlich. [...]

Erstaunlich positive Antworten geben Karin Broses Schützlinge auf die Frage nach ihren Erfahrungen mit den homogenen Gewändern: Die 17-jährige Gülistan erzählt, dass sie Schule nun „viel ernster nimmt", die 15-jährige Annika ergänzt, „dass ich in der Schule bin, um zu lernen, nicht um Modenschau zu machen", und der 16-jährige Samet versteht vernünftigerweise „Schulkleidung als Arbeitskleidung".

Jugendliche Gegner der Schuluniform führen freilich drei nicht zu unterschätzende Argumente ins Feld:
zu konservativ,
zu gleichmacherisch,
zu langweilig. [...]

Das allerdings muss nicht so sein: Als Diplomandin hat die mittlerweile für die Modefirma Gerry Weber arbeitende Designerin Alexandra Heck eine Kollektion entworfen, die beweisen soll, dass Schulkleidung nicht „aus einer altertümlichen Uniform oder Sweat-Shirt und Jeans bestehen muss, sondern nach den modischen Vorstellungen einer jungen Generation gewählt werden kann".

Hecks Entwürfe sind ungewöhnlich chic und figurbetont. Möglicherweise sind genau das die Eigenschaften, die Schuluniformen vielleicht auch hierzulande einmal populär werden lassen.

(Aus: Magazin Schule, 1/2006, Claudia Jacobs)

---

[1] Konformität: gleiches Aussehen

Arbeitsblatt 2

1. Beantworte folgende Fragen zum Text:
   - Welche Funktion hat Markenkleidung nach dem Jugendforscher Klaus Hurrelmann?
   - Warum meidet Karin Brose das Wort „Schuluniform"?
   - Welche Meinung vertritt die Schülerin Gülistan?
   - Was versucht die Designerin Alexandra Heck mit ihrer Modekollektion zu beweisen?

2. Arbeite die in dem Zeitungsartikel genannten Argumente für und gegen die Einführung von Schuluniformen heraus und stelle sie in einer Tabelle einander gegenüber.

Arbeitsblatt 3

Eine lineare Erörterung überarbeiten und Argumente ausbauen

Niki aus der 9a hat der Schülervertretung ihrer Schule folgende lineare Erörterung zu der Frage, ob Schuluniformen an ihrer Schule eingeführt werden sollten, geschrieben:

Hallo SV,

unser Klassensprecher hat uns gesagt, dass wir euch schreiben sollen, ob wir für oder gegen die Einführung von Schuluniformen an unserer Schule sind. Ich halte das nicht für eine gute Idee und bin gegen die Einführung einer Schuluniform bei uns.

5 Eine solche Schuluniform wäre sehr teuer, deshalb finde ich es nicht gut, wenn man Schuluniformen einführen würde.

Außerdem weiß doch jeder, dass Konkurrenz, Mobbing und Neid nicht durch die Kleidung der Schüler ausgelöst werden.

In meiner Klasse gibt es einen Jungen, mit dem keiner etwas zu tun haben möchte. Dies
10 würde sich nicht dadurch ändern, dass wir alle das Gleiche anhaben.

Hoffentlich setzt sich der Vorschlag, an unserer Schule Schuluniformen einzuführen, nicht durch. Meiner Meinung nach hat niemand etwas davon.

Viel Spaß noch bei eurer Aktion! Ich hoffe natürlich, dass alle meiner Meinung sind.

Niki (9a)

1. Welche Meinung vertritt Niki? Benenne ihren Standpunkt in einem Satz.

2. Überarbeite die lineare Erörterung Nikis. Baue dabei insbesondere die einzelnen Argumente Nikis überzeugender aus. (Hilfen dazu erhältst du im Schulbuch auf S. 117.)

3. Wähle eine der folgenden Aufgaben aus:
- Verfasse eine eigene lineare Erörterung zu der Frage, ob auch in eurer Schule Schuluniformen eingeführt werden sollten.
- Verfasse eine antithetische Erörterung zu der Frage, ob auch in eurer Schule Schuluniformen eingeführt werden sollten.

Eine lineare Erörterung verfassen (1)

Schuluniform – ja oder nein?

> Laut einer Umfrage des nordrhein-westfälischen Schulministeriums stehen in NRW 66 % der Eltern einheitlicher Schulkleidung positiv gegenüber, 33 Prozent lehnen sie eher ab. Hintergrund der Elternbefragung ist ein Schulgesetz, das es Schulen in Nordrhein-Westfalen seit 2006 erlaubt, einheitliche Kleidung einzuführen – vorausgesetzt, die Schulkonferenz und mit ihr alle Schülervertreter stimmen zu. Laut FOCUS-SCHULE-Schuldatenbank meldeten von 253 Schulleitern aus NRW 12, dass an ihren Schulen Uniformen getragen werden.
> (Nach: Magazin SCHULE, 12.11.2008)

Einheitslook verhindert Markenzwang.
                       Verringerung von Mobbing
Individualität kann nicht ausgelebt werden.
                       Schuluniformen sind oft nicht modisch.
Die Schüler werden nach ihrer Persönlichkeit beurteilt.
        keine Ablenkung
                Uniformen erinnern an Militär.
Zusammengehörigkeitsgefühl wird nur äußerlich gestärkt.

1. Ordne die obigen Argumente zur Frage „Schuluniform - ja oder nein?" in einer Tabelle nach Pro- und Kontra- Argumenten.

Pro	Kontra

2. Welche Seite überzeugt dich? Markiere sie mit einem Kreuz.

3. Verfasse eine lineare Erörterung, indem du einige Argumente aus der Tabelle verwendest und ausformulierst. Überlege dir ebenfalls sinnvolle Beispiele.

Arbeitsblatt 5

Pro- und Kontra-Argumente sammeln und eine Erörterung verfassen

Abschaffung der Schulnoten – ja oder nein?

Pro

„Füller raus – Kurzkontrolle!" Schon beginnen die Hände zu schwitzen und der Magen verkrampft sich. Wieder diese Angst: vor schlechten Noten, dem anschließenden Ärger mit den Eltern, einer verpatzten Zukunft.

Noten motivieren nicht zum Lernen. Schüler pauken vielmehr punktuell für Tests und
5 nicht weil sie echtes Interesse am Thema haben. Neugier ist der natürliche Grundstein des Lernens, Noten aber ersetzen ihn durch Zwang. Gehören nicht auch Fehler zum natürlichen Lernprozess? Schulnoten bestrafen Fehler. Eine schlechte Note zeigt Schülern, wie „dumm" sie sind. Sie wissen nicht, was sie in Zukunft besser machen können. Untersuchungen haben gezeigt, dass derselbe Lehrer dieselbe Arbeit zu unterschiedlichen
10 Zeitpunkten anders bewertet. Welchen Sinn haben Noten, wenn ihre Vergabe so willkürlich geschieht? Nun, sie begründen die Autorität des Lehrers. Das ist ein Problem, verleiten sie doch zu Machtmissbrauch. Leistungen in Musik oder Literatur objektiv zu bewerten, ist meist schwer. Wann bekommt die Interpretation eines Gedichtes die Bestnote? Doch nur, wenn sie der Auffassung des Lehrers entspricht. Die Bewertung ist allzu oft von
15 Sympathie abhängig, nicht von objektiven Kriterien.

Kritiker werden einwenden: Spätestens bei der Berufs- oder Universitätsbewerbung werden doch Noten gebraucht! Aber was sagen die Noten denn aus? Arbeitgeber und Universitäten wissen nichts über die behandelten Themen oder die Bewertungsgründe des Lehrers. Außerdem sinkt die Aussagekraft eines Zeugnisses mit der Zeit. Das tatsächliche
20 Wissen kann sich inzwischen verbessert oder aber auch verschlechtert haben. Eignungs- oder Zugangstest sind eine sinnvolle Alternative.

Die Vergabe von Noten behindert also das Lernen, spiegelt nicht die Leistung wider und legt zu viel Macht in die Hände der Lehrer. Vor allem erzeugt sie Angst. Schüler übernehmen deshalb die Ansichten des Lehrers. Selbstständiges Denken führt zu Fehlern. Fehler
25 führen zu schlechten Noten. Schlechte Noten bedeuten Versagen. Geht es also darum, etwas zu lernen oder sich anzupassen?

(Julius)

(www.schekker.de/content/schulnoten-abschaffen, August 2013 [26.10.2015])

1. Suche aus dem vorliegenden Text alle Argumente heraus, die für die Abschaffung von Schulnoten sprechen, und trage sie in die folgende Tabelle ein.

2. Ergänze die Kontra-Seite der Tabelle mit möglichst vielen eigenen Argumenten.

3. Nimm selbst Stellung zu der Frage, ob Schulnoten abgeschafft werden sollten oder nicht. Schreibe dazu eine lineare oder antithetische Erörterung.

Arbeitsblatt 5

Pro: Für die Abschaffung von Schulnoten	Kontra: Gegen die Abschaffung von Schulnoten
Pro: Für die Abschaffung von Schulnoten	**Kontra: Gegen die Abschaffung von Schulnoten**

Arbeitsblatt 6

Eine lineare Erörterung verfassen (2)

Einheitliche Schulkleidung für unsere Schule- ja oder nein?

Die Schülervertretung der Anne-Frank-Schule hat sich überlegt, ob es sinnvoll sein könnte, eine einheitliche Schulkleidung in der Schule einzuführen. In einer Sitzung der SV werden folgende Argumente ausgetauscht:

Soll es für alle Schülerinnen und Schüler unserer Schule eine einheitliche Schulkleidung geben?	Pro	Kontra
In anderen Ländern sind Schuluniformen längst üblich.		
Die Anschaffung von Schuluniformen erzeugt zusätzliche Kosten für die Eltern der Schüler.		
Man nimmt den Jugendlichen in gewissem Maß ein Mittel zum Selbstausdruck.		
Schuluniformen können auch modisch sein.		
Die Schülerinnen und Schüler können sich durch eine einheitliche Kleidung in der Schule besser konzentrieren.		
Es ist falsch zu glauben, dass eine einheitliche Schulkleidung Neid und Mobbing vorbeugen würde.		

1. Sieh dir die Sammlung von Argumenten an. Kreuze jeweils an, ob es sich um ein Argument für (= Pro) oder gegen (= Kontra) die Einführung einer einheitlichen Schulkleidung handelt.

2. Ergänze die Tabelle um jeweils ein Pro-Argument und ein Kontra-Argument. Kreuze in der Tabelle an, ob es sich jeweils um ein Pro- oder Kontra-Argument handelt.

3. Verfasse nun eine lineare Erörterung zu dem Thema „Einheitliche Schulkleidung für unsere Schule – ja oder nein?". Gehe dabei wie folgt vor:
- Entscheide dich für einen Standpunkt. Bringe zunächst die Argumente, die für deinen Standpunkt sprechen, in eine sinnvolle Reihenfolge.
- Verfasse dann eine passende Einleitung.
- Schreibe nun den Hauptteil zu deiner linearen Erörterung, indem du deine Argumente sinnvoll ausbaust und miteinander verknüpfst.
- Schließe deine lineare Erörterung mit einem passenden Schlussteil ab.

Bewertungsbogen 6

Name _____

Bewertungsbogen zur Leistungsüberprüfung/Klassenarbeit

Eine lineare Erörterung verfassen (2)

Inhaltliche Leistungen

Aufgabe 1

	Du kreuzt jeweils richtig an, ob es sich um ein Argument für oder gegen die Einführung einer einheitlichen Schulkleidung handelt.	maximale Punktzahl	erreichte Punktzahl
1	– In anderen Ländern sind Schuluniformen längst üblich. (**Pro**) – Die Anschaffung von Schuluniformen erzeugt zusätzliche Kosten für die Eltern der Schüler. (**Kontra**) – Man nimmt den Jugendlichen in gewissem Maße ein Mittel zum Selbstausdruck. (**Kontra**) – Schuluniformen können auch modisch sein. (**Pro**) – Die Schülerinnen und Schüler können sich durch eine einheitliche Kleidung in der Schule besser konzentrieren. (**Pro**) – Es ist falsch zu glauben, dass eine einheitliche Schulkleidung Neid und Mobbing vorbeugen würde. (**Kontra**)	6	
	Gesamtpunktzahl für Aufgabe 1	6	

Aufgabe 2

	Du ergänzt die Tabelle mit eigenen Argumenten und kreuzt in der Tabelle zutreffend an, ob es sich jeweils um ein Pro- oder Kontra-Argument handelt.	maximale Punktzahl	erreichte Punktzahl
1	Du formulierst ein eigenes, schlüssiges und nachvollziehbares Argument für die Einführung einer einheitlichen Schulkleidung und machst dies durch ein Kreuz in der Tabelle kenntlich.	3	
2	Du formulierst ein eigenes, schlüssiges und nachvollziehbares Argument gegen die Einführung einer einheitlichen Schulkleidung und machst dies durch ein Kreuz in der Tabelle kenntlich.	3	
	Gesamtpunktzahl für Aufgabe 2	6	

Aufgabe 3

	Du verfasst eine lineare Erörterung.	maximale Punktzahl	erreichte Punktzahl
1	Du berücksichtigst die Kriterien einer guten Einleitung, u.a. Aktualität des Themas; Nennung der Fragestellung; motiviert zum Weiterlesen; keine eigene Meinung.	6	
2	Du strukturierst die Argumente des Hauptteils sinnvoll und begründest sie nachvollziehbar und überzeugend.	14	
3	Du berücksichtigst die Kriterien eines guten Schlusses, u.a. Bezug zur einleitenden Fragestellung; zusammenfassendes Fazit; Appell an den Leser.	6	
	Gesamtpunktzahl für Aufgabe 3	26	
	Gesamtpunktzahl für Aufgabe 1 bis 3	38	

Bewertungsbogen 6

Darstellungsleistungen

		maximale Punktzahl	erreichte Punktzahl
1	Du baust deinen Text sinnvoll, strukturiert und gedanklich klar auf.	4	
2	Du formulierst sachlich, angemessen, genau und abwechslungsreich.	4	
3	Deine Rechtschreibung, Grammatik und Zeichensetzung sind fehlerfrei.	5	
	Gesamtpunktzahl für die Darstellungsleistungen	**13**	
	Gesamtpunktzahl	**51**	

Die Leistungsüberprüfung/Klassenarbeit wird mit der Note

_____ bewertet.

_____
Datum   Unterschrift

Zuordnung der Punkte zu den Notenstufen

Note	Punkte
sehr gut	51 – 44
gut	43 – 37
befriedigend	36 – 30
ausreichend	29 – 23
mangelhaft	22 – 10
ungenügend	9 – 0

Eine lineare Erörterung verfassen (3)

Parvin Sadigh
Putzende Schüler

In Hildesheim sollen Schüler ihre Klassenräume selbst fegen, damit die Stadt Geld spart. Die Aufregung unter Eltern und Lehrern ist groß.

Hildesheim geht es finanziell nicht gut. Statt fünfmal kommen die Putzkräfte nur noch zweimal die Woche in die Schule. Die übrigen Tage bekommen die Schüler Besen und Tücher in die Hand gedrückt. Auch die Mülleimer sollen sie ab April selbst leeren. Immerhin, Klo- oder Fensterputzen müssen sie nicht. Auch die Hildesheimer Grundschüler werden noch verschont, ihnen wird das Putzen nicht zugemutet.

Tafelwischen gehört seit jeher zum Unterricht. Aber weil das Geld fehlt, wird nun auch der Boden von Schülern gefegt.

Zur Begründung sagte der Sprecher der Stadt, dass es in der Sparpolitik keine Tabus geben dürfe. Schulleiter und Eltern protestieren zwar – aber der Stadt bleibe keine andere Wahl. Mit dem Putzeinsatz der Schüler an den 27 Hildesheimer Lehranstalten wolle die Stadt jährlich rund 150.000 Euro einsparen.

Nach einem Bericht der *Hildesheimer Zeitung* sind viele Schulleiter wütend über den Putzdienst für Schüler, der ja auch die Lehrer zur Aufsicht verpflichte: „Sollen denn die Rathausmitarbeiter ihre Arbeitsumgebung in gleicher Weise selber reinigen?", fragte ein Schulleiter bei der Stadt an.

Der Sprecher des niedersächsischen Kultusministeriums Andreas Krischat ist ebenfalls empört. Gegenüber der *Süddeutschen Zeitung* sagt er, die Aufgabe der Schüler sei das Lernen, nicht das Putzen. Der Schulträger, also die Stadtverwaltung, müsse den Schulbetrieb finanzieren. Als pädagogische Maßnahme sei Tafelwischen und Ähnliches vielleicht noch in Ordnung, aber nicht, um Kosten zu sparen.

Er hat recht und trotzdem spricht der Alltag an vielen Schulen gegen ihn. Denn inzwischen müssen in vielen Schulen die Schüler ihren Klassenraum sauber halten. Irgendwann gehört es einfach dazu und keiner merkt es mehr. Und vor allem wird es anders begründet als mit Sparzwängen.

[...]

(www.zeit.de/online/2009/10/schule-hildesheim-putzen/seite-2; aktualisiert 26.02.2009)

Arbeitsblatt 7

1. Schreibe aus dem vorliegenden Text alle Argumente für und gegen einen Putzdienst durch Schülerinnen und Schüler heraus. Stelle die Pro- und Kontra-Argumente in einer Tabelle einander gegenüber.

2. Entscheide dich für einen Standpunkt und sammle für diesen mindestens zwei weitere Argumente in deiner Tabelle.

3. Verfasse eine lineare Erörterung zu dem Thema „Putzdienst durch Schüler – ja oder nein?". Gehe dabei wie folgt vor:
   - Bringe zunächst die Argumente, die für deinen Standpunkt sprechen, in eine sinnvolle Reihenfolge.
   - Verfasse dann eine passende Einleitung zu deiner linearen Erörterung.
   - Schreibe nun den Hauptteil zu deiner linearen Erörterung, indem du deine Argumente sinnvoll ausbaust.
   - Schließe deine lineare Erörterung mit einem passenden Schlussteil ab.

Bewertungsbogen 7

Name _____

Bewertungsbogen zur Leistungsüberprüfung/Klassenarbeit

Eine lineare Erörterung verfassen (3)

Inhaltliche Leistungen

Aufgabe 1

	Du stellst die in dem Zeitungsartikel angeführten Argumente für und gegen einen Putzdienst durch Schüler in einer Tabelle gegenüber.	maximale Punktzahl	erreichte Punktzahl
1	Du benennst die Pro-Argumente, u. a.: – Die Stadt Hildesheim hat wenig Geld und kann somit die Schulen nur noch an zwei Tagen in der Woche reinigen lassen. – In der Sparpolitik dürfe es keine Tabus geben, so ein Sprecher der Stadt. – Rund 150.000 Euro lassen sich durch einen Putzdienst durch Schüler einsparen.	6	
2	Du benennst die Kontra-Argumente, u. a.: – Lehrer müssen zusätzliche Aufsichten führen. – Die Aufgabe der Schüler ist das Lernen, nicht das Putzen. – Tafelwischen ist nur als pädagogische Maßnahme sinnvoll.	6	
	Gesamtpunktzahl für Aufgabe 1	**12**	

Aufgabe 2

	Du entscheidest dich für oder gegen die Einführung eines Putzdienstes in den Schulen und ergänzt die Tabelle mit weiteren Argumenten zu deinem Standpunkt.	maximale Punktzahl	erreichte Punktzahl
1	Du ergänzt deine Tabelle mit zwei weiteren schlüssigen, nachvollziehbaren Argumenten, die für deinen Standpunkt sprechen.	6	
	Gesamtpunktzahl für Aufgabe 2	**6**	

Aufgabe 3

	Du verfasst für deinen Standpunkt eine lineare Erörterung.	maximale Punktzahl	erreichte Punktzahl
1	Du berücksichtigst bei der linearen Erörterung die Kriterien einer guten Einleitung, u. a.: Aktualität des Themas; Nennung der Fragestellung; motiviert zum Weiterlesen; keine eigene Meinung	4	
2	Du strukturierst die Argumente des Hauptteils sinnvoll und begründest sie nachvollziehbar und überzeugend.	10	
3	Du berücksichtigst die Kriterien eines guten Schlusses, u. a.: Bezug zur einleitenden Fragestellung; zusammenfassendes Fazit; Appell an den Leser	4	
	Gesamtpunktzahl für Aufgabe 3	**18**	
	Gesamtpunktzahl für Aufgabe 1 bis 3	**36**	

Bewertungsbogen 7

Darstellungsleistungen

		maximale Punktzahl	erreichte Punktzahl
1	Du baust deinen Text sinnvoll, strukturiert und gedanklich klar auf.	4	
2	Du formulierst sachlich, angemessen, genau und abwechslungsreich.	4	
3	Deine Rechtschreibung, Grammatik und Zeichensetzung sind fehlerfrei.	5	
	Gesamtpunktzahl für die Darstellungsleistungen	13	
	Gesamtpunktzahl	49	

Die Leistungsüberprüfung/Klassenarbeit wird mit der Note

_____ bewertet.

_____
Datum   Unterschrift

Zuordnung der Punkte zu den Notenstufen

Note	Punkte
sehr gut	49 – 43
gut	42 – 36
befriedigend	35 – 29
ausreichend	28 – 22
mangelhaft	21 – 9
ungenügend	8 – 0

Eine lineare Erörterung auf der Grundlage eines Zeitungsartikels verfassen

Magazin Schule
Sollen Schülerinnen und Schüler gemeinsam oder getrennt lernen?

„Auf die Plätze, fertig, los!" Lukas, Luka, Laurin und Julien stehen an der Tafel und konjugieren um die Wette: „Laboro, laboras, laborat, laboramus, laboratis, laborant." „Stopp! 25 Sekunden – Luka, damit bist du für heute unser Konjugationsmeister", ruft Lateinlehrerin Susanne Börner. Die Jungen lernen bei ihr unter sich. Nicht nur in Latein und Französisch, auch in den Naturwissenschaften sind Jungen und Mädchen [an dieser Schule] getrennt. Ein Rückschritt in alte Zeiten, als der gemischte [...] Unterricht noch verteufelt wurde? Im Gegenteil: ein pädagogisches Konzept, das Probleme und Unterschiede ganz bewusst unter dem Blickwinkel der Geschlechterrolle betrachtet.

Jungen, die neuen Sorgenkinder: Sie brechen häufiger die Schule ab, stören und schwänzen mehr, sind aggressiver. Kein Wunder, dass inzwischen 56 Prozent der Abiturienten weiblich sind. „Fast ausschließlich Jungen zählen zu den sogenannten schwierigen Schülern", hat Frank Beuster, Lehrer und Autor des Buches „Die Jungenkatastrophe", beobachtet. Das fängt mit kleinen Problemen an, die bereits in der Grundschule zu großen werden können: „Jungen brauchen oft viel mehr Zeit für ihre Lernprozesse, um sich zu organisieren." Für viele stelle es bereits ein Problem dar, die richtigen Hefte hervorzuholen und sich einen Überblick zu verschaffen, was zu tun ist. Als Ursache sieht Beuster: „Chaos am Arbeitsplatz, im Schulranzen und letztlich auch zu oft im Kopf." Besonders in sprach- und textbezogenen Fächern hinken Jungen hinterher. „Deutsch gilt als typisches Mädchenfach", weiß Pädagoge Marc Böhmann aus Heidelberg. In einer Studie hat er nachgewiesen, dass Jungen von getrenntgeschlechtlichem Literaturunterricht besonders profitieren: „Für sie ist es eine Chance, sich freier und subjektiver zu äußern, weil sie nicht den coolen Macker vor den Mädchen spielen müssen." Überforderte Lehrerinnen: Schulische Tugenden wie Bravsein, Stillsitzen, sauber Schreiben, beherrschen eher Mädchen. Raufen, Toben, Wildsein – typisch „männliche" Angewohnheiten – fallen dagegen negativ auf. Dabei dient manche Rangelei nur zum harmlosen Kräftemessen. [...] „Sind Mädchen dabei, wird die Aufgabe, für eine gute Atmosphäre in der Klasse zu sorgen, schnell an sie weitergegeben oder von ihnen übernommen, da dies den klassischen Rollenbildern entspricht", bemerkt Lehrer Wolfgang Aumann [...]. Blieben die Jungen unter sich, könnten sie durchaus einen Klassenkameraden nach einer misslungenen Prüfung trösten, Streit schlichten und gegen unfaires Verhalten einschreiten. Soziale Kompetenzen zu fördern sehen viele Schulen als wichtige Aufgabe: Im „Jungengarten" der Rudolf-Roß-Gesamtschule gehen wilde Kerle sanft mit Pflanzen um. Projekte wie z. B. der „Haushaltspass" oder das „Sozialdiplom", für das sie putzen, bügeln oder sich um Bedürftige kümmern, dienen an anderen Schulen als Anreiz. Und führen vielleicht langfristig dazu, soziale Berufe wie den des Erziehers für Jungen interessant zu machen.

Mädchen – nur fleißig und ordentlich? Sie beanspruchen zwar weniger Aufmerksamkeit und „funktionieren" meist, haben dabei aber auch ihre Probleme. Trotz oft besserer Zensuren mangelt es ihnen an Selbstbewusstsein. Erziehungswissenschaftler führen dies auch auf den Umgang der Lehrer mit den Noten zurück: Mädchen bekämen eher die

40 Rückmeldung, ihre Leistung sei auf Sekundärtugenden[1] wie Fleiß oder Ordentlichkeit zurückzuführen. Versagen begründen sie sich daher oft mit vermeintlich fehlender Klugheit. Die Leistung der Jungen dagegen würde als Produkt ihrer Intelligenz dargestellt, Misserfolg als Schlampigkeit interpretiert. An ihren Fähigkeiten zweifeln Mädchen besonders in naturwissenschaftlichen Fächern. Ohne Jungs zeigen sie in Mathe und
45 Physik bessere Leistungen, so eine aktuelle Augsburger Studie. Im gemischten Unterricht lassen sie sich von der männlichen Konkurrenz häufig an den Rand drängen, so bei Experimenten in Physik oder Chemie. Wenn diese Fächer zudem nicht verpflichtend vorgeschrieben sind, haben Mädchen keine Möglichkeit zu erfahren, ob sie dafür begabt sind, und wählen auch seltener entsprechende Studiengänge. „Wenn nicht die Schule
50 Interesse fördert, bleiben den Mädchen weite Berufsfelder verschlossen", resümiert die österreichische Physikerin Helga Stadler. Mädchen zeigen sich bei der Berufswahl zaghaft und traditionell: Sie wählen oft aus nur 20 typisch weiblichen Berufen. So hätten Mädchen Angst, als Schlosserin oder Ingenieurin für Jungen nicht attraktiv zu sein. [...]

(Nach: Magazin Schule, 01.02.2007, Beate Bannach u. Ischta Lehmann; gekürzt und überarbeitet)

---

[1] Sekundärtugenden: Als Sekundärtugenden werden Charaktereigenschaften bezeichnet, die zur Bewältigung des Alltags und zum „störungsfreien" Betrieb einer Gesellschaft beitragen, z. B. Fleiß, Disziplin, Pflichtbewusstsein, Pünktlichkeit, Zuverlässigkeit und Ähnliches.

1. Formuliere den Standpunkt, der in dem Artikel „Sollen Schülerinnen und Schüler gemeinsam oder getrennt lernen?" vertreten wird, mit eigenen Worten.

2. Unterstreiche in dem Text drei Argumente, mit denen der Standpunkt begründet wird. Verwende dazu verschiedene Farben.

3. Welche Argumente sprechen gegen den Standpunkt? Notiere stichwortartig drei Kontra-Argumente.

4. Schreibe eine lineare Erörterung, in der du deine eigene Position zum Thema darlegst und diese mithilfe von Argumenten und Beispielen begründest und belegst.

Bewertungsbogen 8

Name _____

Bewertungsbogen zur Leistungsüberprüfung/Klassenarbeit

Eine lineare Erörterung auf der Grundlage eines Zeitungsartikels verfassen

Inhaltliche Leistungen

Aufgabe 1

	Du hast den Standpunkt, der in dem Text vertreten wird, erfasst, z. B.:	maximale Punktzahl	erreichte Punktzahl
1	Jungen und Mädchen sollten getrennt unterrichtet werden.	5	
	Gesamtpunktzahl für Aufgabe 1	5	

Aufgabe 2

	Du hast drei Argumente, mit denen der Standpunkt belegt wird, unterstrichen.	maximale Punktzahl	erreichte Punktzahl
1	Du hast z. B. folgende Argumente unterstrichen: Z. 14 f.: Jungen benötigen mehr Zeit. Z. 26 ff.: Soziale Aufgaben werden schnell an Mädchen übergeben. Z. 37 f.: Mädchen mangelt es an Selbstbewusstsein. …	9	
	Gesamtpunktzahl für Aufgabe 2	9	

Aufgabe 3

	Du legst drei nachvollziehbare Argumente gegen den Standpunkt stichwortartig dar.	maximale Punktzahl	erreichte Punktzahl
1	Du hast z. B. folgende Kontra-Argumente gefunden: – Jungen und Mädchen können z. B. in Mathe oder Deutsch voneinander lernen. – Jungen und Mädchen können gerade in Diskussionen einen Sachverhalt aus verschiedenen Sichtweisen betrachten und den Unterricht damit interessanter gestalten. – Jungen und Mädchen müssen auch später zusammenarbeiten können. – Für die Entwicklung von Jungen und Mädchen ist es wichtig, sich miteinander zu messen, zu streiten und zu schlichten. – …	12	
	Gesamtpunktzahl für Aufgabe 3	12	

© Schöningh Verlag

Bewertungsbogen 8

Aufgabe 4

	Du hast deine Position zu dem Thema in Form einer linearen Erörterung dargelegt.	maximale Punktzahl	erreichte Punktzahl
1	Du berücksichtigst bei der linearen Erörterung die Kriterien einer guten Einleitung, u. a.: Aktualität des Themas; Nennung der Fragestellung; motiviert zum Weiterlesen; keine eigene Meinung	4	
2	Du strukturierst die Argumente des Hauptteils sinnvoll und begründest sie nachvollziehbar und überzeugend.	16	
3	Du berücksichtigst die Kriterien eines guten Schlusses, u. a.: Bezug zur einleitenden Fragestellung; zusammenfassendes Fazit; Appell an den Leser	6	
	Gesamtpunktzahl für Aufgabe 4	26	
	Gesamtpunktzahl für Aufgabe 1 bis 4	52	

Darstellungsleistungen

		maximale Punktzahl	erreichte Punktzahl
1	Deine Rechtschreibung, Zeichensetzung und Grammatik sind fehlerfrei.	10	
2	Du formulierst genau, angemessen und abwechslungsreich. Dabei vermeidest du z. B. Wortwiederholungen und Umgangssprache.	6	
3	Dein Satzbau ist sicher und deine Satzverknüpfungen sind abwechslungsreich.	4	
	Gesamtpunktzahl für die Darstellungsleistungen	20	
	Gesamtpunktzahl	72	

Die Leistungsüberprüfung/Klassenarbeit wird mit der Note

bewertet.

Zuordnung der Punkte zu den Notenstufen

Note	Punkte
sehr gut	72 – 67
gut	66 – 55
befriedigend	54 – 44
ausreichend	43 – 32
mangelhaft	31 – 14
ungenügend	13 – 0

Datum   Unterschrift

Arbeitsblatt 9

Eine antithetische Erörterung verfassen

Koedukation in den Naturwissenschaften verhindert angemessene Förderung
Warum nur ein getrennter Unterricht Mädchen und Jungen gerecht werden kann.

Die Kritiker der Koedukation fordern es seit langer Zeit: Mädchen und Jungen müssen gerade in den naturwissenschaftlichen Fächern getrennt unterrichtet werden. Allein die unterschiedliche Behandlung von Jungen und Mädchen durch das Lehrpersonal im Unterricht zeigt
5 klar, dass eine angemessene Förderung nur in einem getrennten Unterricht vollzogen werden kann. Jungen sind unruhig, aber intelligent, Mädchen werden für ihren Fleiß gelobt. Die herrschenden Geschlechterstereotypen bestimmen immer noch die Bewertung durch die Lehrerinnen und Lehrer. Und Fakt ist: Jungen, gerade in der Pubertät, präsentieren sich gerne und spielen den
10 „Klassenclown". Dadurch drängen sie sich in den Vordergrund – sei es positiv oder negativ. Mädchen hingegen sind meist angepasster und ruhiger, und so ziehen die Jungen die Aufmerksamkeit des Lehrpersonals stets auf sich.

(Autorentext)

Gemeinsam lernen oder getrennt fördern
[...] Gerade wenn es um die Benachteiligung der Mädchen in naturwissenschaftlichen Fächern geht, kommt deshalb auch die Wiedereinführung getrennten Unterrichts ins Gespräch.
„Mein Wunsch ist eine echte Koedukation, die haben wir aber noch lange nicht erreicht", sagt Elisabeth Frank, Mitglied im Arbeitskreis „Koedukation" des Kultusministeriums Baden-Württemberg und selbst
5 Studiendirektorin am Otto-Hahn-Gymnasium in Ostfildern bei Stuttgart. „Heute werden zwar Jungen und Mädchen gemeinsam unterrichtet, die Inhalte und Methoden sind allerdings häufig noch sehr einseitig auf die Interessen und Bedürfnisse der Jungen zugeschnitten", so Frank.
[...]
Ganz anders sieht dies Willi Nikolay, Schulleiter [...] in Bonn.
10 [Er] hält [...] den gemeinsamen Unterricht auch deshalb für besser, weil sich ein normales, unverkrampftes Verhältnis zwischen den Geschlechtern entwickle. Auch das Spannungsverhältnis, das sich während der Pubertät aufbaue, lasse sich im Unterricht nutzen. „Man sollte die Unterschiede zwischen den Geschlechtern, ihre Rollen und bestehende Vorurteile thematisieren. So kann man zu einem respektvollen Umgang erziehen, den ‚Mini-Machos' auf die Sprünge helfen", findet der Schulleiter.

(© dpa-Themendienste; aus: www.jobber.de/studenten/tmn-230701-10-gms_53990.nitf.htm [20.10.2015])

1. Lies dir die beiden Texte genau durch und formuliere die Problemfrage, um die es geht.
2. Arbeite die in den Texten angeführten Argumente heraus und stelle sie in einer Tabelle gegenüber.
3. Ergänze die Pro- und Kontra-Argumente mit jeweils mindestens zwei eigenen Argumenten.
4. Entscheide dich für einen Standpunkt und wähle die wichtigsten Pro- und Kontra-Argumente aus.
5. Entwickle nun eine Gliederung für eine antithetische Erörterung als Schreibplan. Verfasse anschließend einen Artikel für die Schülerzeitung, in dem du das Thema der beiden Texte erörterst und deinen Standpunkt dazu darlegst.

Bewertungsbogen 9

Name _____

Bewertungsbogen zur Leistungsüberprüfung / Klassenarbeit

Eine antithetische Erörterung verfassen

Inhaltliche Leistungen

Aufgabe 1

	Dir gelingt es, das Thema der beiden Texte zu erkennen und zu benennen.	maximale Punktzahl	erreichte Punktzahl
1	Du formulierst das Thema als Problemfrage, z. B.: „Sollen Mädchen und Jungen zeitweise in naturwissenschaftlichen Fächern getrennt unterrichtet werden?"	2	
	Gesamtpunktzahl für Aufgabe 1	**2**	

Aufgabe 2

	Du arbeitest die Pro- und Kontra-Argumente der Texte zutreffend heraus und stellst sie in einer Tabelle einander gegenüber.	maximale Punktzahl	erreichte Punktzahl
1	Du führst die Pro-Argumente auf, z. B.: – Mädchen und Jungen werden im Unterricht verschieden behandelt. – Jungen ziehen die Aufmerksamkeit des Lehrpersonals auf sich. – Mädchen werden in naturwissenschaftlichen Fächern benachteiligt. – Inhalte und Methoden des Lehrplans sind auf Jungen zugeschnitten.	8	
2	Du führst die Kontra-Argumente auf, z. B.: – Normales unverkrampftes Verhältnis zwischen den Geschlechtern kann sich besser entwickeln. – Pubertäres Spannungsverhältnis lässt sich positiv nutzen. – „Mini-Machos" kann auf die Sprünge geholfen werden.	6	
	Gesamtpunktzahl für Aufgabe 2	**14**	

Aufgabe 3

	Du ergänzt die Tabelle mit eigenen Argumenten.	maximale Punktzahl	erreichte Punktzahl
1	Du formulierst mindestens zwei eigene schlüssige und nachvollziehbare Argumente für eine zeitweise Trennung von Jungen und Mädchen im naturwissenschaftlichen Unterricht, z. B.: – Die Mädchen sind so zeitweise nur unter sich und trauen sich dann mehr zu. – Der Lehrer kann so auf die verschiedenen Interessen der Jungen und Mädchen besser eingehen. – Man lernt die anderen Jungen und Mädchen der Parallelklassen besser kennen.	4	
2	Du formulierst mindestens zwei eigene schlüssige und nachvollziehbare Argumente gegen eine zeitweise Trennung von Jungen und Mädchen im naturwissenschaftlichen Unterricht, z. B.: – Der organisatorische Aufwand ist sehr groß. – Es wäre besser, die Probleme werden zusammen gelöst. – Entscheidend ist, wie unterrichtet wird, und nicht in welcher Gruppe sich Jungen oder Mädchen befinden.	4	
	Gesamtpunktzahl für Aufgabe 3	**8**	

Bewertungsbogen 9

Aufgaben 4 und 5

Du entwickelst eine Gliederung als Schreibplan und verfasst eine antithetische Erörterung, die als Artikel in der Schülerzeitung erscheinen könnte.

		maximale Punktzahl	erreichte Punktzahl
1	Du berücksichtigst bei deiner Erörterung die Kriterien einer guten Einleitung, u. a.: Aktualität des Themas; Nennung der Fragestellung; motiviert zum Weiterlesen; keine eigene Meinung	6	
2	Du strukturierst die Argumente des Hauptteils sinnvoll und begründest sie nachvollziehbar und überzeugend.	14	
3	Du berücksichtigst bei deiner Erörterung die Kriterien eines guten Schlusses, u. a.: Bezug zur einleitenden Fragestellung; zusammenfassendes Fazit; Appell an den Leser	6	
	Gesamtpunktzahl für Aufgabe 4 und 5	26	
	Gesamtpunktzahl für Aufgabe 1 bis 5	50	

Darstellungsleistungen

		maximale Punktzahl	erreichte Punktzahl
1	Du baust deinen Text sinnvoll, strukturiert und gedanklich klar auf.	5	
2	Du formulierst sachlich, angemessen, genau und abwechslungsreich.	5	
3	Deine Rechtschreibung, Grammatik und Zeichensetzung sind fehlerfrei.	6	
	Gesamtpunktzahl für die Darstellungsleistungen	16	
	Gesamtpunktzahl	66	

Die Leistungsüberprüfung/Klassenarbeit wird mit der Note

_____ bewertet.

_____
Datum   Unterschrift

Zuordnung der Punkte zu den Notenstufen

Note	Punkte
sehr gut	66 – 57
gut	56 – 48
befriedigend	47 – 39
ausreichend	38 – 30
mangelhaft	29 – 13
ungenügend	12 – 0

© Schöningh Verlag

„Du graue Stadt am Meer" – Stadtgedichte beschreiben und deuten
(Schülerbuch, S. 132–147)

Zusatz- und Differenzierungsmaterial, Leistungsüberprüfungen/Klassenarbeiten, Bewertungsbogen

Arbeitsblatt 1: Ein Gedicht erschließen und mit einem anderen Gedicht vergleichen (SB, S. 134–136)
Agnes Miegel: Heimweh

Arbeitsblatt 2a: Sprachliche Gestaltungsmittel untersuchen (SB, S. 137–140)
Georg Britting: Der Mond über der Stadt

Arbeitsblatt 2b: Eine Gedichtanalyse vorbereiten und verfassen (SB, S. 141–145)
Georg Britting: Der Mond über der Stadt

Arbeitsblatt 3: Ein Gedicht erschließen (SB, S. 141–145)
Joseph von Eichendorff: In Danzig 1842

Bewertungsbogen 4 zur Leistungsüberprüfung/Klassenarbeit (SB, S. 134–137)

Kopiervorlage 4 zur Aufgabenstellung der Leistungsüberprüfung/Klassenarbeit
→ CD-ROM

> **Aufgabe zur Leistungsüberprüfung/Klassenarbeit (Bewertungsbogen 4)**
> Vergleiche die Darstellung der Stadt in den Gedichten „Die Stadt" von Theodor Storm und „Besuch vom Lande" von Erich Kästner (P.A.U.L. D. 9, S. 134, S. 137). Gehe dabei so vor:
> - Nenne in der Einleitung wichtige Angaben zu beiden Gedichten (Textart, Autor, Titel, Erscheinungsjahr, Thema).
> - Beschreibe die Darstellung der Stadt und der Gefühle des lyrischen Ichs in Theodor Storms Gedicht „Die Stadt".
> - Beschreibe die Darstellung Berlins in Erich Kästners Gedicht „Besuch vom Lande". Erkläre auch die Bedeutung des Titels.
> - Mache die Unterschiede zwischen den beiden Gedichten deutlich. Gehe dabei vor allem darauf ein, wie die beschriebene Stadt jeweils dargestellt wird.
> - Beurteile abschließend, welches der beiden Gedichte dir besser gefällt.

Arbeitsblatt 5: Ein Gedicht beschreiben und deuten (SB, S. 134–145)
Gerda Marie Scheidl: Der Bagger kommt
Bewertungsbogen 5 zur Leistungsüberprüfung/Klassenarbeit (AB 5)

Arbeitsblatt 6: Einen Songtext über eine Stadt beschreiben und deuten 1 (SB, S. 134–145)
Herbert Grönemeyer: Bochum
Bewertungsbogen 6 zur Leistungsüberprüfung/Klassenarbeit (AB 6)

Arbeitsblatt 7: Einen Songtext über eine Stadt beschreiben und deuten 2 (SB, S. 134–145)
Madison Band: Paderborn-Lied
Bewertungsbogen 7 zur Leistungsüberprüfung/Klassenarbeit (AB 7)

Ein Gedicht erschließen und mit einem anderen Gedicht vergleichen

Agnes Miegel (1879–1964)
Heimweh

Ich hörte heute Morgen
Am Klippenhang die Stare¹ schon.
Sie sangen wie daheim, –
Und doch war es ein andrer Ton.

5 Und blaue Veilchen blühten
Auf allen Hügeln bis zur See.
In meiner Heimat Feldern
Liegt in den Furchen noch der Schnee.

In meiner Stadt im Norden
10 Stehn sieben Brücken, grau und greis,
An ihre morschen Pfähle
Treibt dumpf und schüchtern jetzt das Eis.

Und über grauen Wolken
Es fein und engelslieblich klingt, –
15 Und in meiner Heimat Kinder
Verstehen, was die Lerche² singt.

(Aus: Agnes Miegel: Gesammelte Gedichte, E. Diederichs Verlag, Düsseldorf/Köln 1952)

---

¹ Star: ein Singvogel
² Lerche: ein Singvogel

1. Erkläre den Titel des Gedichts.

2. In den ersten beiden Strophen (V. 1–8) vergleicht das lyrische Ich seinen derzeitigen Wohnort mit seinem Heimatort. Was verbindet und was unterscheidet beide Orte?

3. Beschreibe und deute, wie das lyrische Ich in den Strophen 3 und 4 (V. 9–16) seine Heimat darstellt. Welche äußerlich erkennbaren Merkmale nennt es? Welche Gefühle und welche Stimmung werden deutlich?

4. Untersuche die Adjektive, die das lyrische Ich in den Strophen 3 und 4 verwendet, genauer. Unterscheide dabei zwischen den Adjektiven, mit denen man positive Vorstellungen verbindet, und denen, mit denen man negative Vorstellungen verbindet.

5. Vergleiche das Gedicht von Agnes Miegel mit dem Gedicht „Die Stadt" von Theodor Storm im Schülerbuch auf S. 134.

Arbeitsblatt 2a

Sprachliche Gestaltungsmittel untersuchen

Georg Britting (1891–1964)
Der Mond über der Stadt

Der Mond lockt vom Himmel, groß und rot.
Alle Straßen mühen sich, zu ihm hinanzuspringen,
Alle Dächer funkeln und wollen zu ihm sich schwingen:
Hoch hängt er im Blau, hoch überm höchsten Schlot[1].

5 Alle Türme heben die Lanzen zu ihm,
Alle Fenster brennen, zu prahlen wie er,
Alle Häuser tanzen auf Füßen schwer
Und streben hinan zu ihm.

Der Mond lockt vom Himmel. Groß und schwer
10 Und rund kreist die Stadt, voll Begehr
Zu liegen an seinem feurigen Mund.
Keiner brennt so rot wie er.

(e 1929/v 1934)

(Aus: Georg Britting: Sämtliche Werke, Bd. 2: Gedichte 1930 – 1940, hg. von Walter Schmitz, List Verlag, München/Leipzig 1993, S. 183)

---

[1] Schlot: (hoher) Schornstein

1. Ordne den sprachlichen Bildern aus dem Gedicht die richtigen Fachbegriffe zu: Personifizierung (4x), Metapher (2x).

- „Der Mond lockt vom Himmel" (V. 1)

- „Alle Straßen mühen sich, zu ihm hinanzuspringen" (V. 2)

- „Alle Dächer […] wollen zu ihm sich schwingen" (V. 3)

- „Alle Türme heben die Lanzen" (V. 5)

- „Alle Fenster brennen" (V. 6)

- „Alle Häuser tanzen" (V. 7)

2. Wähle eines der sprachlichen Bilder aus Aufgabe 1 aus und erkläre, welche Wirkung und Bedeutung es in dem Gedicht hat.

Eine Gedichtanalyse vorbereiten und verfassen

Georg Britting (1891–1964)
Der Mond über der Stadt

Der Mond lockt vom Himmel, groß und rot.
Alle Straßen mühen sich, zu ihm hinanzuspringen,
Alle Dächer funkeln und wollen zu ihm sich schwingen:
Hoch hängt er im Blau, hoch überm höchsten Schlot[1].

5 Alle Türme heben die Lanzen zu ihm,
Alle Fenster brennen, zu prahlen wie er,
Alle Häuser tanzen auf Füßen schwer
Und streben hinan zu ihm.

Der Mond lockt vom Himmel. Groß und schwer
10 Und rund kreist die Stadt, voll Begehr
Zu liegen an seinem feurigen Mund.
Keiner brennt so rot wie er.

(e 1929/v 1934)

(Aus: Georg Britting: Sämtliche Werke, Bd. 2: Gedichte 1930–1940, hg. von Walter Schmitz, List Verlag, München/Leipzig 1993, S. 183)

---

[1] Schlot: (hoher) Schornstein

1. Erkläre, wie der Mond in den Versen 1 und 4 des Gedichts „Der Mond über der Stadt" von Georg Britting dargestellt wird.

2. Was ist damit gemeint, dass der Mond „lockt" (V. 1)?

3. Ordne den sprachlichen Bildern aus dem Gedicht die richtigen Fachbegriffe zu: Personifizierung (4x), Metapher (2x).
- „Der Mond lockt vom Himmel" (V. 1)
- „Alle Straßen mühen sich, zu ihm hinanzuspringen" (V. 2)
- „Alle Dächer [...] wollen zu ihm sich schwingen" (V. 3)
- „Alle Türme heben die Lanzen" (V. 5)
- „Alle Fenster brennen" (V. 6)
- „Alle Häuser tanzen" (V. 7)

4. Nenne die Teile einer Stadt, die in dem Gedicht vorkommen, und beschreibe, wie sie sich dem Mond gegenüber verhalten.

5. In den ersten beiden Strophen wird am Versanfang wiederholt das Wort „Alle" verwendet. Nenne den Fachbegriff für dieses sprachliche Mittel und beschreibe seine Wirkung.

6. Fasse zusammen, wie das Verhältnis zwischen Stadt und Mond in den ersten beiden Strophen dargestellt wird.

Arbeitsblatt 2b

7. Untersuche die dritte Strophe; orientiere dich dabei an den folgenden Fragen:
- Welche Metaphern benutzt der Sprecher des Gedichts, um den Mond bildhaft zu beschreiben?
- Welche Wirkung haben diese Metaphern?
- Wie wird das Verhalten der Stadt gegenüber dem Mond dargestellt?
- Welche Gemeinsamkeiten gibt es zwischen den ersten beiden Strophen und der dritten Strophe?

8. Begründe, welcher der folgenden Sätze aus deiner Sicht am besten auf das Gedicht zutrifft.
a) Der Sprecher des Gedichts macht deutlich, dass der Mond auf viele Menschen faszinierend wirkt.
b) Der Sprecher des Gedichts zeigt durch seine Beschreibung einer nächtlichen Stadt, dass im Dunklen der Mond die einzige natürliche Lichtquelle ist.
c) Der Sprecher des Gedichts mag es, wenn der Mond „groß und rot" (V. 1) über der Stadt zu sehen ist, da dies eine lebendige und aktive Atmosphäre schafft.

9. Beurteile abschließend das Gedicht; vervollständige hierzu die folgenden Satzanfänge:
- Mir gefällt an dem Gedicht „Der Mond über der Stadt", dass ...
- Das Gedicht spricht mich an/nicht an, weil ...
- Ich kann die in dem Gedicht ausgedrückte Stimmung gut nachvollziehen/ nicht nachvollziehen, da ...

10. Verfasse eine zusammenhängende schriftliche Analyse des Gedichts von Georg Britting. Weitere Hilfen findest du im Schülerbuch auf S. 142.

Ein Gedicht erschließen

Joseph von Eichendorff (1788–1857)
In Danzig 1842

<u>Dunkle</u> Giebel, hohe Fenster,
Türme tief aus <u>Nebel</u> sehn,
<u>Bleiche</u> Statuen <u>wie Gespenster</u>
Lautlos an den Türen stehn.

5 Träumerisch der Mond drauf scheinet,
Dem die Stadt gar wohl gefällt,
Als läg' zauberhaft versteinet
Drunten eine Märchenwelt.

Ringsher durch das tiefe Lauschen,
10 Über alle Häuser weit,
Nur des Meeres fernes Rauschen –
Wunderbare Einsamkeit!

Und der Türmer[1] wie vor Jahren
Singet ein uraltes Lied:
15 Wolle Gott den Schiffer wahren[2],
Der bei Nacht vorüberzieht!

(Aus: Joseph von Eichendorff: Werke in einem Band, 3. Aufl., Carl Hanser Verlag, München/Wien 1984, S. 425)

Joseph von Eichendorff

---

[1] Türmer: Bezeichnung für einen Menschen, der von einem (Kirch-)Turm aus die Stadt beobachtet und bewacht
[2] den Schiffer wahren: den Menschen, der das Schiff lenkt, beschützen

1. Ordne den sprachlichen Bildern aus dem Gedicht die richtigen Fachbegriffe zu: Personifizierung (2x), Vergleich (2x), Hyperbel (1x).
  – „Türme [...] sehn" (V. 2)
  – „wie Gespenster" (V. 3)
  – „Träumerisch der Mond [...],/Dem die Stadt gar wohl gefällt" (V. 5–6)
  – „Als läg' [...]" (V. 7)
  – „ein uraltes Lied" (V. 14)

2. Erkläre, welche Wirkung die in Aufgabe 1 genannten sprachlichen Bilder haben.

3. Beschreibe die Atmosphäre, die die in Strophe 1 unterstrichenen Wörter erzeugen.

4. Vergleiche die zweite mit der ersten Strophe. Wie verändert sich die Atmosphäre? Welche Wörter bewirken diese Veränderung?

5. Erkläre, welche Rolle das Hören und die Geräusche in den Strophen 3 und 4 spielen. Wie empfindet der Sprecher des Gedichts die Stadt in diesen beiden Strophen?

Arbeitsblatt 3

6. Ein Schüler hat eine Einleitung zu einer schriftlichen Analyse des Gedichts geschrieben. Diese enthält noch einige Fehler. Finde diese Fehler und schreibe die Einleitung korrigiert auf.

In dem Gedicht „In Danzig" von Joseph Eichendorff, der 1788 geboren wurde, beschreibt der Sprecher des Gedichts, welche Eindrücke und Empfindungen er beim Besuch der Stadt Danzig hat und welche Sehenswürdigkeiten es dort gibt. Dem Sprecher des Gedichts gefällt besonders die Ruhe in der nächtlichen Stadt.

7. Begründe, welcher der folgenden Sätze aus deiner Sicht am besten auf das Gedicht zutrifft.
   a) Der Sprecher des Gedichts macht deutlich, dass er die beschriebene Stadt bei Nacht als ein wenig schaurig, vor allem aber als schön empfindet.
   b) Der Sprecher des Gedichts zeigt durch seine Beschreibung der Stadt Danzig, dass er Ruhe und Einsamkeit der Gesellschaft der Menschen vorzieht.
   c) Der Sprecher des Gedichts mag die nächtliche Atmosphäre in einer Hafenstadt, wo man sich auf die Geräusche des Meeres konzentrieren kann.
   d) Der Sprecher des Gedichts fühlt sich in Danzig sicher und geborgen, so wie der Schiffer, für dessen Schutz der Türmer singt.

8. Beurteile abschließend das Gedicht. Vervollständige hierzu die folgenden Satzanfänge:
   – Mir gefällt an dem Gedicht „In Danzig 1842" von Joseph von Eichendorff, dass ...
   – Das Gedicht spricht mich an/nicht an, weil ...
   – Ich kann die in dem Gedicht ausgedrückte Stimmung gut nachvollziehen/ nicht nachvollziehen, da ...

9. Verfasse eine zusammenhängende schriftliche Analyse des Gedichts „In Danzig 1842" von Joseph von Eichendorff. Weitere Hilfen findest du im Schülerbuch auf S. 142.

Bewertungsbogen 4

Name _____

Leistungsüberprüfung/Klassenarbeit zu der Unterrichtseinheit

„Die Stadt" – ein Gedicht erschließen (P.A.U.L. D. 9, S. 134-136)

Aufgabentyp:	Zwei Gedichte vergleichen

Aufgabe:

Vergleiche die Darstellung der Stadt in den Gedichten „Die Stadt" von Theodor Storm und „Besuch vom Lande" von Erich Kästner (P.A.U.L. D. 9, S. 134, S. 137). Gehe dabei so vor:
- Nenne in der Einleitung wichtige Angaben zu beiden Gedichten (Textart, Autor, Titel, Erscheinungsjahr, Thema).
- Beschreibe die Darstellung der Stadt und der Gefühle des lyrischen Ichs in Theodor Storms Gedicht „Die Stadt".
- Beschreibe die Darstellung Berlins in Erich Kästners Gedicht „Besuch vom Lande". Erkläre auch die Bedeutung des Titels.
- Mache die Unterschiede zwischen den beiden Gedichten deutlich. Gehe dabei vor allem darauf ein, wie die beschriebene Stadt jeweils dargestellt wird.
- Beurteile abschließend, welches der beiden Gedichte dir besser gefällt.

Bewertungsbogen zur Leistungsüberprüfung/Klassenarbeit

Inhaltliche Leistungen

Aufgabe

	Du hast die Darstellung der Stadt in den Gedichten von Theodor Storm und Erich Kästner verglichen.	maximale Punktzahl	erreichte Punktzahl
1	Du nennst in einer Einleitung wichtige Angaben zu beiden Texten (Textart, Autoren, Titel, Erscheinungsjahr, Thema).	5	
2	Du beschreibst, wie die Stadt in Theodor Storms Gedicht dargestellt wird, z.B.: anfangs (scheinbar) negative Atmosphäre, Lage am Meer, Einsamkeit, Stille, Nebel, Monotonie, raues Klima.	10	
3	Du beschreibst, welche Gefühle des lyrischen Ichs in Theodor Storms Gedicht dargestellt werden, z.B.: Heimatverbundenheit, Sentimentalität, Erinnerungen an die eigene Jugend.	5	
4	Du beschreibst die Darstellung Berlins in Erich Kästners Gedicht, z.B.: Unruhe, Lärm, viele Menschen, viel Straßenverkehr, gefährlich für Passanten.	10	
5	Du erklärst die Bedeutung des Titels von Kästners Gedicht, z.B.: Sichtweise und Erfahrungen von Besuchern, die vom Land in die Stadt kommen	5	
6	Du machst die Unterschiede zwischen der Darstellung der Stadt in den beiden Gedichten deutlich, z.B.: – unterschiedliche Größe der beschriebenen Städte, – unterschiedliche Darstellung der Atmosphäre, – Gesamtbild bei Storm eher positiv, bei Kästner (zumindest für den „Besuch vom Lande") eher negativ, – …	10	
7	Du beurteilst, welches der beiden Gedichte dir besser gefällt.	5	
	Gesamtpunktzahl für die inhaltlichen Leistungen	**50**	

Bewertungsbogen 4

Darstellungsleistungen

		maximale Punktzahl	erreichte Punktzahl
1	Du formulierst angemessen, genau und abwechslungsreich.	5	
2	Du baust deinen Text schlüssig, gedanklich klar und strukturiert auf.	5	
3	Deine Rechtschreibung, Zeichensetzung und Grammatik sind fehlerfrei.	15	
	Gesamtpunktzahl für die Darstellungsleistungen	25	
	Gesamtpunktzahl	75	

Die Leistungsüberprüfung/Klassenarbeit wird mit der Note

_____ **bewertet.**

_____
Datum   Unterschrift

Zuordnung der Punkte zu den Notenstufen

Note	Punkte
sehr gut	75 – 65
gut	64 – 55
befriedigend	54 – 44
ausreichend	43 – 34
mangelhaft	33 – 14
ungenügend	13 – 0

Arbeitsblatt 5

Ein Gedicht beschreiben und deuten

Gerda Marie Scheidl (1913–2005)
Der Bagger kommt

Mitten zwischen den Häusern der Stadt
liegen Gärten verträumt;
aber nicht lange, nicht lange mehr,
wird alles fortgeräumt.

5 Die hellgrün gestrichenen Lauben
mit Sonnenblumen davor,
die Beete mit würzigem Suppenkraut
und das hölzerne Gartentor.

Der Bagger kommt, wird alles verschlingen –
10 nichts bleibt zurück von der Pracht –,
und unter Krachen, Kreischen und Rattern
sperrt er sein Maul auf und lacht.

Der Platz ist geebnet; es wird gebaut,
und bald steht ein stattliches Haus.
15 Fröhliche Kindergesichter
schauen zum Fenster heraus.

(Aus: Die Stadt der Kinder. Gedichte für Kinder in 13 Bezirken, hg. von Hans-Joachim Gelberg, Georg Bitter Verlag, Recklinghausen 1982)

1. Verfasse eine schriftliche Beschreibung und Deutung des Gedichts. Gehe dabei so vor:
- Nenne in der Einleitung die Textart, den Titel, die Autorin und das Thema des Textes.
- Beschreibe am Anfang des Hauptteils die Form des Gedichts (Strophen, Verse, Reimschema).
- Beschreibe und deute die in dem Gedicht dargestellte Situation, vor allem die Darstellung und Bedeutung der Stadt und des Baggers. Gehe dabei Strophe für Strophe vor.
- Berücksichtige dabei auch sprachliche Bilder und andere sprachliche Gestaltungsmittel.
- Fasse zum Schluss die wichtigsten Aussagen des Gedichts zusammen und stelle Vermutungen über die Aussageabsicht des Gedichts an.

2. Beurteile, ob dir das Gedicht gefällt, indem du die folgenden Satzanfänge fortsetzt:
- An dem Gedicht „Der Bagger kommt" gefällt mir besonders/gefällt mir nicht, dass ...
- Mich spricht das Gedicht an/nicht an, weil ...

Bewertungsbogen 5

Name _____

Bewertungsbogen zur Leistungsüberprüfung/Klassenarbeit

Ein Gedicht beschreiben und deuten

Inhaltliche Leistungen

Aufgabe 1

	Du hast eine schriftliche Beschreibung und Deutung des Gedichts „Der Bagger kommt" von Gerda Marie Scheidl verfasst.	maximale Punktzahl	erreichte Punktzahl
1	Du nennst in einer Einleitung: – die Textart (Gedicht), – den Titel („Der Bagger kommt"), – die Autorin (Gerda Marie Scheidl) und – das Thema des Textes (z. B.: Zerstörung und Wiederaufbau in der Stadt).	5	
2	Du beschreibst die Form des Gedichts, z. B.: – 16 Verse, – gleichmäßig aufgeteilt auf 4 Strophen, – Reimschema zumeist a-b-c-b, Ausnahme in Strophe 2, hier Schema des Kreuzreims (a-b-a-b) durchgehalten.	5	
3	Du beschreibst und deutest die in dem Gedicht dargestellte Situation, vor allem die Darstellung und Bedeutung der Stadt und des Baggers, z. B.: – 1. Strophe: Beschreibung einer idyllischen Szene („Gärten verträumt"), ungewöhnlich mitten in der Stadt, bedroht durch noch nicht genauer genannte Veränderung, – 2. Strophe: Fortsetzung der Beschreibung der idyllischen, einladenden Gärten, positive Atmosphäre, – 3. Strophe: Bagger wird zum ersten Mal erwähnt, erscheint als zerstörendes, gefräßiges Raubtier, – 4. Strophe: auf Zerstörung der ehemals idyllischen Gärten folgt Neubau eines Hauses, das Kindern ein Zuhause bietet, versöhnlicher Abschluss, Wendung ins Positive.	20	
4	Du berücksichtigst dabei sprachliche Bilder (z. B. Personifikation, V. 12) und andere sprachliche Gestaltungsmittel (z. B. Alliteration, V. 11).	5	
5	Du fasst die wichtigsten Aussagen des Gedichts zusammen, z. B.: – Aufbau von etwas Neuem (hier: das neue Haus) setzt Zerstörung von etwas Altem voraus, die schönen Gärten werden ersetzt durch eine andere positive Einrichtung.	5	
	Gesamtpunktzahl für Aufgabe 1	**40**	

Aufgabe 2

	Du hast das Gedicht beurteilt.	maximale Punktzahl	erreichte Punktzahl
1	Du beurteilst, ob dir das Gedicht gefällt, indem du die vorgegebenen Satzanfänge fortsetzt, z. B.: – An dem Gedicht „Der Bagger kommt" gefällt mir besonders, dass es in der letzten Strophe zu einer überraschenden Wendung kommt. – Mich spricht das Gedicht an, weil es darauf hinweist, dass oft, wenn man etwas Neues bauen will, etwas Altes dafür weichen muss.	10	
	Gesamtpunktzahl für Aufgabe 2	**10**	
	Gesamtpunktzahl für Aufgabe 1 und 2	**50**	

Bewertungsbogen 5

Darstellungsleistungen

		maximale Punktzahl	erreichte Punktzahl
1	Du formulierst angemessen, genau und abwechslungsreich.	4	
2	Du belegst deine Aussagen und Deutungen mit entsprechenden Textverweisen und Zitaten.	3	
3	Du baust deinen Text schlüssig, gedanklich klar und strukturiert auf.	4	
4	Du benutzt das Präsens als Zeitform für Textzusammenfassung und -untersuchung.	2	
5	Deine Rechtschreibung, Zeichensetzung und Grammatik sind fehlerfrei.	12	
	Gesamtpunktzahl für die Darstellungsleistungen	25	
	Gesamtpunktzahl	75	

Die Leistungsüberprüfung/Klassenarbeit wird mit der Note

_____ **bewertet.**

Zuordnung der Punkte zu den Notenstufen

Note	Punkte
sehr gut	75 – 65
gut	64 – 55
befriedigend	54 – 44
ausreichend	43 – 34
mangelhaft	33 – 14
ungenügend	13 – 0

_____

Datum   Unterschrift

© Schöningh Verlag

Einen Songtext über eine Stadt beschreiben und deuten (1)

Herbert Grönemeyer (geb. 1956)
Bochum

tief im westen
wo die sonne verstaubt
ist es besser
viel besser, als man glaubt
5 tief im westen,
tief im westen

du bist keine schönheit
vor arbeit ganz grau
du liebst dich ohne schminke
10 bist 'ne ehrliche haut
leider total verbaut
aber grade das macht dich aus

du hast'n pulsschlag aus stahl
man hört ihn laut in der nacht
15 du bist einfach zu bescheiden
dein grubengold[1]
hat uns wieder hochgeholt[2]
du blume im revier[3]

bochum
20 ich komm aus dir
bochum
ich häng an dir
glück auf[4], bochum

du bist keine weltstadt
25 auf deiner königsallee
finden keine modenschaun statt
hier, wo das herz noch zählt
nicht das große geld
wer wohnt schon in düsseldorf

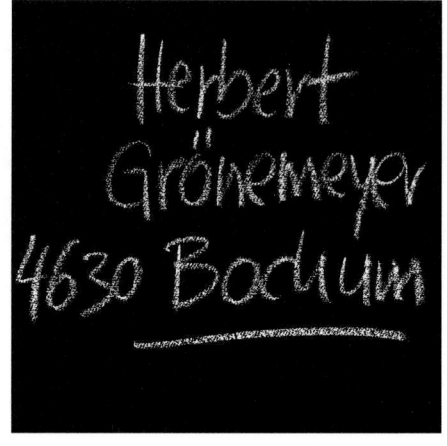

Cover des Albums

---
[1] Grubengold: Anspielung auf die Kohlegruben Bochums
[2] Anspielung auf die Bedeutung der Industrie im Ruhrgebiet für den Wiederaufbau nach dem Zweiten Weltkrieg
[3] Revier: das Ruhrgebiet
[4] Glück auf: Gruß der Bergleute

30 bochum
ich komm aus dir
bochum
ich häng an dir
glück auf, bochum

35 du bist das himmelbett für tauben
und ständig auf koks[5]
hast im schrebergarten deine laube
machst mit 'nem doppelpass
jeden gegner nass
40 du und dein vfl[6]

bochum [...]   (1984)

(1984 Grönland Musikverlag, Berlin)

---

[5] Koks: aus Kohle gewonnener Brennstoff
[6] vfl: VfL Bochum, Fußballverein

> Verfasse eine schriftliche Beschreibung und Deutung des Songtextes. Gehe dabei so vor:
> - Schreibe eine Einleitung, die die wichtigsten Angaben zum Text enthält (Textart, Autor, Titel, Erscheinungsjahr, Thema).
> - Beschreibe den äußeren Aufbau des Songs (z. B.: Wie viele Verse und Strophen hat er? Welcher Teil des Songs ist der Refrain?).
> - Beschreibe und deute die Darstellung Bochums durch das lyrische Ich (Welche Merkmale und Eigenschaften der Stadt nennt das lyrische Ich? Welche Gefühle verbindet das lyrische Ich mit seiner Heimatstadt?). Gehe dabei Strophe für Strophe vor.
> - Erkläre, mit welchen sprachlichen Gestaltungsmitteln das lyrische Ich Bochum beschreibt und wie man diese sprachlichen Gestaltungsmittel deuten kann.
> - Fasse in einem Schlusssatz eine mögliche Aussageabsicht des Songs zusammen.
> - Nimm eine begründete persönliche Bewertung des Songs vor.

Bewertungsbogen 6

Name _____

Bewertungsbogen zur Leistungsüberprüfung/Klassenarbeit

Einen Songtext über eine Stadt beschreiben und deuten (1)

Inhaltliche Leistungen

Aufgabe		maximale Punktzahl	erreichte Punktzahl
	Du hast eine schriftliche Beschreibung und Deutung des Songtextes „Bochum" von Herbert Grönemeyer verfasst.		
1	Du schreibst eine Einleitung, die die wichtigsten Angaben zum Text enthält: Textart, Autor, Titel, Thema: z. B. Verhältnis des lyrischen Ichs zu seiner Heimatstadt.	5	
2	Du beschreibst den äußeren Aufbau des Songs, z. B.: – 5 Strophen à 6 Verse, – nach der dritten Strophe zum ersten Mal der Refrain (5 Verse), der nach der vierten und fünften Strophe wiederholt wird, – Verse unterschiedlich lang, – einige vereinzelte Reime/kein festes Reimschema	5	
3	Du beschreibst und deutest, welche Merkmale und Eigenschaften Bochums das lyrische Ich nennt, z. B.: – Lage „tief im westen", Industriestadt (Kohle, Stahl), – Arbeiterstadt (Gegensatz zu Düsseldorf), – nicht schön, aber herzlich, – durch Industrie verursachte Verschmutzung, trotzdem einladende Atmosphäre, – (erfolgreicher) Fußballverein VfL Bochum, – Bedeutung der Industrie in der Vergangenheit wird hervorgehoben, – …	10	
4	Du beschreibst und deutest, welche Gefühle das lyrische Ich mit seiner Heimatstadt verbindet, z. B.: – Sympathie, – Verbundenheit, – Lob der einfachen, herzlichen Menschen und der angenehmen Atmosphäre, – …	10	
5	Du nennst, erklärst und deutest die sprachlichen Gestaltungsmittel, die das lyrische Ich verwendet, z. B.: – Wortwahl: Begriffe aus Ruhrgebiet/Bergbau („koks", „glück auf", „revier") → zeigt Verbundenheit, spricht Menschen aus der Region an, – sprachliche Bilder: Metaphern („himmelbett für tauben", „blume im revier"), Personifikation („pulsschlag aus stahl") → anschaulichere Gestaltung, Vorstellung beim Leser/Zuhörer aufbauen, – Wiederholungen („bochum") → Namen der Stadt in den Mittelpunkt rücken, – Anapher („du") → direkte Ansprache der (personifizierten) Stadt, persönliche Beziehung deutlich machen/herstellen.	5	

© Schöningh Verlag

Bewertungsbogen 6

6	Du fasst in einem Schlussteil eine mögliche Aussageabsicht des Gedichts zusammen, z. B.: – Das lyrische Ich möchte die Liebe zu seiner Heimatstadt deutlich machen und anderen Menschen zeigen, was an Bochum liebenswert ist.	5	
7	Du nimmst eine begründete persönliche Bewertung des Songtextes vor.	5	
	Gesamtpunktzahl für die inhaltlichen Leistungen	**45**	

Darstellungsleistungen

		maximale Punktzahl	erreichte Punktzahl
1	Du formulierst angemessen, genau und abwechslungsreich.	4	
2	Du belegst deine Aussagen und Deutungen mit entsprechenden Textverweisen und Zitaten.	3	
3	Du baust deinen Text schlüssig, gedanklich klar und strukturiert auf.	4	
4	Du benutzt das Präsens als Zeitform für Textzusammenfassung und -untersuchung.	2	
5	Deine Rechtschreibung, Zeichensetzung und Grammatik sind fehlerfrei.	12	
	Gesamtpunktzahl für die Darstellungsleistungen	**25**	
	Gesamtpunktzahl	**70**	

Die Leistungsüberprüfung/Klassenarbeit wird mit der Note

_____ bewertet.

Zuordnung der Punkte zu den Notenstufen

Note	Punkte
sehr gut	70 – 60
gut	59 – 49
befriedigend	48 – 41
ausreichend	40 – 32
mangelhaft	31 – 13
ungenügend	12 – 0

Datum   Unterschrift

© Schöningh Verlag

Einen Songtext über eine Stadt beschreiben und deuten (2)

Madison Band
Paderborn-Lied

In dieser Stadt bin ich geboren.
Und sie lässt mich nicht mehr los,
Hab mein Herz an Dich verloren,
Paderborn du bist grandios.

5 Hast drei Hasen mit drei Ohren.[1]
Und das Herz am rechten Fleck.
Ist man auch nicht hier geboren.
Wer dich kennt will nie mehr weg.

  Paderborn, Paderborn – meine Stadt ich liebe Dich
10   Manchmal stur doch immer herzlich
  Paderborn du bist wie ich.
  Paderborn, Paderborn – meine Stadt ich liebe Dich
  Manchmal stur doch immer herzlich
  Paderborn du bist wie ich.

15 Ganz egal was auch passiert.
Paderborn du bleibst dir treu.
Dabei offen nicht blasiert[2].
Zeigst vor Fremden keine Scheu.

Hast die Pader[3], Dom und Neptun[4].
20 Hast das Bier, das jeder kennt.
Einmal Freunde, dann für immer.
Das ist unser Element.

  Paderborn, Paderborn – meine Stadt ich liebe Dich
  Manchmal stur doch immer herzlich
25   Paderborn du bist wie ich.
  Paderborn, Paderborn – meine Stadt ich liebe Dich
  Manchmal stur doch immer herzlich
  Paderborn du bist wie ich.

---

[1] Anspielung auf das „Dreihasenfenster" im Kreuzgang des Paderborner Doms. Das Fenster zeigt drei Hasen, die zusammen drei Ohren haben.
[2] blasiert: eingebildet
[3] Pader: kurzer Fluss, der in Paderborn aus vielen Quellen entspringt
[4] Neptun: Gemeint ist der Neptunbrunnen, eine der Sehenswürdigkeiten Paderborns.

Du hast alles, was ich brauche – krieg von Dir niemals genug.
30 Du bist meine große Liebe – keine andere ist wie Du.

Paderborn, Paderborn – meine Stadt ich liebe Dich
Manchmal stur doch immer herzlich
Paderborn du bist wie ich.
Paderborn, Paderborn – meine Stadt ich liebe Dich
35 Manchmal stur doch immer herzlich
Paderborn du bist wie ich.

(1999)

(Musik: Ferdinand, Brüggemann – Sina
Text: Ehritt, Stephan
© 1999 RFGH Musikproduktion & Verlag GmbH)

1. Erschließe den Inhalt des Songs, indem du
- die Eigenschaften und Besonderheiten Paderborns, die das lyrische Ich aufzählt, nennst und erläuterst,
- an Beispielen aus dem Text deutlich machst, welche Gefühle das lyrische Ich für Paderborn hat.

2. Fasse zusammen, wie das lyrische Ich Paderborn beurteilt.

3. Nenne mögliche Gründe dafür, dass das lyrische Ich einen solchen Song über seine Heimatstadt schreibt.

4. Nimm begründet Stellung zu der Frage, ob man einen ähnlichen Text auch über deinen Heimat- bzw. Wohnort schreiben könnte.

Bewertungsbogen 7

Name _____

Bewertungsbogen zur Leistungsüberprüfung/Klassenarbeit

Einen Songtext über eine Stadt beschreiben und deuten (2)

Inhaltliche Leistungen

Aufgabe 1

	Du erschließt den Inhalt des Gedichts, indem du:	maximale Punktzahl	erreichte Punktzahl
1	die Eigenschaften Paderborns, die das lyrische Ich aufzählt, nennst und erläuterst, z. B.: – „Herz am rechten Fleck", – Offenheit gegenüber Fremden, – keine Überheblichkeit, – „stur doch immer herzlich", – bodenständig, – …	10	
2	die Besonderheiten Paderborns, die das lyrische Ich aufzählt, nennst und erläuterst, z. B.: – berühmte Sehenswürdigkeiten wie Dreihasenfenster und Dom, – bekanntes Bier: Geselligkeit, Feiern, – Pader als (ungewöhnlicher) Fluss, – …	10	
3	an Beispielen aus dem Text deutlich machst, welche Gefühle das lyrische Ich für Paderborn hat, z. B.: – intensive Gefühle, die mit Liebe zu einem anderen Menschen verglichen werden, – will die Stadt nicht mehr verlassen, – vergleicht Paderborn mit sich selbst. – …	10	
	Gesamtpunktzahl für Aufgabe 1	**30**	

Aufgabe 2

	Du fasst zusammen, wie das lyrische Ich Paderborn beurteilt.	maximale Punktzahl	erreichte Punktzahl
1	Dabei gehst du z. B. auf folgende Punkte ein: Das lyrische Ich sagt, Paderborn sei liebenswert, freundlich, treu, … → insgesamt sehr positive Beurteilung	5	
	Gesamtpunktzahl für Aufgabe 2	**5**	

Aufgabe 3

	Du nennst mögliche Gründe dafür, dass das lyrische Ich einen solchen Song über seine Heimatstadt schreibt.	maximale Punktzahl	erreichte Punktzahl
1	Du nennst z. B.: – Verbundenheit mit dem Geburts- und Heimatort, – Gemeinschaftsgefühl schaffen, – anderen Menschen die Vorzüge seines Heimatortes zeigen, – …	5	
	Gesamtpunktzahl für Aufgabe 3	**5**	

© Schöningh Verlag

Bewertungsbogen 7

Aufgabe 4

		maximale Punktzahl	erreichte Punktzahl
	Du nimmst begründet zu der Frage Stellung, ob man einen ähnlichen Song auch über deinen Heimat- bzw. Wohnort schreiben könnte, z. B.:		
1	– zustimmend: Sehenswürdigkeiten im eigenen Heimatort, freundliche Atmosphäre, Gefühl der Verbundenheit, – abwägend: neben Vorteilen auch negative Seiten erkennbar, – ablehnend: eher negative Seiten im Vordergrund, z. B. wirtschaftliche oder Umweltprobleme, fehlender Zusammenhalt.	10	
	Gesamtpunktzahl für Aufgabe 4	10	
	Gesamtpunktzahl für Aufgabe 1 bis 4	50	

Darstellungsleistungen

		maximale Punktzahl	erreichte Punktzahl
1	Du formulierst angemessen, genau und abwechslungsreich.	4	
2	Du belegst deine Aussagen und Deutungen mit entsprechenden Textverweisen und Zitaten.	3	
3	Du baust deinen Text schlüssig, gedanklich klar und strukturiert auf.	4	
4	Du benutzt das Präsens als Zeitform für Textzusammenfassung und -untersuchung.	2	
5	Deine Rechtschreibung, Zeichensetzung und Grammatik sind fehlerfrei.	12	
	Gesamtpunktzahl für die Darstellungsleistungen	25	
	Gesamtpunktzahl	75	

Die Leistungsüberprüfung/Klassenarbeit wird mit der Note

_____ bewertet.

Zuordnung der Punkte zu den Notenstufen

Note	Punkte
sehr gut	75 – 65
gut	64 – 55
befriedigend	54 – 44
ausreichend	43 – 34
mangelhaft	33 – 14
ungenügend	13 – 0

_____
Datum   Unterschrift

© Schöningh Verlag

„Lust oder Liebe?" – Ein Theaterstück gestaltend verstehen
(Schülerbuch, S. 148–167)

Zusatz- und Differenzierungsmaterial, Leistungsüberprüfungen/Klassenarbeiten, Bewertungsbogen

Arbeitsblatt 1: Eine Szene eines Theaterstückes erschließen (SB, S. 155–158)
David S. Craig/Robert Morgan: Lust oder Liebe? (2. Szene)

Arbeitsblatt 2: Mithilfe verschiedener Materialien einen informierenden Text verfassen
(SB, S. 148–167)
M1: Autorenporträt/M2: Theaterankündigung/M3: Interviewauszug

Bewertungsbogen 3 zur Leistungsüberprüfung/Klassenarbeit (SB, S. 150–153)

Kopiervorlage 3 zur Aufgabenstellung der Leistungsüberprüfung/Klassenarbeit
→ CD-ROM

Aufgaben zur Leistungsüberprüfung/Klassenarbeit (Bewertungsbogen 3)

1. Gib den Inhalt der 1. Szene des Theaterstückes „Lust oder Liebe?" von David S. Craig und Robert Morgan wieder (P.A.U.L. D. 9, S. 150–153). Beachte dabei folgende Punkte:
   - Formuliere einen vollständigen *Einleitungssatz*, in dem du Textsorte, Titel, Autor nennst und kurz sagst, worum es in dem Theaterstück geht.
   - Lege dar, an welchem *Ort* die Szene spielt, welche *Figuren* in der Szene auftreten und aus welchem *Anlass* sie miteinander sprechen.
   - Stelle dar, wie das *Gespräch* zwischen den beiden *beginnt*. Beschreibe dann zusammenfassend den weiteren *Verlauf* und das *Ende* des Gespräches.

2. Am Beginn eines Theaterstückes werden dem Zuschauer die Charaktere der Hauptfiguren und die Konflikte, die die weitere Handlung bestimmen, vorgestellt.
   - Erläutere, was der Zuschauer in dieser Szene über die beiden Hauptfiguren, ihre Beziehung und Konflikte erfährt.
   - Belege deine Deutungen mit Textverweisen und Zitaten.

3. Nimm Stellung dazu, wem der beiden du in Bezug auf die Frage, wie der Unterricht angelegt werden sollte, eher zustimmst.

Bewertungsbogen 4 zur Leistungsüberprüfung/Klassenarbeit (SB, S. 150–153)

Kopiervorlage 4 zur Aufgabenstellung der Leistungsüberprüfung/Klassenarbeit
→ CD-ROM

Aufgabe zur Leistungsüberprüfung/Klassenarbeit (Bewertungsbogen 4)

Lies die 1. Szene des Theaterstücks „Lust oder Liebe?" auf S. 150–153 im Schulbuch. Bearbeite dann folgende Aufgabe:

Nach dem ersten Treffen mit Nigel gehen Bruce auf dem Nachhauseweg viele Gedanken durch den Kopf. Verfasse einen inneren Monolog für Bruce. Schreibe auf, was er nach dem Treffen über Nigel denkt.

Bewertungsbogen 5 zur Leistungsüberprüfung/Klassenarbeit (SB, S. 159–162)

Kopiervorlage 5 zur Aufgabenstellung der Leistungsüberprüfung/ Klassenarbeit

→ CD-ROM

Aufgabe zur Leistungsüberprüfung/Klassenarbeit (Bewertungsbogen 5)

Lies dir noch einmal das Gespräch zwischen Nigel und Bruce in der 3. Szene ab Zeile 89 im Schulbuch auf den Seiten 161–162 durch. Bearbeite dann die folgende Aufgabe:

Nach seinem Gespräch mit Bruce gehen Nigel viele Gedanken durch den Kopf. Er setzt sich zu Hause an den Computer und schreibt seinem besten Freund eine E-Mail über das Treffen. Schreibe diese E-Mail und lass Nigel darin darüber berichten:
– was er von Bruce über dessen erste Liebe erfahren hat und
– was er über diese Beziehung von Bruce hält.

Arbeitsblatt 1

Eine Szene eines Theaterstückes erschließen

David S. Craig/Robert Morgan
Lust oder Liebe?

2. Szene

Bruce kommt. Er stellt vorne rechts und links sorgfältig die Notenständer auf. Er öffnet seine Aktentasche und holt einen Stapel Dias heraus. Nigel kommt mit einem Leinenbeutel. Die Musik endet.

BRUCE	Ich habe eine Einführung mitgebracht.
5 NIGEL	Klasse. Ich hab auch eine dabei. Weißt du, ich habe mir gedacht, dieses Thema ist so wichtig, weil es mitten hineinstößt in die Gefühlswelt von Männern und –
BRUCE	Warum schaun wir uns nicht zuerst einmal meine an.
NIGEL	Deine?
BRUCE	*(gibt Nigel ein Blatt)* Ja, lies mal die Passagen, wo am Rand „Nigel" steht. Okay?
10 NIGEL	Okay. Klappe, die erste: Bruces Einführung –.
BRUCE	*(zum Publikum)* „Guten Morgen. Ich bin Herr Ogilvie."
NIGEL	„Und mein Name ist Chindemi." Nein. Ich sage, „Ich bin Nigel. *(lächelt)* Hi."
BRUCE	„Wir sind hier, um eine Unterrichtseinheit zum Thema Geschlechtslehre abzuhalten."

15 *(schaltet den Projektor an und zeigt stolz auf das von Hand geschriebene Bild an der Wand: „Geschlechtslehre")*

NIGEL	Das ist gut, Bruce.
BRUCE	Aber die Kopie taugt nicht viel. *(liest weiter)* „Der Vortrag dauert etwa 45 Minuten und dann ist noch zwanzig Minuten Zeit für eine Diskussion."
20 NIGEL	„Das Thema unseres Vortrags ist: Liebe und Intimität."
	(fügt hinzu) Ach ja! „Und Sexualität."
BRUCE	Wie bitte?
NIGEL	Ich würde die Sexualität gerne ergänzen.
BRUCE	Aber das entspricht nicht unserer Anweisung.
25 NIGEL	Schon, aber als ich gestern wohlig eingeweicht in der Badewanne lag, durchfuhr es mich plötzlich: Liebe, Intimität, Sexualität. Die kann man doch nicht einfach weglassen.
BRUCE	Nicht ich habe sie weggelassen. Das Schulamt hat sie weggelassen. Und ich nehme an, sie wollen Liebe und Intimität betont sehen und nicht die Sexualität.
30 NIGEL	Aber du weißt genauso gut wie ich, dass sehr viele von den Jungs schon sexuelle Erfahrung haben. […]

Arbeitsblatt 1

BRUCE		Die sie nicht haben sollten.
NIGEL		Nicht haben sollten?
BRUCE	35	Nein. Die Jugendlichen kommen viel zu früh mit diesen Dingen in Berührung. Hör zu, kannst du das vielleicht erstmal so lesen, wie ich es geschrieben habe? Über die Details können wir ja später noch diskutieren.
NIGEL		Ich halte das keineswegs für ein „Detail".
BRUCE		*(entschieden)* Nigel, wir haben nur noch eine Woche Zeit.
NIGEL	40	*(schweigt einen Moment, dann liest er weiter)* „Bitte nehmen Sie zur Kenntnis, dass ausschließlich männliche Schüler und männliche Lehrer zu der Veranstaltung eingeladen wurden. Der Grund ist, dass die Unterrichtseinheit von Männern konzipiert wurde, für Männer gedacht ist und dass es ausschließlich um Männer gehen soll."
BRUCE	45	„Wir wollen niemanden ausschließen, glauben aber, dass Sie sich in dieser Umgebung angesichts des vorgegebenen Themas entspannter fühlen können. Es ist ein Experiment. Wir bitten Sie um Ihre offenen Kommentare während der Diskussion im Anschluss an den Vortrag."
NIGEL		*(hebt die Hand)* Ich habe schon mal einen Kommentar!
BRUCE		Was?
NIGEL	50	Ich finde, auch Frauen sollten eingeladen werden.
BRUCE		Hier steht: „Nur junge Männer."
NIGEL		Müssen wir alles so machen, wie es da drin steht?
BRUCE		Ja, allerdings, ich schon. Ich werde genau das tun, was hier steht.
NIGEL	55	Aber wir können doch nicht über Liebe und Intimität reden und die Hälfte der Menschheit ausschließen!
BRUCE		In diesem Schreiben heißt es ...
NIGEL		Vergiss das blöde Schreiben! Wenn ich mich vor junge Leute hinstelle und rede, muss ich doch selbst glauben, was ich sage.
BRUCE		Und was, bitte, ist das?
NIGEL	60	Ich glaube, dass Liebe sich zwischen *Menschen* abspielt.
BRUCE		Aha.
NIGEL	65	Liebe ist eine Kraft, die sich über alle unsere Verschiedenheiten hinwegsetzt. Liebe ist wie ein Klebstoff, der selbst so unterschiedliche Typen wie dich und mich unzertrennlich machen kann. Liebe ist nicht nur etwas zwischen Männern und Frauen.

Pause.

(Aus: David S. Craig / Robert Morgan: Lust oder Liebe?, Theaterstückverlag, Brigitte Korn-Wimmer & Franz Wimmer, München 2005)

Arbeitsblatt 1

1. Suche Textstellen zu folgenden Fragen heraus und beantworte sie:
- Welche Meinung hat Bruce zu der Unterrichtseinheit zum Thema „Geschlechtslehre"?
- Für Nigel gehört noch mehr zu der Unterrichtsreihe zum Thema „Geschlechtslehre" als für Bruce. Was ist das und warum will er darauf eingehen?
- Das Schulamt will, dass nur männliche Schüler und männliche Lehrer zu der Veranstaltung kommen. Was hält Nigel davon?

2. Bruce hält sich bei der Vorbereitung der Unterrichtseinheit streng an die Vorgaben des Schulamtes, Nigel dagegen nicht. Entscheide dich, ob du in dieser Frage eher Nigel oder Bruce zustimmst. Begründe deine Meinung.

Mithilfe verschiedener Materialien einen informierenden Text verfassen

M1: David S. Craig schreibt Theaterstücke für junge Menschen, ist Schauspieler, Regisseur und künstlerischer Leiter des *Roseneath Theatre*, eines Theaters für Kinder und Jugendliche in Toronto. Das kanadische NOM Magazine
5 bezeichnete David S. Craig in der Theatersaison 2001/02 als „one of Canada's top 20 playwriters"[1]. Sein Stück „AGENT IM SPIEL" wurde für den Deutschen Kindertheaterpreis 2004 nominiert[2].
2014 wurde er – als erster Künstler überhaupt, der im
10 Bereich des Kinder- und Jugendtheaters arbeitet – mit dem Barbara Hamilton Memorial Award ausgezeichnet.

(Aus: David S. Craig/ Robert Morgan: Lust oder Liebe?, Theaterstückverlag, Brigitte Korn-Wimmer & Franz Wimmer, München 2005)

David S. Craig

M2: In der Ankündigung des Verlages heißt es über das Theaterstück:

Lust oder Liebe?
(Health Class)
Ohne Tabus über Sex reden und dabei auch noch das Gleiche meinen – gar nicht so einfach. Diese Erfahrung müssen auch die beiden Lehrer Nigel und Bruce machen, die vom Schulamt beauftragt worden sind, einen Aufklärungsunterricht für Jugendliche zu
5 konzipieren. Die Tatsache, dass beide verschiedener nicht sein könnten, macht das Ganze nicht unbedingt einfacher: Bruce, der disziplinierte, konservative Naturwissenschaftler, versucht das Thema Intimität eher bemüht-sachlich zu umgehen, während Nigel, der lässige Englischlehrer, sich voller Verve in die Erkundung von Gefühlen, Beziehungen und sexistischen Vorurteilen wirft. In der Auseinandersetzung um die Gestaltung und den
10 Inhalt des immer näher rückenden Unterrichts rekapitulieren beide ihre eigenen Erfahrungen und finden vor allem eines heraus: Eine heikle Sache ist das mit diesem Thema, da bedarf noch so einiges der Diskussion!
Egal ob gerade um Homosexualität, Geschlechterrollen, Pornos oder Romantik gestritten wird: Die Dialoge der beiden Männer erlauben einen ironischen Blick auf die Erwachse-
15 nen, die im Umgang mit Sexualität eben doch nicht so souverän sind.

(www.theaterstueckverlag.de/theatertexte/data/theaterstueckverlag/1708521188/tsvshow)

M3: David S. Craig sagte über seine Absichten als Theaterautor Folgendes:

„Es ist unser erklärtes Ziel, ein Theater zu machen, das populär[3], persönlich-individuell[4] und künstlerisch anspruchsvoll ist. [...] Die Stücke sind persönlich-individuell, weil sie eher von den jeweiligen Vorstellungen unserer Künstler ausgehen. [...] Wir hoffen [...] unser Leben in seinem Facettenreichtum und seiner Vielfarbigkeit, in seinen leisen und

---

[1] „one of Canada's top 20 playwriters": einer der 20 besten Stückeschreiber (Theaterautoren) Kanadas
[2] nominiert: vorgeschlagen
[3] populär: beliebt
[4] persönlich-individuell: hier: eigen, besonders

5 stürmischen, in seinen komischen und tragischen Momenten zu zeigen. Diesem Bestreben nach persönlicher Note setzen wir nur eine Grenze: Das Publikum, für das wir spielen, sind Kinder."

(Aus: David S. Craig, Sonderbeilage „Theater in Kanada", Theater der Zeit, 09/2007)

1 Verfasse mithilfe der drei Materialien einen informierenden Text. Lege darin die folgenden drei Punkte dar:
- Stelle den Autor David S. Craig kurz vor.
- Erkläre, welche Absichten er als Theaterautor verfolgt und worum es ihm bei seinem Theaterstück „Lust oder Liebe?" besonders geht.
- Erläutere an einzelnen Beispielen aus dem Theaterstück „Lust oder Liebe?", wie er seine Ziele und Absichten als Theaterautor in diesem Theaterstück umgesetzt hat.

Bewertungsbogen 3

Name _____

Leistungsüberprüfung/Klassenarbeit zu der Unterrichtseinheit

„Lust oder Liebe?" – Ein Theaterstück gestaltend verstehen
(P.A.U.L. D. 9, S. 150–153)

Aufgabentyp: Den Beginn eines Jugendtheaters analysieren
Aufgaben: 1. Gib den Inhalt der 1. Szene des Theaterstückes „Lust oder Liebe?" von David S. Craig und Robert Morgan wieder (S. 150–153). Beachte dabei folgende Punkte: • Formuliere einen vollständigen *Einleitungssatz*, in dem du Textsorte, Titel, Autor benennst und kurz sagst, worum es in dem Theaterstück geht. • Lege dar, an welchem *Ort* die Szene spielt, welche *Figuren* in der Szene auftreten und aus welchem *Anlass* sie miteinander sprechen. • Stelle dar, wie das *Gespräch* zwischen den beiden *beginnt*. Beschreibe dann zusammenfassend den weiteren *Verlauf* und das *Ende* des Gespräches. 2. Am Beginn eines Theaterstückes werden dem Zuschauer die Charaktere der Hauptfiguren und die Konflikte, die die weitere Handlung bestimmen, vorgestellt. • Erläutere, was der Zuschauer in dieser Szene über die beiden Hauptfiguren, ihre Beziehung und Konflikte erfährt. • Belege deine Deutungen mit Textverweisen und Zitaten. 3. Nimm Stellung dazu, wem der beiden du in Bezug auf die Frage, wie der Unterricht angelegt werden sollte, eher zustimmst.

Bewertungsbogen zur Leistungsüberprüfung/Klassenarbeit

Inhaltliche Leistungen

Aufgabe 1

	Du hast den Inhalt der 1. Szene des Theaterstückes „Lust oder Liebe?" von David S. Craig und Robert Morgan kurz wiedergegeben.	maximale Punktzahl	erreichte Punktzahl
1	Du hast eine vollständige und zutreffende Einleitung formuliert: – Textsorte: Jugendtheaterstück – Titel: Lust oder Liebe? – Autoren: David S. Craig/Robert Morgan – Inhalt/Thema: z. B.: Zwei völlig unterschiedliche Lehrer freunden sich bei der Aufgabe, gemeinsam ein Aufklärungsprojekt zu planen und durchzuführen, an.	6	

Bewertungsbogen 3

2	Du hast dann die wichtigsten Punkte der Szenenhandlung zusammengefasst dargelegt. Dabei bist du auf folgende Punkte eingegangen:		
	Figuren: a) Bruce: Naturwissenschaftslehrer, b) Nigel: Englischlehrer	2	
	Ort: Bühne in der Aula der Schule, in der sie arbeiten	1	
	Grund des Treffens: Anweisung der Behörde, dass beide eine Unterrichtseinheit zum Thema „Liebe und Intimität" planen und durchführen sollen/Vorbereitung dieser Unterrichtseinheit	2	
	Beginn des Gespräches: Zuspätkommen von Nigel / Bruce hat keine Zeit mehr, da er seit einer Stunde schon in der Aula wartet.	2	
	Weiterer Verlauf des Gespräches: a) Beide stellen fest, dass sie keine Unterrichtserfahrung mit dem Thema haben, b) Meinungsverschiedenheit darüber, inwieweit Sex bei dem Aufklärungsunterricht eine Rolle spielen sollte.	5	
	Ende des Gespräches: Verabredung eines nächsten Planungstreffens / beide bereiten jeweils eine Einführung nach ihren Vorstellungen vor.	3	
3	Du hast die Merkmale einer Inhaltsangabe beachtet. – Wiedergabe des Inhaltes der Szene mit eigenen Worten und in einer sinnvollen Reihenfolge – Verwendung der indirekten Rede oder Umschreibungen statt der wörtlichen Rede – sachliche Formulierungen und Verwendung des Präsens	4	
	Gesamtpunktzahl für Aufgabe 1	25	

Aufgabe 2

		maximale Punktzahl	erreichte Punktzahl
	Du hast erläutert, was der Zuschauer in dieser Szene über die beiden Hauptfiguren, ihre Beziehung und Konflikte erfährt.		
1	Du hast dargelegt, was der Zuschauer über die beiden Hauptfiguren erfährt: – **Bruce:** 50 Jahre alt; Naturwissenschaftslehrer; pünktlich/ordentlich/sportlich; Hockeytrainer an der Schule; steht dem Projekt eher ablehnend gegenüber (vgl. S. 152, Z. 67); möchte das Thema „Sex" bei dem Projekt nicht thematisieren (vgl. S. 153, Z. 103f.)	5	
	– **Nigel:** 45 Jahre; Englischlehrer; unpünktlich/unzuverlässig/lässig; Interesse an Literatur; steht dem Projekt eher aufgeschlossen gegenüber (vgl. S. 151, Z. 36, oder S. 152, Z. 68); möchte das Thema „Sex" positiv bei dem Projekt thematisieren (vgl. S. 152, Z. 92, oder S. 153, Z. 100 ff.)	5	
2	Du hast ihre Beziehung erläutert. Dabei bist du auf folgende Punkte eingegangen: – Die beiden Hauptfiguren sind sehr unterschiedlich (pünktlich/nicht pünktlich; andere Vorstellungen über das Projekt).	5	
	– Beide denken, dass der andere die „total falsche Einstellung" (S. 153, Z. 108) habe.	5	
	– Beide finden den anderen eher unsympathisch (vgl. S. 153, Z. 110 ff.: Bruce über Nigel = „langhaariger Rastafreak" / Nigel über Bruce = „hirnloser Muskelprotz")	5	
3	Du hast deine Deutungen mit Textzitaten und -verweisen belegt.	3	
	Gesamtpunktzahl für Aufgabe 2	28	

Bewertungsbogen 3

Aufgabe 3

		maximale Punktzahl	erreichte Punktzahl
	Du hast Stellung dazu genommen, wem der beiden Figuren du bei der Frage, wie die Unterrichtseinheit angelegt werden sollte, eher zustimmst.		
1	– Du hast deinen Standpunkt zu der Frage einleitend benannt. – Du hast deinen Standpunkt nachvollziehbar begründet.	4 6	
	Gesamtpunktzahl für Aufgabe 3	**10**	
	Gesamtpunktzahl für Aufgabe 1 bis 3	**63**	

Darstellungsleistungen

		maximale Punktzahl	erreichte Punktzahl
1	Deine Zeichensetzung, Grammatik und Rechtschreibung sind fehlerfrei.	8	
2	Du formulierst verständlich, genau und sprachlich angemessen.	6	
3	Deine Ausführungen sind nachvollziehbar und schlüssig.	4	
4	Dein Satzbau ist sicher und variabel.	3	
	Gesamtpunktzahl für die Darstellungsleistungen	**21**	
	Gesamtpunktzahl	**84**	

Die Leistungsüberprüfung/Klassenarbeit wird mit der Note

_____ bewertet.

Zuordnung der Punkte zu den Notenstufen

Note	Punkte
sehr gut	84 – 73
gut	72 – 61
befriedigend	60 – 50
ausreichend	49 – 38
mangelhaft	37 – 16
ungenügend	15 – 0

Datum   Unterschrift

© Schöningh Verlag

Bewertungsbogen 4

Name _____

Leistungsüberprüfung/Klassenarbeit zu der Unterrichtseinheit

„Lust oder Liebe?" – Ein Theaterstück gestaltend verstehen (P.A.U.L. D. 9, S. 150–153)

Aufgabentyp: Einen Monolog einer Dramenfigur verfassen
Aufgabe:
Lies die 1. Szene des Theaterstücks „Lust oder Liebe?" (S. 150–153) und bearbeite dann folgende Aufgabe:
Nach dem ersten Treffen mit Nigel gehen Bruce auf dem Nachhauseweg viele Gedanken durch den Kopf. Verfasse einen inneren Monolog für Bruce. Schreibe auf, was er nach dem Treffen über Nigel denkt.

Bewertungsbogen zur Leistungsüberprüfung/Klassenarbeit

Inhaltliche Leistungen

Aufgabe			
	Du hast einen inneren Monolog für Bruce verfasst.	maximale Punktzahl	erreichte Punktzahl
1	Du hast die Gedanken von Bruce über Nigel aufgeschrieben. Dabei bist du z. B. auf folgende Punkte eingegangen: – Bruce stören die Unpünktlichkeit und Lässigkeit von Nigel. – Bruce findet, dass Nigel das Projekt völlig falsch angeht. – Er möchte vor allem in dem Projekt die Themen „Liebe und Intimität" thematisieren. Es gefällt ihm nicht, dass Nigel auf dem Thema „Sex" besteht. – Bruce findet Nigel insgesamt eher unsympathisch. – …	24	
2	Du verdeutlichst die Gefühle, die Bruce gegenüber Nigel hat, z. B.: – die Verärgerung über die Unpünktlichkeit, – die Ablehnung der Vorschläge von Nigel, – die Antipathie gegenüber Nigel, – …	12	
	Gesamtpunktzahl für die inhaltlichen Leistungen	**36**	

Bewertungsbogen 4

Darstellungsleistungen

		maximale Punktzahl	erreichte Punktzahl
1	Deine Zeichensetzung, Grammatik und Rechtschreibung sind fehlerfrei.	10	
2	Du formulierst verständlich, genau und sprachlich angemessen.	6	
3	Du verwendest die Ich-Form und beachtest das Präsens.	2	
	Gesamtpunktzahl für die Darstellungsleistungen	18	
	Gesamtpunktzahl	54	

Die Leistungsüberprüfung/Klassenarbeit wird mit der Note

_____ bewertet.

Zuordnung der Punkte zu den Notenstufen

Note	Punkte
sehr gut	54 – 47
gut	46 – 39
befriedigend	38 – 32
ausreichend	31 – 24
mangelhaft	23 – 10
ungenügend	9 – 0

_____

Datum   Unterschrift

Bewertungsbogen 5

Name _____

Leistungsüberprüfung/Klassenarbeit zu der Unterrichtseinheit

„Lust oder Liebe?" – Ein Theaterstück gestaltend verstehen (P.A.U.L. D. 9, S. 159–162)

Aufgabentyp:
Aus der Sicht einer Dramenfigur einen Dialog wiedergeben und beurteilen

Aufgabe:

Lies dir noch einmal das Gespräch zwischen Nigel und Bruce in der 3. Szene ab Z. 89 im Schulbuch auf den Seiten 161–162 durch. Bearbeite dann die folgende Aufgabe:

Nach seinem Gespräch mit Bruce gehen Nigel viele Gedanken durch den Kopf. Er setzt sich zu Hause an den Computer und schreibt seinem besten Freund eine E-Mail über das Treffen. Schreibe diese E-Mail und lass Nigel darin darüber berichten:
– was er von Bruce über dessen erste Liebe erfahren hat und
– was er über diese Beziehung von Bruce hält.

Bewertungsbogen zur Leistungsüberprüfung/Klassenarbeit

Inhaltliche Leistungen

Aufgabe			
	Du hast eine E-Mail Nigels an seinen besten Freund über das Gespräch mit Bruce verfasst.	maximale Punktzahl	erreichte Punktzahl
1	Du hast darüber berichtet, was Nigel von Bruce über dessen erste Liebe erfahren hat. Dabei bist du z. B. auf folgende Punkte eingegangen: – Bruce hatte eine Freundin, mit der er zunächst vor allem sexuelle Erfahrungen machen wollte. – Als Bruce zu aufdringlich wurde, hat die Freundin ihn geohrfeigt und ihn gezwungen, über ihre Beziehung zu reden. – Bruce hat diese Frau geheiratet, weil es „das einzige Mädchen [war], mit dem [er] richtig reden konnte" (Z. 135 f.). – …	18	
2	Du hast dann dargelegt, was Nigel von Bruce' Beziehung zu seiner ersten Jugendliebe hält. Dabei bist du z. B. auf folgende Punkte eingegangen: – Nigel bewundert, dass die beiden ihre Probleme ausdiskutiert haben und nicht wie die meisten davor weggelaufen sind. – Er beneidet Bruce auch um diese Beziehung, weil er weder mit Linda noch mit seiner Ex-Frau ein solch offenes und vertrauensvolles Verhältnis aufbauen konnte. – …	18	

Bewertungsbogen 5

3	Du hast die Haltung und Gefühle Nigels verdeutlicht. Dabei bist du z. B. auf folgende Punkte eingegangen: – Neugier auf das, was Bruce früher erlebt hat, – Verwunderung, dass Bruce das Mädchen geheiratet hat, – Bewunderung/Neid angesichts der langen und guten Beziehung von Bruce und dessen Frau, – Bedauern über den Verlauf seiner Beziehungen mit seiner Ex-Frau und Linda, – …	8	
	Gesamtpunktzahl für die inhaltlichen Leistungen	**44**	

Darstellungsleistungen

		maximale Punktzahl	erreichte Punktzahl
1	Deine Zeichensetzung, Grammatik und Rechtschreibung sind fehlerfrei.	8	
2	Du formulierst verständlich, genau und sprachlich angemessen.	6	
3	Du verwendest die Ich-Form und schreibst im Stil einer persönlichen E-Mail.	4	
	Gesamtpunktzahl für die Darstellungsleistungen	**18**	
	Gesamtpunktzahl	**62**	

Die Leistungsüberprüfung/Klassenarbeit wird mit der Note

_____ **bewertet.**

_____
Datum   Unterschrift

Zuordnung der Punkte zu den Notenstufen

Note	Punkte
sehr gut	62 – 54
gut	53 – 45
befriedigend	44 – 37
ausreichend	36 – 28
mangelhaft	27 – 12
ungenügend	11 – 0

© Schöningh Verlag

Fußball als Spiegel des Lebens – den Spielfilm „Das Wunder von Bern" erschließen
(Schülerbuch, S. 168 – 189)

Zusatz- und Differenzierungsmaterial, Leistungsüberprüfungen/Klassenarbeiten, Bewertungsbogen

Arbeitsblatt 1: Einen Sachtext erschließen und mit einem Spielfilm vergleichen (SB, S. 177 – 180)
Rüdiger Overmans: Soldaten hinter Stacheldraht

Arbeitsblatt 2: Sich mit der Bedeutung des Fußballs in dem Spielfilm „Das Wunder von Bern" auseinandersetzen (SB, S. 181 – 186)
Anne Haeming u. a.: Liebeserklärungen an den Fußball

Arbeitsblatt 3: Ein Standbild beschreiben und deuten (1) (SB, S. 177 – 187)
Bewertungsbogen 3 zur Leistungsüberprüfung/Klassenarbeit (AB 3)

Arbeitsblatt 4: Ein Standbild beschreiben und deuten (2) (SB, S. 177 – 180)
Bewertungsbogen 4 zur Leistungsüberprüfung/Klassenarbeit (AB 4)

Arbeitsblatt 5: Einen inneren Monolog zu einem Standbild verfassen (SB, S. 177 – 180)
Bewertungsbogen 5 zur Leistungsüberprüfung/Klassenarbeit (AB 5)

Einen Sachtext erschließen und mit einem Spielfilm vergleichen

Rüdiger Overmans (geb. 1954)
Soldaten hinter Stacheldraht

Obwohl sich die Zahl der Kriegsgefangenen im Verhältnis zur Gesamtzahl ab Ende 1949 nur noch gering ausnahm, besaß dieses Thema in der westdeutschen Öffentlichkeit noch immer einen hohen Aufmerksamkeitswert. [...] In seiner ersten Bundestagsrede ging der neu gewählte Bundeskanzler Konrad Adenauer ausführlich darauf ein, dass noch immer Tausende Kriegsgefangene nicht heimgekehrt waren. In den Fünfzigerjahren fanden regelmäßig Kriegsgefangenengedenktage statt, auf Plakaten erinnerte man immer wieder an das Schicksal der Kriegsgefangenen.

In den Folgejahren wurden zwar immer wieder Kriegsverurteilte nach Hause geschickt, doch erst im Jahr 1953 kam es überraschend zu einer Entlassungswelle, im Zuge derer etwa 12 000 Kriegsgefangene heimkehren durften. [...] Entscheidend wirkte sich aber die berühmte Moskau-Reise Konrad Adenauers im September 1955 aus, bei der im Gegenzug zur Wiederaufnahme der diplomatischen Kontakte die Freilassung der noch verbliebenen 10 000 Kriegsverurteilten vereinbart wurde. Bis auch die letzten Anfang 1956 in der Bundesrepublik eintrafen, waren siebzehn Jahre seit Beginn des Zweiten Weltkrieges und elf Jahre seit seinem Ende vergangen. [...]

Wie in allen Krieg führenden Staaten bedeutete die Abwesenheit so vieler Männer eine enorme Belastung für die Gesellschaft. In den Familien fehlten die Väter und älteren Söhne. Zu Hause blieben die Frauen, alte Männer, Jugendliche und Kinder. [...] Gegen Kriegsende und in der unmittelbaren Nachkriegszeit gab es kaum eine vollständige Familie.

Die Frauen übernahmen nicht nur im Berufsleben, sondern auch in den Familien Aufgaben, die nach bisherigen gesellschaftlichen Vorstellungen als Männersache galten. Die älteren Jungen wuchsen in die Rolle des „Ersatzmannes" hinein. Die Mütter waren vielfach überfordert, mussten sie doch ihre Familie ernähren in einer Zeit, in der es nicht ausreichend zu essen gab; oftmals hatten sie nicht einmal mehr eine eigene Wohnung, im Winter kein Heizmaterial.

Die Männer waren bei ihrer Heimkehr – vor allem nach den entbehrungsreichen Jahren in sowjetischen Lagern – oft physisch sehr verändert. Schwere Gesundheitsschäden [...] waren häufig. Die Frauen hatten auf Männer gewartet, die ihre angestammten Rollen wieder übernehmen sollten, heim kamen aber oft menschliche Wracks, die erst gesund gepflegt und wieder aufgerichtet werden mussten. Darüber hinaus hatten sich viele Heimkehrer auch psychisch verändert. Über ihre Erfahrungen konnten sie nur schwer mit Menschen reden, die nicht dasselbe erlebt hatten. [...]

Die Rückkehr der Väter machte oft den Kindern Probleme. In der Not waren die Kinder mit ihren Müttern zu einer verschworenen Gemeinschaft

Deutsche Kriegsgefangene in Stalingrad (Januar 1943)

Arbeitsblatt 1

65 zusammengewachsen. Während die meisten Ehefrauen aus den angezeigten Gründen eher bereit waren, dem Ehemann wieder einen Platz in der Familie einzuräumen, wollten die Kinder nicht ohne Weiteres ihre Erwachsenenrolle aufgeben. So mancher Heimkehrer ist in seiner Familie bis zu 70 einem gewissen Grad immer ein Fremder geblieben.

(Aus: Rüdiger Overmans: Soldaten hinter Stacheldraht, Propyläen Verlag, München 2000)

1. Stellt die historische Situation der Kriegsheimkehrer und ihrer Familien in Form einer Tabelle gegenüber. Arbeitet dabei insbesondere heraus, welche Folgen diese Situation für das Zusammenleben der beiden Personengruppen mit sich gebracht hat.

2. Seht euch die folgenden Szenen an (Sequenz 6, 0:25:43 – Sequenz 12, 1:07:33) und achtet dabei auf diese Aspekte:
- Wo seht ihr Gemeinsamkeiten und eventuelle Unterschiede zwischen der historischen Situation der Kriegsheimkehrer und der Darstellung der Familie Lubanski im Film?
- Mit welchen Problemen hat Richard Lubanski als sogenannter „Spätheimkehrer" zu kämpfen?
- Welche Fehler begeht Richard und wie reagieren die Familienmitglieder?
- Wie erklärt Mutter Ursula ihrem Sohn Matthias das Verhalten des Vaters?

3. Charakterisiert abschließend Richard Lubanski, wie ihr ihn bis jetzt kennengelernt habt.

Arbeitsblatt 2

Sich mit der Bedeutung des Fußballs in dem Spielfilm „Das Wunder von Bern" auseinandersetzen

Anne Haeming, Barbara Lich, Bastian Obermayer
Liebeserklärungen an den Fußball

Caroline Boßmann, 15,
Nachwuchs-Schiedsrichterin beim FV Knittlingen, Bretten

Es fing an mit einer Wette. Ich habe früher immer in Jungsmannschaften gespielt. Ein Teamkollege sagte damals: Die Schiedsrichterprüfung schaffst du nie. Jetzt pfeife ich seit anderthalb Jahren, Mädchen wie Jungs. Die Mädels sind unkomplizierter. Die Jungs fangen bei jeder Entscheidung an zu debattieren. Übel beschimpft wurde ich übrigens von den Nachwuchsspielern von Chelsea London. Da fielen heftige Ausdrücke – zum Glück auf Englisch, da habe ich nicht alles verstanden. Ob ich lieber spiele oder pfeife? Das hängt von der Tagesform ab. Sicher ist: Für mich ist Fußball der absolute Ausgleich zum Alltagsstress. Ich glaube nicht, dass ich bei einer anderen Sportart, Handball zum Beispiel, so ein Zufriedenheitsgefühl entwickeln könnte. Als meine Familie im vergangenen Sommer umziehen musste, habe ich – noch bevor wir eine neue Wohnung gefunden hatten – sofort nach Vereinen in der Umgebung gesucht. Wenn ich mal zwei, drei Wochen nicht auf dem Platz stehe, werde ich total zickig.

David Mamunz, 18, Schüler, Nürnberg

Fußball bedeutet mir alles. Mehr als die Schule, mehr als meine Freundin. Ich trainiere jeden Tag dafür, dass mein großer Traum in Erfüllung geht: eine Karriere als Profifußballer. Dann könnte ich mit Fußball Geld verdienen wie andere im Büro und ich könnte ganz sicher in Deutschland bleiben. Ich kam ungefähr mit 14 Jahren hierher, meine Eltern wurden im Krieg zwischen Armenien und Aserbaidschan erschlagen. Ich wurde am 29. Dezember 1990 auf der Straße gefunden und auf drei Jahre geschätzt, das ist also jetzt mein offizielles Geburtsdatum. Wie alt ich wirklich bin, weiß ich nicht. Aber ich weiß: Andere in etwa meinem Alter spielen schon in der Bundesliga! Ich will später nicht sagen müssen, dass ich mich mehr hätte anstrengen können. Deswegen trainiere ich am Wochenende und in den Ferien sogar zweimal, ich merke ja, dass ich immer noch viel lernen muss.
Mein Trainer muss mich manchmal bremsen, wenn ich es übertreibe mit dem Training. Es muss ja gar nicht der FC Bayern sein, die Zweite Bundesliga wäre auch toll.

Gerhard Stoll, 37,
blinder Fan von Bayer 04 Leverkusen, Köln

Wenn ich im Stadion bin, läuft bei mir ein innerer Film ab. Sicher, es ist ein Film der Siebziger- und Achtzigerjahre. Ein Film aus der Zeit also, als ich noch gesehen habe, vor dem Unfall mit 13 Jahren. Im Stadion sind wir Blinden stark auf Emotionen angewiesen, auf die Ohs und Ahs der Fans, auf die Gesänge, die Stimmung. Schon wenn ich von meiner Wohnung zum Stadion fahre, steigt das Adrenalin. Seit 1999 gehe ich regelmäßig zu Bayer 04 Leverkusen.
Hier reportieren Jugendtrainer für blinde Fans das Spiel über Kopfhörer. Wenn ein Spieler aufs Tor zu rennt und alle brüllen oder pfeifen, dann hören wir das ja. Den Rest berichten uns unsere Reporter. Mit Radiohören ist das nicht zu vergleichen, da ist man nun mal nicht mittendrin. Fußball bedeutet für mich, Teil einer riesengroßen Gemeinschaft zu sein. Deshalb bin ich auch gern bei Auswärtsspielen dabei, selbst wenn es dort den Blindenservice nicht immer gibt. Manchmal muss ich einfach in die Kurve. Fußball ist für mich mein Ventil, im Stadion kann ich so richtig aus mir rausgehen: Beim Spiel Leverkusen gegen Manchester United bin ich vor Freude mal so hoch gesprungen, dass mir der Kopfhörer um die Ohren geflogen ist.

(Aus: fluter. Magazin der Bundeszentrale für politische Bildung, Nr. 18, März 2006)

Arbeitsblatt 2

1. Welche Bedeutung hat der Fußball für die Schiedsrichterin und die zwei Fans? Stellt die in den Texten genannten Aussagen zusammen.

2. Für wen hat der Fußball in dem Spielfilm „Das Wunder von Bern" welche Bedeutung?
Untersucht dazu arbeitsteilig einzelne Figuren oder Gruppen und stellt euch eure Ergebnisse gegenseitig vor.

3. Bewertet eure Ergebnisse.
- Welche Bedeutungen und Funktionen, die der Fußball in dem Spielfilm hat, hat er auch in der Gegenwart?
- Welche der in dem Spielfilm dargestellten Bedeutungen hat der Fußball für uns nicht mehr?

4. Wählt einen der zwei Schreibaufträge:
- Verfasst einen eigenen kritischen Text oder eine persönliche „Liebeserklärung" zum Thema Fußball und seine Bedeutung.
- Fasst zusammen, welche Bedeutung der Fußball für Matthias hat. Nehmt am Ende dazu Stellung, was ihr davon haltet.

Arbeitsblatt 3

Ein Standbild beschreiben und deuten (1)

1. Ordne das Standbild in den Zusammenhang der Spielfilmhandlung ein.
- Lege dazu die dargestellte Situation der Familie mit ihren Hintergründen dar.
- Fasse dann kurz das Geschehen vor und nach der auf dem Standbild dargestellten Situation zusammen.

2. Beschreibe und deute das Standbild.
- Erkläre, was das Standbild über die Gedanken und Gefühle der Figuren und ihre Beziehungen zueinander verdeutlicht.
- Bestimme die Kameraeinstellung und -perspektive und erkläre ihre Wirkung.

Bewertungsbogen 3

Name _____

Bewertungsbogen zur Leistungsüberprüfung/Klassenarbeit

Ein Standbild beschreiben und deuten (1)

Inhaltliche Leistungen

Aufgabe 1

	Du ordnest das Standbild in den Zusammenhang der Spielfilmhandlung ein.	maximale Punktzahl	erreichte Punktzahl
1	Du beschreibst kurz die Situation der Familie und die Hintergründe der Szene: – Mutter, Tochter und Sohn holen den Vater vom Bahnhof ab. Der Vater kehrt nach neunjähriger Kriegsgefangenschaft zurück. – Der Film spielt im Jahre 1954. Die Familie lebt unter schwierigen Umständen im Nachkriegsdeutschland.	10	
2	Du gibst die Handlung des Spielfilmes zusammenfassend wieder.	15	
	Gesamtpunktzahl für Aufgabe 1	**25**	

Aufgabe 2

	Du beschreibst und deutest das Standbild zutreffend.	maximale Punktzahl	erreichte Punktzahl
1	Dabei gehst du auf folgende Punkte ein: – Mimik und Gestik der Figuren zeigen, dass sie erschrocken über die Rückkehr des Vaters sind. – Der Vater zeigt, dass er ebenfalls seine Familie nicht mehr wiedererkennt und sie ihm fremd geworden ist. – Der Vater wirkt vor allem gefühlskalt und verschlossen. – Insgesamt wird dem Zuschauer ein typisches Heimkehrerschicksal vor Augen geführt. – …	12	
2	Dabei bestimmst du die Kameraperspektive und -einstellung und erklärst ihre Wirkung: – Die Normalsicht lässt die Szene besonders realistisch wirken. – Die nahe Einstellung zeigt alle vier Figuren und wie sie aufeinander reagieren. – Besonders gut kann der Zuschauer so die Körperhaltungen, Gestik und Mimik der Figuren erkennen. Die gegenseitige Fremdheit wird so besonders verdeutlicht.	8	
	Gesamtpunktzahl für Aufgabe 2	**20**	
	Gesamtpunktzahl für Aufgabe 1 und 2	**45**	

Bewertungsbogen 3

Darstellungsleistungen

		maximale Punktzahl	erreichte Punktzahl
1	Deine Rechtschreibung, Zeichensetzung und Grammatik sind fehlerfrei.	10	
2	Du formulierst genau, angemessen und abwechslungsreich. Dabei vermeidest du z. B. Wortwiederholungen und Umgangssprache.	5	
3	Deine Ausführungen sind nachvollziehbar, schlüssig und gedanklich klar gegliedert.	5	
	Gesamtpunktzahl für die Darstellungsleistungen	20	
	Gesamtpunktzahl	65	

Die Leistungsüberprüfung/Klassenarbeit wird mit der Note

_____ bewertet.

Zuordnung der Punkte zu den Notenstufen

Note	Punkte
sehr gut	65 – 57
gut	56 – 47
befriedigend	46 – 38
ausreichend	37 – 29
mangelhaft	28 – 12
ungenügend	11 – 0

_____

Datum　　　　　Unterschrift

© Schöningh Verlag

Arbeitsblatt 4

Ein Standbild beschreiben und deuten (2)

1. Beschreibe das Verhalten Richard Lubanskis und sein Verhältnis zu seiner Familie in dem Standbild.
Erläutere dabei, inwieweit er sich seit seiner Rückkehr bis zu dem Zeitpunkt, der auf dem Standbild dargestellt ist, verändert hat.

2. Erkläre, wie der Regisseur versucht, die Entwicklung der Beziehung zwischen Richard und Matthias Lubanski durch die Gestaltung des Bildes zu verdeutlichen.

Bewertungsbogen 4

Name _____

Bewertungsbogen zur Leistungsüberprüfung/Klassenarbeit

Ein Standbild beschreiben und deuten (2)

Inhaltliche Leistungen

	Aufgabe 1	maximale Punktzahl	erreichte Punktzahl
	Du beschreibst das Verhalten Richard Lubanskis und sein Verhältnis zu seiner Familie in dem Standbild und erläuterst dabei, inwieweit er sich nach seiner Rückkehr bis zu dem auf dem Standbild dargestellten Zeitpunkt verändert hat.		
1	Dabei gehst du in Bezug auf das Verhalten des Vaters nach seiner Rückkehr z. B. auf folgende Punkte ein: Der Vater – kehrt nach neunjähriger Kriegsgefangenschaft zu seiner Familie zurück. – verhält sich nach seiner Rückkehr gefühlskalt gegenüber seiner Familie. Er lehnt den Musikerberuf des ältesten Sohnes und die Fußballbegeisterung von Matthias ab. Dies gilt auch für die Kneipenwirtschaft, die seine Frau in seiner Abwesenheit aufgebaut hat. – nimmt zunächst eine übertrieben autoritäre Vaterrolle ein. Er mahnt aggressiv angeblich mangelnde Disziplin und Respekt seiner Kinder ein. Sein autoritäres Verhalten begründet er mit dem Verweis, das Oberhaupt und der Ernährer der Familie zu sein. – blockt am Anfang alle Annäherungsversuche seiner Familie gefühlskalt ab. – …	18	
2	Dabei erläuterst du die Veränderung des Vaters, die auf dem Standbild deutlich wird. Dabei gehst du u. a. auf folgende Punkte ein: – Der Vater möchte die Familiensituation ändern und sich seiner Familie annähern. Dazu bereitet er für sie ein Festessen vor und feiert mit seiner Familie. – Auch will er Matthias eine Freude machen, indem er ihm einen Fußball schenkt. Dies ist auch eine Entschuldigungsgeste des Vaters gegenüber Matthias für sein vorheriges auch gewalttätiges Verhalten gegenüber seinem Sohn. – Es gelingt ihm noch nicht, seine alte Gefühlskälte und sein Nichtverständnis für seinen Sohn völlig zu überwinden. Für das feierliche Essen hat er das Kaninchen von Matthias getötet. Als dieser dies erfährt, kommt es zu einer erneuten Krise der Vater-Sohn-Beziehung und Matthias hat keine Freude mehr an dem Fußball, den der Vater ihm geschenkt hat. – …	12	
	Gesamtpunktzahl für Aufgabe 1	**30**	

161

© Schöningh Verlag

Bewertungsbogen 4

Aufgabe 2

		maximale Punktzahl	erreichte Punktzahl
	Du legst dar, wie der Regisseur versucht, die Entwicklung zwischen Richard und Matthias Lubanski durch die Gestaltung des Bildes zu verdeutlichen.		
1	Dabei gehst du u. a. auf folgende Punkte ein: – Kameraperspektive: Die nahe Einstellung zeigt die Mimik (Lächeln, offener, aufeinander gerichteter Blick, entspannte Gesichtszüge), Gestik (beide fassen den Ball an) und Körperhaltung (gegenseitige Zuwendung) der Figuren. Die Gefühle der beiden (Glück, Freude, gegenseitige Sympathie/Liebe) werden so besonders deutlich. – Bildaufbau: Vater und Sohn bilden den Mittelpunkt des Bildes. – Licht: Der Tisch als Symbol der Gemeinschaft sowie Vater und Sohn werden besonders ausgeleuchtet. Der Rest des Bildes ist dunkel.	12	
	Gesamtpunktzahl für Aufgabe 2	12	
	Gesamtpunktzahl für Aufgabe 1 und 2	42	

Darstellungsleistungen

		maximale Punktzahl	erreichte Punktzahl
1	Deine Rechtschreibung, Zeichensetzung und Grammatik sind fehlerfrei.	10	
2	Du formulierst genau, angemessen und abwechslungsreich. Dabei vermeidest du z. B. Wortwiederholungen und Umgangssprache.	4	
3	Deine Ausführungen sind nachvollziehbar, schlüssig und gedanklich klar gegliedert.	4	
	Gesamtpunktzahl für die Darstellungsleistungen	18	
	Gesamtpunktzahl	60	

Die Leistungsüberprüfung/Klassenarbeit wird mit der Note

_____ bewertet.

_____
Datum   Unterschrift

Zuordnung der Punkte zu den Notenstufen

Note	Punkte
sehr gut	60 – 52
gut	51 – 44
befriedigend	43 – 35
ausreichend	34 – 27
mangelhaft	26 – 11
ungenügend	10 – 0

Arbeitsblatt 5

Einen inneren Monolog zu einem Standbild verfassen

I Schreibe zu der auf dem Standbild dargestellten Situation einen inneren Monolog von Matthias Lubanski. Verdeutliche in deinem inneren Monolog,
- in welcher Situation Matthias sich hier befindet,
- was Matthias über seinen Vater in dieser Situation denkt und
- welche Gefühle Matthias in dieser Situation hat.

So kannst du deinen inneren Monolog beginnen:

Fassungslos stand Matthias vor dem leeren Kaninchenstall und dachte: „Das kann nicht …"

Bewertungsbogen 5

Name _____

Bewertungsbogen zur Leistungsüberprüfung/Klassenarbeit

Einen inneren Monolog zu einem Standbild verfassen

Inhaltliche Leistungen

Aufgabe		maximale Punktzahl	erreichte Punktzahl
	Du hast zu der auf dem Standbild dargestellten Situation einen inneren Monolog von Matthias Lubanski verfasst.		
1	Du hast dabei die auf dem Standbild dargestellte Situation, in der sich Matthias befindet, verdeutlicht. Dabei bist du u. a. auf folgende Punkte eingegangen: – Matthias entdeckt, dass der Kaninchenstall leer ist. – Er erkennt, dass sein Vater das Kaninchen für das vorher stattgefundene feierliche Essen, während dessen der Vater Matthias den neuen Fußball geschenkt hat, getötet hat. – …	15	
2	Du hast verdeutlicht, was Matthias in dieser Situation über seinen Vater denkt: – Er hasst seinen Vater noch mehr wegen des Todes des Kaninchens. – Besonders traurig ist Matthias darüber, weil er dachte, mit dem Essen und dem Geschenk des Fußballs hätte sich sein Vater verändert. – …	15	
3	Du hast die Gefühle von Matthias zutreffend verdeutlicht. Dabei bist du u. a. auf folgende Punkte eingegangen: – Er hasst seinen Vater noch mehr als zuvor für dessen Gefühlskälte. – Er fühlt sich seinem Vater ausgeliefert. – Er trauert um das Kaninchen und empfindet auch Ekel, da sein Vater ihn das Kaninchen ohne sein Wissen hat essen lassen. – Der Fußball, der vor der Szene für ihn ein Symbol für die Versöhnung mit seinem Vater darstellte, ist nun für ihn nichts mehr wert. Vielmehr wird er jetzt für Matthias zu einem Gegenstand, der ihn an die Härte und Mitleidlosigkeit seines Vaters erinnert. – …	15	
	Gesamtpunktzahl für die inhaltlichen Leistungen	**45**	

Darstellungsleistungen

		maximale Punktzahl	erreichte Punktzahl
1	Deine Rechtschreibung, Zeichensetzung und Grammatik sind fehlerfrei.	10	
2	Du formulierst genau, angemessen und abwechslungsreich.	6	
3	Dein Text ist nachvollziehbar, schlüssig und gedanklich klar gegliedert.	3	
4	Du formulierst durchgängig in der Ich-Form und verwendest das Präsens als Tempus des inneren Monologes.	3	
	Gesamtpunktzahl für die Darstellungsleistungen	**22**	
	Gesamtpunktzahl	**67**	

Bewertungsbogen 5

Die Leistungsüberprüfung/Klassenarbeit wird mit der Note

_____ **bewertet.**

_____
Datum   Unterschrift

Zuordnung der Punkte zu den Notenstufen

Note	Punkte
sehr gut	67 – 58
gut	57 – 49
befriedigend	48 – 37
ausreichend	36 – 28
mangelhaft	27 – 13
ungenügend	12 – 0

© Schöningh Verlag

Gute Werbung. Gute Wirkung. – Werbung analysieren und beurteilen
(Schülerbuch, S. 190–209)

Zusatz- und Differenzierungsmaterial, Leistungsüberprüfungen/Klassenarbeiten, Bewertungsbogen

Arbeitsblatt 1: Werbeanzeigen vergleichen (SB, S. 192–196)

Arbeitsblatt 2: Einen Sachtext erschließen (SB, S. 206–207)
  Joscha Thieringer: Schleichwerbung im WM-Finale?

Arbeitsblatt 3: Eine Werbeanzeige beschreiben und deuten (SB, S. 192–202)
Bewertungsbogen 3 zur Leistungsüberprüfung/Klassenarbeit (AB 3)

Arbeitsblatt 4: Eine Werbeanzeige erschließen (SB, S. 192–203)
Bewertungsbogen 4 zur Leistungsüberprüfung/Klassenarbeit (AB 4)

Arbeitsblatt 5: Einen Sachtext erschließen und die Wirkung von Werbung beurteilen (SB, S. 206–207)
  Ingo Rütten: Die Macht der Werbung – oder das Märchen vom bösen Wolf
Bewertungsbogen 5 zur Leistungsüberprüfung/Klassenarbeit (AB 5)

Werbeanzeigen vergleichen

1. Beschreibe zunächst den Bildteil der Werbeanzeige 1.

2. Beschreibe anschließend den Bildteil der Werbeanzeige 2, die aus den 1950er-Jahren stammt.

3. Vergleiche die beiden Werbeanzeigen miteinander:
    - Benenne die Gemeinsamkeiten.
    - Erarbeite die Unterschiede.

4. Erkläre dann zusammenfassend, was bei Werbung seit den 1950er-Jahren gleich geblieben ist und was sich im Laufe der Zeit verändert hat.

Einen Sachtext erschließen

Joscha Thieringer
Warum trug Mesut Özil nicht die offiziellen DFB-Socken?

Mesut Özil (erste Reihe rechts) trägt das Adidas-Logo vorne auf seinen Socken, alle anderen tragen die DFB-Aufschrift.

Schleichwerbung im WM-Finale?

Ganz Deutschland erlebte dank der Doku „Die Mannschaft" noch einmal die Fußball-WM. Eine Frage wird darin nicht beantwortet: Warum trug Mesut Özil im WM-Finale als einziger Spieler andere Socken? Statt des DFB-Logos ist auf dem Mannschaftsfoto sein Privatsponsor zu sehen.

5 [...] Die Dokumentation „Die Mannschaft" [...] zeigt das Innenleben der DFB-Helden während der WM. Die Vorbereitung, die Vorrunde, die K.o.-Runde, das unglaubliche Halbfinale gegen Brasilien – und schließlich das WM-Finale gegen Argentinien. 13. Juli, Rio de Janeiro, die Mannschaft als Einheit.

Mit entschlossenem Blick stellen sich die deutschen Nationalspieler zum Mannschaftsfoto
10 auf. Manuel Neuer im grünen Torwart-Trikot, die anderen zehn Spieler einheitlich gekleidet im weißen DFB-Dress, schwarze Hose, weiße Stutzen. Einheitlich? Nein. Denn ein Spieler schert bei genauerem Hinsehen aus: Mesut Özil. [...]

Statt der DFB- trägt der Arsenal-Star vorne auf seinem Strumpf eine Adidas-Aufschrift. Hat der DFB gestattet, dass Mesut Özil im wichtigsten Fußball-Match der Welt andere
15 Stutzen – nämlich die seines persönlichen Ausstatters – anzieht? Der Film „Die Mannschaft" gibt darauf keine Antwort. Denn dieses Detail war bis jetzt kaum jemandem aufgefallen.

FOCUS Online hat beim Deutschen Fußball-Bund und bei Mesut Özils Management nachgefragt. Für DFB-Pressesprecher Jens Grittner ist dieses Detail völlig neu. Allerdings

20 kann er ausschließen, dass es sich um spezielle Socken von Mesut Özil handelt. „Adidas ist Generalausrüster des DFB. Daher tragen alle Spieler selbstverständlich Trikots, Hosen und Stutzen von Adidas", teilt Grittner mit. „Mesut Özils Stutzen ist marketing-rechtlich somit absolut in Ordnung."
Der DFB-Mann kann sich Özils Sondersocken nur dadurch erklären, dass dieser seine
25 Strümpfe falsch herum trug. Denn tatsächlich: Auf der Rückseite der offiziellen DFB-Socken prangt die entsprechende Adidas-Aufschrift. Alle anderen Spieler tragen ihre Socken also korrekt, nur bei Özil stimmt es nicht. Ebenfalls auffällig: Ein riesiges Schweißband mit den drei Streifen am linken Handgelenk. 2013 unterschrieb er einen mit rund 3,5 Millionen Euro jährlich dotierten Vertrag mit dem Sportartikelhersteller aus Herzogenaurach. Hat
30 Mesut Özil also unbemerkt Schleichwerbung für seinen Ausstatter betrieben?
Sein Berater weist diesen Verdacht entschieden zurück. „Die Stutzen waren keine Werbemaßnahme", beantwortet Roland Eitel die Anfrage von FOCUS Online. „Auch das Schweißarmband ist keine Werbemaßnahme, sondern ein Utensil mit dem DFB-Logo, das zur genehmigten Mannschaftsausrüstung gehört und in dem sich Mesut Özil wohlfühlt."
35 Der Spielerberater erklärt, wie es zum Sondersocken kommen konnte: Mesut Özil habe sie „unbeabsichtigt seitenverkehrt" angezogen. „Die Originalstutzen der Nationalmannschaft haben einen Fuß, reichen also komplett bis über die Zehen. Mesut spielt mit speziellen Socken, an denen die Stutzen dann mit Tape befestigt werden."
[...] Roland Eitel betont: „Er spielt mit dieser Socken/Stutzen-Kombination, weil er sich so
40 wohler fühlt." Nicht als Einziger, sagt Eitel. Aber alle anderen hatten danach ihre Socken korrekt angezogen.
Reiner Zufall? Kaum zu glauben. Aber anscheinend entstehen auch bei einem voll vermarkteten WM-Finale solche Geschichten.
(Nach: focus-online.de, 03.01.2015)

1. Erschließe den Inhalt des Zeitungsartikels, indem du zunächst die wichtigsten Stellen markierst.

2. Halte die wichtigsten Informationen als Stichworte am Textrand fest.

3. Erläutere, welcher Vorwurf gegen Mesut Özil erhoben wird.

4. Arbeite heraus, welche Erklärungen Mesut Özils Berater liefert.

5. Verfasse einen kurzen Leserbrief, in dem du begründet darlegst, ob Spielern einer Nationalmannschaft erlaubt sein sollte, eigene Werbung auf ihrem Dress zu tragen.

Eine Werbeanzeige beschreiben und deuten

1. Beschreibe, was man auf der Werbeanzeige sieht.

2. Deute die Werbebotschaft der Headline.

3. Untersuche den Copy-Text:
- Erläutere, welche Informationen der Betrachter erhält.
- Erkläre an zwei Beispielen, welche sprachlichen Mittel hier verwendet werden und welche Wirkung sie haben.

4. Nimm am Ende kurz Stellung dazu, ob die Werbeanzeige deiner Meinung nach gelungen ist.

Bewertungsbogen 3

Name _____

Bewertungsbogen zur Leistungsüberprüfung/Klassenarbeit

Eine Werbeanzeige beschreiben und deuten

Inhaltliche Leistungen

Aufgabe 1

	Du beschreibst die Werbeanzeige genau und zutreffend.	maximale Punktzahl	erreichte Punktzahl
1	Oben in der Mitte der Anzeige befindet sich die Headline: „Seit 20 Jahren die Perle unter den Waschmitteln".	3	
2	Darunter angeordnet befindet sich das Produkt, für das geworben wird. Zu sehen sind zwei Packungen des Waschmittels. Die eine Packung ist kleiner und befindet sich etwas weiter im Hintergrund, die größere Packung steht im Vordergrund des Bildteils.	6	
3	Eine geschwungene Linie trennt den Bildteil vom Copy-Text.	2	
4	Im unteren Bereich der Werbeanzeige befindet sich links das Firmenlogo des Herstellers des Waschmittels. Rechts ist das Markenlogo mit dem dazugehörigen Slogan angeordnet.	6	
	Gesamtpunktzahl für Aufgabe 1	**17**	

Aufgabe 2

	Du deutest die Werbebotschaft der Headline richtig.	maximale Punktzahl	erreichte Punktzahl
1	Dabei gehst du auf folgende Punkte ein: – Die Headline besagt, dass Persil „Seit 20 Jahren die Perle unter den Waschmitteln" ist. – Dadurch wird dem Betrachter vermittelt, dass das Waschmittel kein neues Produkt ist, sondern auf eine langjährige Geschichte und damit auch Erfahrung zurückblicken kann. – In diesen 20 Jahren war das Waschmittel immer etwas Besonderes und hat sich von anderen Waschmitteln positiv unterschieden. – …	10	
	Gesamtpunktzahl für Aufgabe 2	**10**	

Aufgabe 3

	Du untersuchst die inhaltliche und sprachliche Gestaltung des Copy-Textes zutreffend.	maximale Punktzahl	erreichte Punktzahl
1	Dabei gehst du auf folgende inhaltliche Aspekte ein: – Der Copy-Text informiert darüber, dass das Produkt vor 20 Jahren eine Waschmittel-Innovation, also etwas ganz Neues war. – Heute ist das Waschmittel noch besser als bei seiner Einführung. – Das Waschmittel erreicht bereits bei niedrigen Temperaturen die höchstmögliche Waschkraft und sorgt so für eine perfekte Reinigung der Wäsche. – …	10	

Bewertungsbogen 3

		maximale Punktzahl	erreichte Punktzahl
2	Dabei gehst du z. B. auf folgende Aspekte der sprachlichen Gestaltung ein: – wertende Adjektive (z. B. „maximale Waschkraft"): Sie stellen das Produkt besonders positiv dar und heben die herausragenden Eigenschaften hervor. – Versprechungen (z. B. „perfekte Reinheit"): Sie wollen von dem Waschmittel und seiner Reinigungsleistung überzeugen. – ...	8	
	Gesamtpunktzahl für Aufgabe 3	18	

Aufgabe 4

	Du nimmst begründet Stellung zu der Frage, ob die Werbeanzeige deiner Meinung nach gelungen ist.	maximale Punktzahl	erreichte Punktzahl
1	Du legst deinen Standpunkt dazu dar, ob die Werbeanzeige gelungen ist oder nicht.	4	
2	Du begründest deinen Standpunkt mit plausiblen und überzeugenden Argumenten.	8	
	Gesamtpunktzahl für Aufgabe 4	12	
	Gesamtpunktzahl für Aufgabe 1 bis 4	57	

Darstellungsleistungen

		maximale Punktzahl	erreichte Punktzahl
1	Deine Ausführungen sind in sich schlüssig, strukturiert und gedanklich klar.	4	
2	Du formulierst genau, angemessen und abwechslungsreich.	4	
3	Dein Satzbau ist sicher und variabel.	6	
4	Deine Rechtschreibung, Zeichensetzung und Grammatik sind fehlerfrei.	9	
	Gesamtpunktzahl für die Darstellungsleistungen	23	
	Gesamtpunktzahl	80	

Die Leistungsüberprüfung/Klassenarbeit wird mit der Note

_____ **bewertet.**

_____
Datum   Unterschrift

Zuordnung der Punkte zu den Notenstufen

Note	Punkte
sehr gut	80 – 70
gut	69 – 58
befriedigend	57 – 47
ausreichend	46 – 36
mangelhaft	35 – 15
ungenügend	14 – 0

Eine Werbeanzeige erschließen

1. Erkläre, für welches Produkt geworben wird.

2. Untersuche die beiden Bildhälften der Werbeanzeige genauer:
   - Wie ist die linke Bildhälfte gestaltet?
   - Welche Informationen erhält der Betrachter über die rechte Bildhälfte?

3. Erläutere, welche Werbebotschaft die Anzeige vermitteln möchte.

4. Weise nach, dass die Werbeanzeige nach dem AIDA-Prinzip gestaltet wurde.

5. Nimm abschließend Stellung dazu, ob die Werbeanzeige deiner Meinung nach gelungen ist.

Bewertungsbogen 4

Name _____

Bewertungsbogen zur Leistungsüberprüfung / Klassenarbeit

Eine Werbeanzeige erschließen

Inhaltliche Leistungen

	Aufgabe 1		
	Du erklärst zutreffend, für welches Produkt geworben wird.	maximale Punktzahl	erreichte Punktzahl
1	Bei dem Produkt handelt es sich um Fertigeispulver/„Eis-Zauber", mit dem man ohne die Verwendung einer Eismaschine Eis selbst zu Hause herstellen kann.	4	
	Gesamtpunktzahl für Aufgabe 1	**4**	

	Aufgabe 2		
	Du erschließt in strukturierter Art und Weise die beiden Bildhälften der Werbeanzeige.	maximale Punktzahl	erreichte Punktzahl
1	Dabei gehst du bei der linken Bildhälfte auf folgende Punkte ein: – Oben links ist das Firmenlogo mit dem Slogan zu sehen. – Rechts darunter sieht man einen Teller, auf dem sich Eiscreme mit Früchten befindet. – Daran hält von links unten kommend eine Hand eine Eiswaffel, sodass es so aussieht, als wäre die Eiscreme in der Waffel. – Rechts unten am Tellerrand befindet sich ein Hinweisschild auf das Produkt. – Unten sind die Internetadresse und ein QR-Code angegeben.	12	
2	Dabei gehst du bei der rechten Bildhälfte auf folgende Punkte ein: – Dem Betrachter wird oben zentral der Slogan des Produktes präsentiert. – Es folgt darunter der Hinweis, dass man keine Eismaschine benötigt. – In einer Art mathematischen Gleichung wird die Herstellung des Eises veranschaulicht. – In der unteren Bildhälfte sind drei Verpackungen des Produktes abgebildet. Jede Tüte enthält eine andere Geschmacksrichtung des Fertigeispulvers.	12	
	Gesamtpunktzahl für Aufgabe 2	**24**	

	Aufgabe 3		
	Du erläuterst zutreffend, welche Botschaft vermittelt werden soll.	maximale Punktzahl	erreichte Punktzahl
1	Mögliche Lösung: – Es ist ganz einfach und ohne technischen Aufwand möglich, dass sich jeder zu Hause sein eigenes Eis in vielfältigen Varianten selbst herstellt.	8	
	Gesamtpunktzahl für Aufgabe 3	**8**	

Bewertungsbogen 4

Aufgabe 4

		maximale Punktzahl	erreichte Punktzahl
	Du weist nach, dass die Werbeanzeige nach dem AIDA-Prinzip gestaltet wurde.		
1	A = Attention (Aufmerksamkeit) – Da Menschen in der Regel gerne Eis essen, erregt die Anzeige die Aufmerksamkeit des Betrachters.	6	
2	I = Interest (Interesse) – Da die Lust auf Eis geweckt wurde, möchte der Betrachter mehr über das Produkt erfahren. Er sieht sich die Anzeige genauer an und erfährt, dass es bei dem Produkt darum geht, Eis selbst herzustellen.	6	
3	D = Desire (Wunsch) – Dem Betrachter wird insbesondere mitgeteilt, wie einfach sich verschiedene Eissorten selbst herstellen lassen. Das weckt vor allem den Wunsch, es selbst auszuprobieren und das Produkt zu erwerben.	6	
4	A = Action (Handlung) – Damit der Betrachter optimal auf den Kauf vorbereitet ist und dem Wunsch zur Handlung problemlos nachkommen kann, bekommt er die Internetadresse, unter der er Rezeptvorschläge finden kann, und den QR-Code für das Smartphone präsentiert.	6	
	Gesamtpunktzahl für Aufgabe 4	24	

Aufgabe 5

		maximale Punktzahl	erreichte Punktzahl
	Du hast abschließend Stellung dazu bezogen, ob die Werbeanzeige deiner Meinung nach gelungen ist.		
1	Du hast deinen Standpunkt dazu, ob du die Werbeanzeige gelungen oder nicht gelungen findest, dargelegt.	4	
2	Du hast deinen Standpunkt dazu, ob du die Werbeanzeige gelungen oder nicht gelungen findest, plausibel und überzeugend begründet.	6	
	Gesamtpunktzahl für Aufgabe 5	10	
	Gesamtpunktzahl für Aufgabe 1 bis 5	70	

Darstellungsleistungen

		maximale Punktzahl	erreichte Punktzahl
1	Deine Ausführungen sind nachvollziehbar, schlüssig und verständlich.	8	
2	Du formulierst syntaktisch angemessen. Dein Satzbau ist sicher.	6	
3	Deine Rechtschreibung, Zeichensetzung und Grammatik sind fehlerfrei.	12	
	Gesamtpunktzahl für die Darstellungsleistungen	26	
	Gesamtpunktzahl	96	

Die Leistungsüberprüfung/Klassenarbeit wird mit der Note _____ bewertet.

Zuordnung der Punkte zu den Notenstufen

Note	Punkte
sehr gut	96 – 83
gut	82 – 70
befriedigend	69 – 57
ausreichend	56 – 43
mangelhaft	42 – 18
ungenügend	17 – 0

_____
Datum   Unterschrift

© Schöningh Verlag

Einen Sachtext erschließen und die Wirkung von Werbung beurteilen

Ingo Rütten
Die Macht der Werbung – oder das Märchen vom bösen Wolf

Du gehst durch den Supermarkt und willst Bier kaufen, aber nicht irgendeins, sondern nur Beck's, weil es nach der großen weiten Welt schmeckt. Du kaufst Zigaretten und greifst nach den Gauloises, der Marke, die dich als Individualisten ausweist. Du willst eine Jeans und holst die nicht bei Aldi, sondern im neuen Diesel-Store.
5 Warum? Ganz einfach! Du wurdest manipuliert. Durch Werbung. Wie in Science-Fiction-Romanen werden dir immer und immer wieder Markenbotschaften eingetrichtert. Wie ein Mantra[1] graben sich die Produktnamen in dein Hirn. Du wurdest manipuliert. Durch Werbung. Du würdest dich ja gerne anders entscheiden. Nach dem Preis. Nach Qualität. Nach objektiven Kriterien. Aber du wurdest manipuliert. Durch die böse Werbung ... Ich
10 arbeite seit 10 Jahren in dieser Branche und diese Argumentation begegnet mir immer wieder. Und jedes Mal verblüfft sie mich aufs Neue. Intelligente und selbstbewusste Menschen versuchen, mir zu erklären, dass sie durch Werbung manipuliert werden. Sie glauben allen Ernstes, dass sie gegen die Markenbotschaften wehrlos sind.
Doch das ist Unsinn. Denn Werbung kann niemandem den freien Willen nehmen. Jeder
15 bleibt zu jedem Zeitpunkt Herr seiner Entscheidungen.
Werbung schafft es lediglich, die Entscheidung für eine bestimmte Marke wahrscheinlicher zu machen. Dadurch, dass die Marke sympathisch dargestellt wird. Durch die Lieferung von Argumenten, die die Wahl für dieses Produkt und gegen die Konkurrenz leichter machen soll. Oder durch eine häufige Wiederholung des Logos an allen Orten, damit die
20 Marke wichtig und präsent erscheint. Die letztendliche Entscheidung liegt aber ganz in der Hand des selbstständig denkenden Menschen. [...]
Gruppenzwang, Prestigesucht oder Gewohnheit kann Menschen zu mancher Markenwahl manipulieren. Werbung vermag das zum Glück nicht.

(NEON. de; Ingo Rütten)

---
[1] Mantra: heiliger Spruch, magische Formel

1. Gliedere den Text und gib den einzelnen Abschnitten Überschriften.

2. Formuliere die zentrale These des Textes mit eigenen Worten und erläutere, wie der Autor seine These begründet.

3. Verfasse einen Leserbrief, in dem du für oder gegen die im Text vertretene These Stellung beziehst. Begründe deine Meinung mit eigenen Beispielen.

Bewertungsbogen 5

Name _____

Bewertungsbogen zur Leistungsüberprüfung / Klassenarbeit

Einen Sachtext erschließen und die Wirkung von Werbung beurteilen

Inhaltliche Leistungen

Aufgabe 1

	Du gliederst den Text in sinnvolle Abschnitte und gibst diesen eine passende Überschrift, etwa:	maximale Punktzahl	erreichte Punktzahl
1	Z. 1–4: Das alltägliche Konsumverhalten der Menschen	3	
2	Z. 5–11: Manipulation durch Werbung	3	
3	Z. 11–15: Beeinflusst Werbung den freien Willen?	3	
4	Z. 16–21: Wie Werbung wirkt	3	
5	Z. 22–23: Einfluss von anderen Faktoren auf das Konsumverhalten	3	
	Gesamtpunktzahl für Aufgabe 1	**15**	

Aufgabe 2

	Du nennst die Kernthese und gibst die Begründungen des Autors richtig wieder.	maximale Punktzahl	erreichte Punktzahl
1	Die Kernthese gibst du z. B. so wieder: – Werbung manipuliert die Menschen bei der Markenwahl nicht.	4	
2	Die Begründungen des Autors für seinen Standpunkt gibst du z. B. so wieder: Werbung manipuliert die Menschen bei der Markenwahl nicht, weil: – Werbung niemandem den freien Willen nehmen kann, – jeder Mensch immer Herr seiner Entscheidungen bleibt, – Werbung die Entscheidung nur wahrscheinlicher machen kann, – andere Faktoren manipulativ entscheidender sind (z. B. Gruppenzwang).	8	
	Gesamtpunktzahl für Aufgabe 2	**12**	

Aufgabe 3

	Du setzt dich in einem Leserbrief argumentativ mit der These auseinander.	maximale Punktzahl	erreichte Punktzahl
1	Du hast dich kritisch mit der These, dass Werbung bei der Markenwahl nicht manipuliert, auseinandergesetzt.	4	
2	Du hast begründet dargelegt, inwieweit du dieser These zustimmen kannst oder warum du sie ablehnst. Dabei hast du dich auf eigene Beispiele bezogen.	8	
	Gesamtpunktzahl für Aufgabe 3	**12**	
	Gesamtpunktzahl für Aufgabe 1 bis 3	**39**	

© Schöningh Verlag

Bewertungsbogen 5

Darstellungsleistungen

		maximale Punktzahl	erreichte Punktzahl
1	Deine Ausführungen sind nachvollziehbar, schlüssig und verständlich.	6	
2	Deine Rechtschreibung, Zeichensetzung und Grammatik sind fehlerfrei.	10	
	Gesamtpunktzahl für die Darstellungsleistungen	16	
	Gesamtpunktzahl	55	

Die Leistungsüberprüfung/Klassenarbeit wird mit der Note

bewertet.

Datum   Unterschrift

Zuordnung der Punkte zu den Notenstufen

Note	Punkte
sehr gut	55 – 48
gut	47 – 40
befriedigend	39 – 32
ausreichend	31 – 25
mangelhaft	24 – 10
ungenügend	9 – 0

„Alles Gelaber, oder was?" – Unsere Sprache im Wandel

(Schülerbuch, S. 210–227)

Zusatz- und Differenzierungsmaterial, Leistungsüberprüfungen/Klassenarbeiten, Bewertungsbogen

Arbeitsblatt 1: Sprachwandel beurteilen (SB, S. 212–215)
 Annika von Taube: Geht das nicht auch auf Deutsch?

Arbeitsblatt 2: Sich mit Jugendsprache auseinandersetzen (1) (SB, S. 216–218)
 Tassilo Hummel: Selbst Lehrer sagen: „Ich habe Schere in Schublade gelegt"

Arbeitsblatt 3: Merkmale von Jugendsprache kennenlernen (SB, S. 219)
 Wie geil!

Arbeitsblatt 4: Sich mit Problemen des geschlechtergerechten Sprachgebrauchs auseinandersetzen (SB, S. 223–225)
 Bettina Levecke: Deutsche Sprache = Männersprache? Vom Versuch einer „Geschlechtsumwandlung"

Arbeitsblatt 5: Sprachwandel beschreiben und beurteilen (SB, S. 212–215)
 Eike Kühl: Lol-Speak wird offizielles Englisch
Bewertungsbogen 5 zur Leistungsüberprüfung/Klassenarbeit (AB 5)

Arbeitsblatt 6: Sich mit dem Wandel von Jugendsprache auseinandersetzen (SB, S. 216–218)
 Ulrike von Leszczynski: „Gehst du Bus?" Kiezdeutsch gibt's bald ohne Kiez
Bewertungsbogen 6 zur Leistungsüberprüfung/Klassenarbeit (AB 6)

Arbeitsblatt 7: Sich mit Jugendsprache auseinandersetzen (2) (SB, S. 219)
 Jobst-Ulrich Brand: Alles Gelaber, oder was?
Bewertungsbogen 7 zur Leistungsüberprüfung/Klassenarbeit (AB 7)

Arbeitsblatt 1

Sprachwandel beurteilen

Annika von Taube
Geht das nicht auch auf Deutsch?

Anglizismen[1] sind etwas für faule Ignoranten[2], sie vergewaltigen die deutsche Sprache und treiben sie in den Tod. Unsinn. Im Gegenteil, Anglizismen verdienen einen Preis. [...]

Wer auf eine andere Sprache als die eigene zurückgreifen muss, um sich auszudrücken, ist schlampig, faul oder beschränkt. So lautet zumindest die gängige [K]ritik. Es gibt nichts,
5 was sich in der deutschen Sprache nicht ausdrücken ließe, das mag stimmen. Aber englische Begriffe sind oft so schön *catchy*, so *on point*. Und sie werden gerade in digitalen Umfeldern gern genutzt, wie die *User* unserer *Community* natürlich wissen.
Der Begriff *Crowdfunding* zum Beispiel lässt sich auf Deutsch mit „Gruppenfinanzierung" oder „Schwarmfinanzierung" übersetzen. Dass er aber seinen Ursprung nicht nur im eng-
10 lischsprachigen, sondern auch im digitalen Raum hat, geht bei der deutschen Übersetzung verloren: „Gruppenfinanzierung" klingt nach ältlichem Provinzverein, *Crowdfunding* nach energetischem Start-up. *Crowdfunding* wurde 2012 zum „Anglizismus des Jahres" gewählt. [...]

Seit 2010 bemüht sich Anatol Stefanowitsch, Professor für englische Sprachwissenschaft an der Freien Universität Berlin, um die Förderung eines positiven Blicks auf Anglizismen,
15 indem er zur Wahl des „Anglizismus des Jahres" aufruft. Diese Auszeichnung begreift Lehnwörter nicht als sprachliche Mängel, sondern im Gegenteil als Bereicherung unserer Sprache. Gewählt wird jeweils ein Lehnwort, das „im laufenden Jahr ins Bewusstsein und den Sprachgebrauch einer breiten Öffentlichkeit gelangt ist und eine interessante Lücke im deutschen Wortschatz füllt."
20 Vorschläge einreichen kann jeder, die Auswahl erfolgt durch eine Fachjury von Sprachwissenschaftlern. Über die laufenden Einreichungen (die aktuelle Nominierungsrunde endet am 15. Dezember 2014) informiert ein Blog. Ganz vorn dabei ist momentan das *Selfie*, überhaupt sind Begriffe aus der Welt der sozialen Medien überproportional vertreten, ähnlich sieht es im Bereich neuer Technologien aus. Bedeuten also mediale Digitali-
25 sierung und technologische Evolution gewissermaßen als Lehnwort-Schleusen eine Bedrohung der deutschen Sprache? Professor Stefanowitsch kann beruhigen: „Lehnwörter finden wir immer dort, wo es Veränderungen gibt – neue Technologien und neue gesellschaftliche Praktiken müssen benannt werden, und wenn eine wichtige Bezugskultur schon Wörter hat, werden die einfach übernommen. Durch Entlehnung sind Sprachen in
30 der Lage, sich aktuellen Entwicklungen anzupassen und für die Sprachgemeinschaft nützlich zu bleiben. Und nur wenn eine Sprache nicht mehr nützlich ist, läuft sie Gefahr, zu verschwinden."
Keine Gefahr also. Und für Gegner der Anglizismenflut in den „neuen" Medien gäbe es folgenden Lösungsvorschlag: Sie müssten nur dafür sorgen, dass Neuentwicklungen statt
35 aus dem englischsprachigen aus dem deutschen Raum kommen. Immerhin haben übrigens auch die „traditionellen Medien" [...] einen Kandidaten für den Preis 2014 hervorgebracht: *Hoodiejournalismus*.

(www.zeit.de/community/2014-11/anglizismus-digitalisierung)

---

[1] Anglizismen: Ausdrücke aus der englischen Sprache, die in das Deutsche eingeflossen oder übernommen worden sind (z. B. ein Date haben)
[2] Ignorant: Person, die etwas nicht kennt oder nicht wissen will

Arbeitsblatt 1

1. Erkläre, warum Anglizismen in das Deutsche übernommen werden und weshalb sie eine „Bereicherung unserer Sprache" (Z. 16f.) darstellen sollen.

2. Wie lautet die gängige Kritik (vgl. Z. 4) am Gebrauch von Anglizismen? Erläutere, warum diese Kritik nach Annika von Taube nicht zutreffend ist.

3. Erkläre, wie die Wahl zum „Anglizismus des Jahres" abläuft und aus welchen Gründen Professor Anatol Stefanowitsch dazu aufruft.

4. So kannst du weiterarbeiten:
- Kläre die Bedeutung der in dem Artikel genannten Anglizismen (catchy, on point, User, Community, Crowdfunding, Selfie, Hoodiejournalismus).
- Mache selbst Vorschläge zur Wahl des „Anglizismus des Jahres" und begründe sie.
- Nimm Stellung dazu, ob der Gebrauch von Anglizismen deiner Meinung nach eine „Bereicherung unserer Sprache" (Z. 16f.) darstellt.

Sich mit Jugendsprache auseinandersetzen (1)

Tassilo Hummel
Selbst Lehrer sagen: „Ich habe Schere in Schublade gelegt"

Die Sprachforscherin Diana Marossek hörte mehr als siebzig Schulklassen genau zu – und gewann mit ihrer Doktorarbeit nun einen Preis. Ihre These: Viele Ur-Berliner nehmen unbewusst die Sprache der Migranten an. Selbst einige Lehrer sprechen Ethnolekt[1].

Frau Marossek, Ethnolekt, Soziolekt[2] oder Kiezdeutsch – was genau haben Sie da eigentlich untersucht?

Mir ging es um die Frage, wie Berliner Schüler sprechen. Wie es um die Mischung aus Berliner Dialekt und türkisch-arabischen Einflüssen steht. Ich habe gemerkt, dass der Begriff Soziolekt nicht mehr passt, da Ausdrücke wie „Ich geh' Bus" oder „Hast du Kippe" von so gut wie allen jungen Berlinern verwendet werden, das hat also nicht so viel mit der Schicht zu tun. Kiezdeutsch finde ich gut, aber der Begriff kann das Phänomen nur für Berlin beschreiben, weil man hier bei Kiez an etwas ganz Bestimmtes denkt. Daher schlage ich den breiteren Begriff Ethnolekt vor.

Die Kernthese Ihrer Arbeit lautet also, Berliner ohne Migrationshintergrund würden unbewusst die Sprache der Migranten annehmen – alle sprechen Ethnolekt?

Genauso ist es. Ich habe beobachtet, dass deutsche Schüler, aber selbst einige Lehrer, in Alltagssituationen die Artikel und Präpositionen weglassen, also etwa: „Ich habe Schere in Schublade gelegt". Außerdem werden viele türkische und arabische Ausdrücke gelernt. Deutsche Kinder in Klassen mit hohem Migrantenanteil lernen selbst regelrecht Türkisch, um sich verständigen zu können.

Woher kommt das?

Das kommt daher, dass man sich anpasst. Wenn man mit 29 türkischstämmigen Kindern in der Klasse ist, dann ist das unvermeidlich. Ich würde aber nicht sagen, dass damit irgendein Machtgefüge zum Ausdruck kommt. Es handelt sich um normale linguistische Interferenzen[3].

... und die sind in Neukölln und Wedding[4] natürlich am größten.

Ja, da bestätigen sich die Vorurteile. In Neukölln, Wedding, Kreuzberg und Reinickendorf geht es sprachlich am meisten zur Sache. Auffällig ist, dass in Ostbezirken wie Marzahn-Hellersdorf viel weniger Einflüsse des Ethnolekts zu finden sind, dafür berlinern die Schüler aber viel stärker. In Steglitz und Zehlendorf drücken sie sich am saubersten aus.

Außerdem schreiben Sie, gerade den Berlinern falle es leicht, Ethnolekt zu sprechen, da der hiesige Dialekt grammatikalisch ähnliche Strukturen habe. Wie kann das denn sein?

Ein besonderes Verwandtschaftsverhältnis zwischen Berlinerisch und Türkisch gibt es natürlich nicht. Aber der Grund für das Weglassen von Artikeln ist derselbe: Faulheit.

---

[1] Ethnolekt: Sammelbegriff für Sprechstile, die von Sprechern einer Minderheit, die einer Volksgruppe angehören, verwendet und als für sie typisch angesehen werden
[2] Soziolekt: Sprechstile, die durch die Zugehörigkeit zu einer bestimmten gesellschaftlichen Gruppe hervorgebracht werden
[3] linguistische Interferenzen: Anpassung der Strukturen der eigenen Sprache an eine andere und umgekehrt
[4] Neukölln, Wedding: Stadtteile in Berlin

Arbeitsblatt 2

Daher habe ich die These aufgestellt, dass Berliner [...] besonders anfällig für das neue
Kiezdeutsch sind, da sie die Strukturen schon kennen. „Ich bin auf Arbeit" sagt man hier
schon seit Hunderten von Jahren. Uns Berliner stört das ja nicht mehr.

Ihre Kollegin Heike Wiese aus Potsdam sagt, türkisch eingefärbte Sprache sei für Deutsche nur ein Stilmittel, das bewusst angewendet wird und auch vermieden werden kann. Sehen Sie das auch so?

Nein. Ich habe gesehen, dass es an bestimmten Schultypen für die Schüler nicht möglich ist, auf korrektes Deutsch umzuschalten. Frau Wiese hat mit einer viel kleineren Probandengruppe gearbeitet, wo die Beobachteten auch genau wussten, worum es ihr ging. Ich dagegen habe mich in mehr als siebzig achte und zehnte Klassen gesetzt, also zu 13- bis 17-Jährigen. Die Schüler dachten, ich sei Referendarin. Daher habe ich verlässlichere Zahlen.

Aber viele Jugendliche, [...], wenden Ethnolekt auch bewusst an, um stark zu wirken ...

... und das zumeist unter dem Einsatz gröbster Kraftausdrücke. Werden Jugendliche immer aggressiver?

Nein. Es handelt sich um eine ganz normale sogenannte rituelle[5] Beschimpfung, ein altes Phänomen, das gerade durch den Gangster-Rap kultiviert wird. Es ist ein spielerischer Ritus[6], um sich gegenseitig zu bestätigen oder um Pausen zu füllen.

Wie war das Echo auf Ihre Arbeit?

Überwiegend gut. Lehrer sind auf mich zugekommen und wollen aus meinen Erkenntnissen Lehrmaterialien machen. Auch einige Politiker haben sich zu Wort gemeldet. Und einige Neonazi-Plattformen liefen heiß. Die haben sich darüber empört, dass ich das, was ich ermittelt habe, nicht schlimm finde. Es ist aber einfach so, wie es ist. Unsere Sprachgewohnheiten verändern sich. Mir geht es nur darum, für das Thema zu sensibilisieren.

(www.tagesspiegel.de/berlin/forscherin-ueber-jugendsprache-in-berlin-selbst-lehrer-sagen-ich-habe-schere-in-schublade-gelegt/10314660.html)

[5] rituell: hier: in einer Gruppe (z. B. zur Begrüßung) übliche und nicht ernst gemeinte Beschimpfung
[6] Ritus: Brauch/Gewohnheit

1. Beantworte mithilfe des Textes folgende Fragen:
- Welche sprachlichen Veränderungen hat Diana Marossek untersucht und was hat sie festgestellt?
- Was versteht sie unter dem Begriff Ethnolekt?
- Warum sprechen Berliner Schüler ihrer Meinung nach Ethnolekt?
- Warum fällt es den Berlinern ihrer Meinung nach so leicht, Ethnolekt zu sprechen?
- Was zeigt nach Diana Marossek der Einsatz von Kraftausdrücken beim Sprechen von Ethnolekt durch Jugendliche?
- Welche Erfahrungen hat Marossek mit den Ergebnissen ihrer Arbeit gemacht?

2. Diana Marossek sagt: „[...] dass ich das, was ich ermittelt habe, nicht schlimm finde" (Z. 54 f.).
- Erkläre in eigenen Worten, was sie herausgefunden hat.
- Nimm dann Stellung zu der Frage, ob man diese Veränderungen in der Sprache „schlimm finde[n]" (Z. 55) muss.

Merkmale von Jugendsprache kennenlernen

Wie geil!

Sind Begriffe wie „geil", „fett", „dissen" und „abfucken" nur etwas für Jugendliche? Von wegen! Es ist nie zu spät, die Jugendsprache zu lernen. Denn wie
5 heißt es so schön: YOLO! You only live once! Ne, Alter?

„Jo Alta, hör' ma' auf zu zocken und schieb' deinen fetten Arsch zu mir rüber, wir wollten noch Busse gehen!" Nichts

10 verstanden? [...] So manche Deutschlernende könnten eventuell verzweifeln, wenn sie nach Deutschland kommen und ihnen an der *Busse*, also an der Bushaltestelle, zwei Jugendliche begegnen und so richtig loslegen. Sicher stellen sie sich dann die Frage, ob sie im Deutschunterricht wirklich gut aufgepasst haben. Sie haben – keine Frage! Denn es ist ja ohnehin schon schwierig, die deutsche Umgangssprache und die regionalen Unterschie-
15 de zu verstehen, aber die Jugendsprache setzt dem Ganzen die Krone auf. Sie ist gefärbt von vielen Anglizismen, Abkürzungen und bildlichen Ausdrücken.

Ein bisschen Nachhilfe

[...] Wenn für euch dieser Slang *voll nicht easy* ist und euch *übelst abfuckt*, dann *schiebt keine Paras*, wir werden euch den *Stuff* hier schon erklären. Will sagen: Wenn die Jugend-
20 sprache für euch schwer verständlich ist und euch aufregt, habt keine Sorge, wir werden euch langsam an die Sache heranführen. Denn wenn man die Grundregeln kennt, ist es halb so wild. Um eines mal vorwegzunehmen: Vieles in der Jugendsprache ist nicht so ernst oder wörtlich gemeint. Wenn ein Junge einen anderen mit *Alter* anspricht, dann hat das nichts mit seinem Alter zu tun, sondern ist einfach nur eine Anrede. Unter *Homies*
25 nämlich, also unter Freunden, spricht man halt so.

Echt geil!

[...] Ähnlich verhält es sich mit dem Wörtchen *geil*. In der Botanik bedeutet es, dass Pflanzentriebe üppig, aber kraftlos wachsen. Bezogen auf den Menschen drückt das Wort *geil* aus, dass er oder sie sexuelle Erregung zeigt. Wenn man *geil auf jemanden* oder *auf*
30 *etwas* ist, dann heißt es so viel wie „gierig". Ist man zum Beispiel geil auf eine Frau, dann steht Mann auf sie. Ist eine Person *karrieregeil*, will sie unbedingt Karriere machen. Hört man aber das Wort auf der Straße oder liest es in der Werbung, dann steht es meist für „toll" oder „super". Es ist sehr beliebt und lässt sich mit vielen Vorsilben verstärken: *saugeil, endgeil* oder *megageil*. Aber es gibt noch eine Menge anderer Begriffe, die für „toll"
35 stehen. Da kann der Film dann auch nach dem Kinobesuch als *fett, porno, cool, krass, korrekt* oder *hammer* bezeichnet werden. Aber bevor hier Stimmen laut werden, die sagen: „Ach, die Jugend von heute!" – mal schön langsam mit den jungen Pferden! Denn eine Jugendsprache gab es schon immer. So hieß vor 30 Jahren alles noch *knorke, tofte, dufte* oder *fitty*.

Arbeitsblatt 3

40 Was geht?

[...] Viele Wörter in der heutigen Jugendsprache sind aber auch einfach nur da, um einer Sache den entsprechenden Nachdruck zu verleihen. Zum Beispiel *Alter* oder *Boa*. Sagt also jemand „*Boa, fetter Sound, Alter! Ohne Scheiß!*", dann sagt das eigentlich nur aus, dass er ein Lied besonders gut findet. „*Ohne Scheiß!*" – was so viel heißt wie „Ohne Quatsch!" –
45 kann hinter jeden Satz gesetzt werden, um eine Aussage zu verstärken. Genauso funktioniert auch: „*Ich schwör'!*" Wenn ihr jetzt denkt, Jugendsprache sei ja mehr Aufwand, weil die Jugendlichen mehr Wörter benutzen, dann irrt ihr euch gewaltig. Denn sie lassen dafür einfach Präpositionen und Artikel weg. „*Ich war Schule heute*" ist zum Beispiel die Kurzversion für „Ich war heute in der Schule". Oder: „*Lass ma' Stadt gehen*" steht für „Lass
50 uns mal in die Stadt gehen". Wer aber nun glaubt, dass das ja *hammerpraktisch* ist, da man so die Artikel zu den Nomen nicht lernen muss: zu früh gefreut! Denn dafür gibt es jede Menge anderer Regeln. Wer Jugendsprache benutzt, muss wissen, wann und wie.
[...]

Die Kunst der Beleidigung

55 [...] „*Halt's Mett, du Vollpfosten, sonst gibt's Fratzengeballer!*" ist beispielsweise eine solch einfallsreiche Beschimpfung und soll der betreffenden Person zu verstehen geben, dass sie den Mund halten soll, da sie sonst mit körperlichen Konsequenzen zu rechnen hätte. Eine andere *fette* Wortschöpfung ist der *Körperklaus*, der einen ungeschickten Menschen bezeichnet. Oder aber das *Gesichtsgulasch*, das verwendet wird, wenn jemand sein Gesicht
60 zu einer Fratze verzieht oder – auch ohne Fratze – für hässlich befunden wird. Man kann den Jugendlichen ja eine Menge vorwerfen, aber keine mangelnde sprachliche Kreativität!
[...]

(www.dw.de/wie-geil/a-15840994)

1. Arbeite die im Text genannten Merkmale und Kennzeichen von Jugendsprache mithilfe von Markierungen, Unterstreichungen und Stichwörtern am Textrand heraus.

2. Lege dir eine Tabelle an.
- Liste in der linken Spalte die einzelnen Merkmale und Kennzeichen von Jugendsprache, die in dem Text angeführt werden, auf.
- Schreibe in die rechte Spalte ein oder zwei Beispiele für die jeweiligen Merkmale und Kennzeichen von Jugendsprache.

Kennzeichen und Merkmale von Jugendsprache	Beispiele
...	...

Arbeitsblatt 4

Sich mit Problemen des geschlechtergerechten Sprachgebrauchs auseinandersetzen

Bettina Levecke
Deutsche Sprache = Männersprache?
Vom Versuch einer „Geschlechtsumwandlung"

~~Liebe Leser~~, Liebe Leserinnen und Leser, nach fast dreißig Jahren Gewöhnung ist die gendersensible[1] Sprache heute ~~für jeden~~ selbstverständlich. Doch die konsequente Umsetzung einer geschlechtergerechten Sprache ist schwerer, als ~~man glaubt~~ oft angenommen. Besonders in Verwaltungstexten, Gesetzen und Behördenformularen erscheint ~~dem~~
5 ~~Bürger~~ die sprachliche Gleichbehandlung oft umständlich und kompliziert.

„Männer werden immer richtig eingeordnet, Frauen fast nie, denn in unserer Sprache gilt die Regel: 99 Sängerinnen und 1 Sänger sind zusammen 100 Sänger. Futsch sind die 99 Frauen, nicht mehr auffindbar, verschwunden in der Männerschublade", konstatierte 1990 die Linguistin Luise F. Pusch in ihrem Buch *Alle Menschen werden Schwestern*. Bereits seit
10 Ende der 1970er-Jahre wird in Deutschland über die Notwendigkeit einer nicht-sexistischen[2] Sprache diskutiert. Wurzel allen Übels ist das „generische Maskulinum[3]": Frauen und Männer werden unter der grammatisch männlichen Namensform zusammengefasst. Beispiele: Die Studenten protestieren. Die Parteimitglieder stimmen ab. Die Schülervertreter treffen sich. Frauen sind hier sprachlich inbegriffen, doch laut verschiedener wissen-
15 schaftlicher Studien werden sie effektiv weniger wahrgenommen. „Frauen sprachlich sichtbar machen!" lautete deshalb das Ziel vieler Feministinnen[4] und Linguistinnen[5]. So wurden 1980 die ersten deutschen Richtlinien für einen nicht-sexistischen Sprachgebrauch veröffentlicht. Doch ein Schlag ins Wespennest hätte nicht intensiver sein können. Mit den Richtlinien entbrannten die medialen Debatten: Schreiber/innen beschimpften die
20 Schrägstrich-Verhackstückelungen, Sprachwissenschaftler(innen) fühlten sich so eingeklammert diskriminiert und das Binnen-I, tatsächlich über Jahre erfolgreich, war schließlich nur noch bei den FeministInnen beliebt. Ein Blick zurück zeigt, wie seltsam Sprache mutieren kann, wenn sie neu überdacht werden muss.

„Haben die noch alle Tässinnen im Schränkin?"
25 Diesen Vorwurf musste sich 1994 die Stadt Buchholz von der *Oldenburgischen Volkszeitung* gefallen lassen. Die 34.000 Einwohner zählende Gemeinde hatte beschlossen, ab sofort in allen amtlichen Schriftstücken nur noch die weibliche Form zu verwenden. Herr Bürgermeisterin Joachim Schleif wurde zur Stilblüte der medialen Sprachhysterie. *DIE ZEIT* witzelte über die „Geschlechtsumwandlung" der Sprache, andere sprachen böse von
30 „Vergewaltigung" und „Entmannung". Immer neue, groteske Formulierungen wurden genutzt, um die gendersensible Sprache ins Lächerliche zu ziehen. Zu Versammlungen erschienen nun Mitglieder und Mitgliederinnen, die Grüninnen machten nachhaltige Politik, sogar von Menschinnen, Bürgerinnensteigen, Nichtraucherinnenabteilen, Amtsmänninnen und Erstsemesterinnen war plötzlich die Rede. Man(n) konnte es kaum
35 glauben.

---

[1] gendersensibel: Sprachgebrauch, der die Gleichstellung von Frauen und Männern ausdrückt
[2] nicht sexistisch: Frauen nicht benachteiligend
[3] generisches Maskulinum: Verwendung der männlichen Form für weibliche und männliche Personen
[4] Feministinnen: Frauenrechtlerinnen; Frauen, die sich für die Durchsetzung der Gleichberechtigung der Frauen einsetzen
[5] Linguistinnen: Sprachwissenschaftlerinnen / Sprachforscherinnen

Arbeitsblatt 4

Kreativität ist die Lösung

10 Jahre später hat sich die Situation „Göttin sei Dank" beruhigt. „Gendersensible Sprache ist selbstverständlich geworden", sagt die Sprachwissenschaftlerin Stephanie Thieme von der Gesellschaft für deutsche Sprache e.V. Als Angestellte beim Redaktionsstab des
40 Deutschen Bundestags überprüft sie die sprachlichen und geschlechtergerechten Formulierungen von Gesetzestexten und Verordnungen auf Bundesebene. Doch so sehr sich die Bundestagsreferentinnen und -referenten auch um korrekte Formulierungen bemühen: „Häufig hapert es noch im Detail", so Thieme. Ungeschickt angewendet, werden Texte aus den Bereichen Behörden, Politik und Verwaltung so schnell zur eigenen Karikatur, wie ein
45 Beispiel aus einem Behördenformular zeigt: „Eigenhändige Unterschrift des/der Antragssteller(s)/in oder sein(es)/er bzw. ihr(es)/er gesetzlichen Vertreter(s)/in...". Auch die konstante Nutzung der Paarform/Doppelnennung, wie sie laut Thieme besonders im Saarland gerne verwendet wird, zerstört den Sprachfluss. Hier ein Beispiel aus dem Universitätsgesetz: „Die Universitätspräsidentin/Der Universitätspräsident ist oberste
50 Dienstbehörde und Dienstvorgesetzte/Dienstvorgesetzter für die Beamtinnen und Beamten der Universität und übt die Arbeitgeberbefugnisse für die Angestellten und Arbeiterinnen und Arbeiter der Universität aus. Sie/Er kann diese Befugnisse ganz oder teilweise auf die hauptamtliche Vizepräsidentin/den hauptamtlichen Vizepräsidenten für Verwaltung und Wirtschaftsführung übertragen."

55 Die trockenen Texte aus Verwaltung und Politik genderfreundlich zu gestalten, erfordert flexible Schreibkunst: „Ohne kreative Lösungen wird es schwierig", weiß Sprachwissenschaftlerin Thieme aus ihrem Berufsalltag. Ob Paar-, Pluralformen oder auch die ungeschlechtliche Variante des Neutrums – „die Mischung macht's!" Immerhin dürfen wir uns so auch weiterhin an gendergrotesken[6] Sprachirrungen erfreuen: Ob im Versicherungs-
60 recht, in Vertragsformularen oder Gesetzen – Thieme prophezeit: „Es wird noch einige Jahre dauern, bis eine gute gendergerechte Sprache auch den letzten Text erreicht hat."
(www.goethe.de/lhr/prj/mac/spw/de1728783.htm)

---

[6] gendergrotesk: sonderbarer und merkwürdiger Gebrauch von gendergerechter Sprache

1. Der Text betrachtet ein bestimmtes sprachliches Phänomen. Beschreibe dieses Phänomen und erläutere, welche Probleme damit verbunden sind. Gehe dabei auf folgende Punkte ein:
- Die Linguistin Pusch beschreibt in ihrem Buch das Problem. Erkläre, worin genau das Problem besteht und welche Ursache es nach Pusch hat.
- Was hat die Stadt Buchholz im Jahre 1994 beschlossen und wie waren die Reaktionen darauf?
- Wie sieht die Situation laut der Sprachwissenschaftlerin Thieme heute aus?

2. Fasse zusammen, worin die Schwierigkeiten bestehen, einen geschlechtergerechten Sprachgebrauch umzusetzen.

3. Nimm Stellung dazu, inwieweit deiner Meinung nach die Forderung nach einem geschlechtergerechten Sprachgebrauch berechtigt ist.

Arbeitsblatt 5

Sprachwandel beschreiben und beurteilen

Eike Kühl
Lol-Speak wird offizielles Englisch

Das Oxford English Dictionary, der Wächter der englischen Sprache, hat die im Netz üblichen Abkürzungen Lol und OMG aufgenommen. Sie seien
5 allgemein verständlich.
Das Oxford English Dictionary (OED) bezeichnet sich selbst als „*definitive record oft the English language*", als das Standardwerk also. Es gilt als Wächter
10 der englischen Sprache, nur Wörter und Ausdrücke, die in ihm aufgeführt sind, gelten gemeinhin als offiziell. Und nur Wörter, die sich über Jahre im allgemeinen Sprachgebrauch bewährt haben, werden aufgenommen.

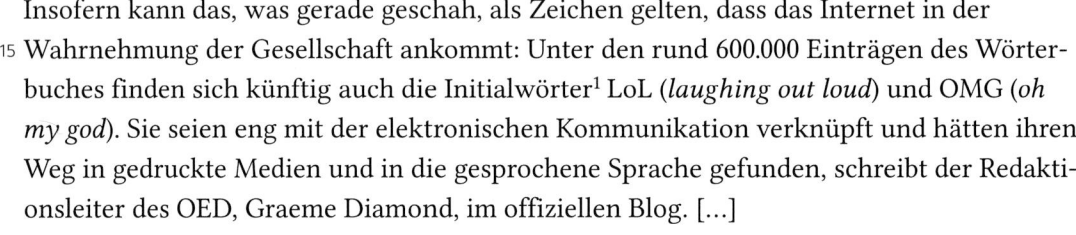

Insofern kann das, was gerade geschah, als Zeichen gelten, dass das Internet in der
15 Wahrnehmung der Gesellschaft ankommt: Unter den rund 600.000 Einträgen des Wörterbuches finden sich künftig auch die Initialwörter[1] LoL (*laughing out loud*) und OMG (*oh my god*). Sie seien eng mit der elektronischen Kommunikation verknüpft und hätten ihren Weg in gedruckte Medien und in die gesprochene Sprache gefunden, schreibt der Redaktionsleiter des OED, Graeme Diamond, im offiziellen Blog. [...]

20 In seiner jetzigen Bedeutung wurde [Lol] zum ersten Mal offiziell im Juni 1990 in einer Newsgroup im Usenet[2] gesichtet. Der Durchbruch gelang dem Ausdruck allerdings erst in den letzten zehn Jahren mit dem Aufstieg von Handys und Chatprogrammen. [...]

Um [im OED] aufgenommen zu werden, muss ein Wort gebräuchlich sein und von der Allgemeinheit verstanden werden. Außerdem muss es schon eine Weile existieren. Die
25 minimale Lebensspanne, die nötig sei, seien ungefähr fünf Jahre, sagte Diamond in einem Interview mit dem Onlinemagazin *Slate*. „Ein Wort sollte schon ein bisschen gelebt haben, bevor wir seine Biografie aufzeichnen."

Und gelebt hat beispielsweise das Lol reichlich. Wer virtuell „lollt", sitzt bekanntlich eher selten laut lachend vor dem Bildschirm. Die Leistung des Begriffs besteht vielmehr darin,
30 dass es uns zusätzliche Ausdrucksmöglichkeiten gibt. Und darin ist es erstaunlich vielseitig. Es erlaubt, sowohl allgemeine Heiterkeit zu vermitteln (lol!) als auch Verwunderung (lol?) oder Ironie (lol ey ...). Und es dient in virtuellen Unterhaltungen gleichzeitig als sogenannte Interjektion, ähnlich einem „hm" oder „ok". [...]

Doch damit nicht genug; Lol hat sich längst von Foren, Chatrooms und Kurznachrichten
35 emanzipiert. Für manche mag es befremdlich wirken, aber der Begriff findet gerade bei Jüngeren inzwischen den Weg in Gespräche, meistens ironisierend[3]. Für einige ist Lol gar Ausdruck einer Gefühlsregung, die sich nur noch umständlich mit anderen Worten beschreiben lässt.

---
[1] Initialwörter: Wörter, die aus den Anfangsbuchstaben mehrerer Wörter gebildet werden
[2] Usenet: weltweites, neben dem World Wide Web eigenständiges, elektronisches Netzwerk
[3] ironisieren: sich über etwas lächerlich machen

Arbeitsblatt 5

Laut sprachwissenschaftlicher Studien nimmt der Gebrauch von Lol in Textnachrichten mit dem Alter ab. Doch die steigende Popularität[4] des Ausdrucks könnte in einigen
40 Jahrzehnten dazu führen, dass er ebenso allgemein gebräuchlich sein wird wie beispielsweise „cool". Auch dieses Wort musste in seiner jetzigen Form erst von allen Gesellschaftsschichten akzeptiert werden. Und auch dieses Wort war kein Zeichen sprachlicher Verrohung, sondern normalen Sprachwandels. [...]

(www.zeit.de/digital/internet/2011-03/oxford-dictionary-lol/komplettansicht; gekürzt)

---

[4] Popularität: Beliebtheit

1. Was ist mit der Überschrift „Lol-Speak wird offizielles Englisch" gemeint?

2. Erkläre, welche Kriterien ein Wort erfüllen muss, um in das OED aufgenommen zu werden.

3. Erkläre, warum das Wort „Lol" die Bedingungen zur Aufnahme ins OED erfüllt.

4. Beschreibe, was die Sprachwissenschaftler in Bezug auf die Verwendung des Wortes „Lol" in der Zukunft für möglich halten.

5. Nimm kurz Stellung dazu, ob „Lol" als offizielles Wort der deutschen Sprache in den Duden aufgenommen werden sollte. Begründe deine Meinung.

Bewertungsbogen 5

Name _____

Bewertungsbogen zur Leistungsüberprüfung/Klassenarbeit

Sprachwandel beschreiben und beurteilen

Inhaltliche Leistungen

Aufgabe 1

		maximale Punktzahl	erreichte Punktzahl
	Du erklärst, was mit der Überschrift „Lol-Speak wird offizielles Englisch" gemeint ist.		
1	– Die Abkürzungen „Lol" und „OMG" werden offiziell in das englische Wörterbuch „Oxford English Dictionary" (OED) aufgenommen. – Damit ist der Ausdruck „Lol" und der mit ihm verbundene Sprachgebrauch als zur englischen Sprache zugehörig anerkannt.	8	
	Gesamtpunktzahl für Aufgabe 1	**8**	

Aufgabe 2

		maximale Punktzahl	erreichte Punktzahl
	Du erklärst, welche Kriterien ein Wort erfüllen muss, um in das OED aufgenommen zu werden.		
1	– Das Wort muss seit einigen Jahren gebräuchlich sein. – Es muss von der Allgemeinheit verstanden werden. – Es muss mindestens fünf Jahre lang existieren.	9	
	Gesamtpunktzahl für Aufgabe 2	**9**	

Aufgabe 3

		maximale Punktzahl	erreichte Punktzahl
	Du erklärst, warum das Wort „Lol" die Bedingungen zur Aufnahme ins OED erfüllt.		
1	– Das Initialwort „Lol" hat seinen Eingang über die digitalen Medien in die alltägliche Sprache gefunden. – „Lol" wurde erstmals 1990 genutzt. Der Durchbruch des Wortes kam durch Zunahme von Handys und Chatprogrammen. – „Lol" ist ein Wort mit vielen Bedeutungen, das unsere Ausdrucksmöglichkeiten vergrößert, und nicht nur eine Abkürzung. – Heute wird „Lol" auch im mündlichen Sprachgebrauch verwendet.	16	
	Gesamtpunktzahl für Aufgabe 3	**16**	

Aufgabe 4

		maximale Punktzahl	erreichte Punktzahl
	Du beschreibst, was Sprachwissenschaftler in Bezug auf die Verwendung des Wortes „Lol" in der Zukunft für möglich halten.		
1	– Seine zunehmende Popularität könnte dazu führen, dass es allgemein gebräuchlich wird. – „Lol" könnte dann wie „cool" ein von allen Gesellschaftsschichten verwendeter und akzeptierter Ausdruck sein.	6	
	Gesamtpunktzahl für Aufgabe 4	**6**	

Bewertungsbogen 5

Aufgabe 5

		maximale Punktzahl	erreichte Punktzahl
	Du nimmst kurz Stellung dazu, ob das Wort „Lol" als offizielles Wort der deutschen Sprache in den Duden aufgenommen werden sollte.		
1	Du legst deinen Standpunkt zu dieser Frage dar und begründest deine Meinung z. B. folgendermaßen: Du bist dagegen, z. B. weil – „Lol" ein Initialwort aus englischen Wörtern ist, – überwiegend Jugendliche das Wort verwenden, – … Du bist dafür, z. B. weil – „Lol" inzwischen allgemein bekannt ist, – das Wort Gefühle u. a. bezeichnet, die sich nur noch umständlich mit deutschen Wörtern ausdrücken lassen, – …	8	
	Gesamtpunktzahl für Aufgabe 3	**8**	
	Gesamtpunktzahl für Aufgabe 1 bis 5	**47**	

Darstellungsleistungen

		maximale Punktzahl	erreichte Punktzahl
1	Deine Rechtschreibung, Zeichensetzung und Grammatik sind fehlerfrei.	10	
2	Du formulierst genau, angemessen und abwechslungsreich. Dabei vermeidest du z. B. Wortwiederholungen und Umgangssprache.	6	
3	Deine Ausführungen sind in sich schlüssig und gedanklich klar gegliedert.	3	
	Gesamtpunktzahl für die Darstellungsleistungen	**19**	
	Gesamtpunktzahl	**66**	

Die Leistungsüberprüfung/Klassenarbeit wird mit der Note

_____ bewertet.

Zuordnung der Punkte zu den Notenstufen

Note	Punkte
sehr gut	66 – 57
gut	56 – 48
befriedigend	47 – 39
ausreichend	38 – 30
mangelhaft	29 – 13
ungenügend	12 – 0

Datum   Unterschrift

© Schöningh Verlag

Arbeitsblatt 6

Sich mit dem Wandel von Jugendsprache auseinandersetzen

Ulrike von Leszczynski
„Gehst du Bus?" Kiezdeutsch gibt's bald ohne Kiez

„Kommst du mit Klo?" oder „Ich war Fußball" – solche Sätze sind an manchen Berliner Schulen Alltag. Eine neue Umgangssprache entsteht, sagen Sprachforscher und glauben: Bald könnten wir alle so reden.

Der neue Sprachtrend bei Jugendlichen klingt noch gewöhnungsbedürftig. „Ich komm mit
5 Fahrradmahrrad" oder „Ich bring Colamola". Das heißt so viel wie: Ich komme mit dem Fahrrad. Und ich bringe dann auch Cola mit, erklärt Heike Wiese, Sprachwissenschaftlerin an der Universität Potsdam.

Die Meinungen über das „Kiezdeutsch" [...], das bei mehrsprachigen Jugendlichen besonders dynamisch und wandlungsfähig ist, gehen aber noch immer weit auseinander. Als
10 Wiese vor zwei Jahren ein Buch veröffentlichte und Sätze wie „Machst du rote Ampel?" nicht verwerflich, sondern eher innovativ fand, kochte die Volksseele hoch. Gelegt haben sich die Anfeindungen immer noch nicht ganz, berichtet sie.

Dabei hat Kiezdeutsch weder in Berlin noch in anderen deutschen Städten automatisch etwas mit Migration zu tun. Das hat jüngst die Berliner Soziolinguistin Diana Marossek in
15 ihrer Doktorarbeit belegt. Sie notierte zum Beispiel, wie oft Teenager mit Deutsch als Muttersprache „zum" oder „beim" wegließen. Ob im tiefbürgerlichen Zehlendorf oder in den Migrantenvierteln Neuköllns – sie fand keine großen Unterschiede. Überall fielen Sätze wie „Kommst du mit Klo?" oder „Ich war Fußball".

Nur von türkischen Klassenkameraden hätten diese Teenager ihr Kiezdeutsch dabei nicht
20 abgekupfert, ist Marossek überzeugt. Denn auch die „Berliner Schnauze[1]" liebe das Verkürzen und Weglassen von Artikeln und Präpositionen. „Auf Schicht sein" kennt aber auch das Ruhrgebiets-Deutsch. Dort sind Grammatikkonstruktionen wie „Tu ma die Mama winken" oder „Meine Oma ihre Tasche" nicht nur ein Fall fürs Kabarett. Für Marossek haben sich damit zwei ähnliche Trends – deutsche Dialektgrammatik und
25 Übernahmen aus der Muttersprache von Migranten – gefunden und verbunden.

„Kiezdeutsch verstärkt, was ohnehin schon da war", sagt auch Forscherin Heike Wiese. Im gesprochenen Deutsch gebe es schon seit Langem den Trend, Artikel und Präpositionen zu verkürzen oder wegzulassen. „Darüber haben sich die Leute schon in den 1930er-Jahren aufgeregt", sagt sie. Gebremst hat das die Entwicklung nicht.

30 Mit Bildung hat es auch nichts zu tun. Haltestellen-Sprache wie „Ich bin jetzt Zoo" brüllen in der U-Bahn und S-Bahn auch Akademiker[2] ungeniert in ihr Handy. Diana Marossek geht davon aus, dass Sätze wie „Gehst du Bus oder bist du mit Auto?" in Zukunft zur ganz normalen Hauptstadtsprache gehören werden.

(www.welt.de/vermischtes/article129589372/Gehst-du-Bus-Kiezdeutsch-gibts-bald-ohne-Kiez.html; gekürzt)

---

[1] Berliner Schnauze: Gemeint ist hier der Dialekt des Deutschen, der in Berlin gesprochen wird.
[2] Akademiker: jemand, der studiert hat

Arbeitsblatt 6

1. Gib an, mit welchen Themen sich der Artikel beschäftigt.

2. Lege dar, welche Trends in der Sprache die Sprachwissenschaftler festgestellt haben.

3. Erkläre, warum die Menschen Kiezdeutsch sprechen.

4. „Ist Kiezdeutsch schlechtes Deutsch?" Nimm kurz Stellung zu dieser Frage. Begründe deine Meinung.

Bewertungsbogen 6

Name _____

Bewertungsbogen zur Leistungsüberprüfung / Klassenarbeit

Sich mit dem Wandel von Jugendsprache auseinandersetzen

Inhaltliche Leistungen

Aufgabe 1			
	Du gibst an, mit welchen Themen sich der Artikel beschäftigt.	maximale Punktzahl	erreichte Punktzahl
1	Themen des Artikels sind: – der Sprachtrend hin zum Kiezdeutsch – Merkmale des Kiezdeutsch – die Gründe für den Sprachwandel hin zum Kiezdeutsch – zukünftige Entwicklungen im alltäglichen Sprachgebrauch – …	8	
	Gesamtpunktzahl für Aufgabe 1	**8**	

Aufgabe 2			
	Du legst dar, welche Trends in der Sprache die Sprachwissenschaftler festgestellt haben.	maximale Punktzahl	erreichte Punktzahl

1	Folgende Trends haben die Sprachwissenschaftler festgestellt:
	– Entstehung einer neuen Umgangssprache, die gekennzeichnet ist durch:
	  a) Weglassen und Verkürzen von Artikeln und Präpositionen
	  b) Übernahmen aus der Muttersprache von Migranten
		10	

	Gesamtpunktzahl für Aufgabe 2	**10**	

Aufgabe 3			
	Du erklärst, warum die Menschen Kiezdeutsch sprechen.	maximale Punktzahl	erreichte Punktzahl
1	Die Gründe für das Sprechen von Kiezdeutsch sind: – Mehrsprachige Jugendliche gehen besonders kreativ mit der Sprache um. – Kiezdeutsch verstärkt Tendenzen, die auch die Deutschen mitbringen. Es verstärkt die Tendenz des Berliner- und Ruhrgebiets-Deutsch, Artikel und Präpositionen wegzulassen oder zu verkürzen. – Kiezdeutsch hat nicht unbedingt immer etwas mit Migration oder Bildung zu tun. Es verbindet die Grammatik deutscher Dialekte mit der Übernahme aus der von Migranten. – Den Trend zur Verkürzung oder Weglassung von Artikeln und Präpositionen gibt es in der deutschen gesprochenen Sprache schon lange. – …	12	
	Gesamtpunktzahl für Aufgabe 3	**12**	

Bewertungsbogen 6

Aufgabe 4

		maximale Punktzahl	erreichte Punktzahl
	Du nimmst kurz Stellung zu der Frage, ob Kiezdeutsch schlechtes Deutsch ist, und begründest deine Meinung.		
1	Du legst deinen Standpunkt zu dieser Frage dar und begründest deine Meinung z. B. folgendermaßen: Du meinst, Kiezdeutsch sei schlechtes Deutsch, z. B. weil – der Satzbau im Kiezdeutsch grammatisch nicht korrekt ist, – viele Wörter des Kiezdeutsch nicht in der normalen Alltagssprache der meisten Menschen verwendet werden, – … Du meinst, Kiezdeutsch sei kein schlechtes Deutsch, z. B. weil – es sich inzwischen in allen Gesellschaftsschichten durchsetzt, – eine Sprache sich nur verändern bzw. den Umständen anpassen, aber sich nicht verschlechtern kann, – …	8	
	Gesamtpunktzahl für Aufgabe 4	8	
	Gesamtpunktzahl für Aufgabe 1 bis 4	38	

Darstellungsleistungen

		maximale Punktzahl	erreichte Punktzahl
1	Deine Rechtschreibung, Zeichensetzung und Grammatik sind fehlerfrei.	10	
2	Du formulierst genau, angemessen und abwechslungsreich. Dabei vermeidest du z. B. Wortwiederholungen und Umgangssprache.	8	
	Gesamtpunktzahl für die Darstellungsleistungen	18	
	Gesamtpunktzahl	56	

Die Leistungsbeurteilung/Klassenarbeit wird mit der Note

_____ bewertet.

Zuordnung der Punkte zu den Notenstufen

Note	Punkte
sehr gut	56 – 49
gut	48 – 41
befriedigend	40 – 33
ausreichend	32 – 25
mangelhaft	24 – 11
ungenügend	10 – 0

Datum   Unterschrift

© Schöningh Verlag

Sich mit Jugendsprache auseinandersetzen (2)

Jobst-Ulrich Brand
Alles Gelaber, oder was?

Egal, ob Hipp-Hopper, Punk, Müsli oder Normalo: Wer zu einer der unzähligen Jugendgruppen gehören will, muss so reden wie die anderen. Nicht nur an ihrer Kleidung und Musik erkennen sich die Gleichgesinnten, sondern auch und vor allem an ihren Jargons.

Damit wollen sich die Jugendlichen in erster Linie vom „guten Deutsch" der Eltern und Lehrer abgrenzen: „Sie distanzieren sich von der Erwachsenenwelt, indem sie gegen deren Sprachnormen verstoßen", sagt die Düsseldorfer Linguistin Eva Neuland. Dabei entwickeln die Kids bemerkenswerte Kreativität: Sie erfinden neue Begriffe (Du motziger Ätzer), übernehmen Wörter aus dem Englischen (Ich bin voll ausgepowert) und setzen deutsche Wörter zu neuartigen Wendungen zusammen (Ich mach mir da jetzt echt keinen Kopf drüber). Angesichts der Wortspielereien ihrer Kinder warnen viele Eltern schnell vor „schlechtem Deutsch" und „Sprachverfall".

Sie vergessen dabei, dass die Sprache nicht festgemauert in der Erde steht, unveränderlich bis ans Ende aller Tage, sondern sich weiterentwickeln muss, um einer sich immer schneller verändernden Welt gerecht zu werden. Für Sprachwissenschaftler ist die Jugendsprache ein wichtiger Motor dieses Sprachwandels.

„Mit Twent-fluid no future für Pickel und Keime": Vor allem die Werbung übernimmt gern die Sprachspiele der Kids – und hat dabei den Marktfaktor Jugend fest im Blick. Wie Pickelkeime verbreiten sich die Trend-Wörter über die Medien und landen schließlich in den Lexika der Standardsprache. Wörter wie „abgefuckt", „affengeil" oder „ätzend" stehen zum Beispiel längst im Duden. Für die Jugendlichen sind sie damit „out", zur Provokation der Alten untauglich, weil sie jetzt selbst ein Teil des „Erwachsenen-Gelabers" sind.

(Stern, Nr. 41, 07.10.1993)

1. Beantworte mithilfe des Textes folgende Fragen:
- Welche Gründe führt der Autor für die Verwendung der Jugendsprache an?
- Welche Kennzeichen und Merkmale besitzt Jugendsprache nach Jobst-Ulrich Brand?
- Wie erklärt der Autor, dass sich die Jugendsprache von Generation zu Generation verändert?

2. Erkläre in deinen Worten, was die folgende Äußerung über die Jugendsprache aussagt:
„Die gesprochene Sprache der Jugendlichen ist eine Katastrophe. Sie besteht vor allem aus Gefühlsausbrüchen wie ‚ächz' oder ‚seufz'. So eine Sprache hat keinen Wert. Sie bedeutet das Ende eines wirklichen Miteinander-Sprechens."

3. Formuliere eine eigene Stellungnahme dazu, ob die Jugendsprache als „Bereicherung" oder als „Sprachverfall" zu bewerten ist. Begründe deine Meinung.

Bewertungsbogen 7

Name _____

Bewertungsbogen zur Leistungsüberprüfung/Klassenarbeit

Sich mit Jugendsprache auseinandersetzen (2)

Inhaltliche Leistungen

Aufgabe 1

	Du hast mithilfe des Textes die Fragen zutreffend beantwortet. Dabei hast du folgende Punkte angeführt.	maximale Punktzahl	erreichte Punktzahl
1	Der Autor nennt folgende Gründe für die Verwendung von Jugendsprache: – Jugendliche möchten zu einer bestimmten Jugendgruppe gehören und müssen deshalb so reden wie die anderen Mitglieder dieser Gruppe. – Mithilfe der Jugendsprache grenzen sich Jugendliche gegenüber den Erwachsenen ab: „Sie distanzieren sich von der Erwachsenenwelt, indem sie gegen deren Sprachnormen verstoßen" (Z. 9 f.). – Die Jugendlichen möchten mit diesen Normverstößen die Erwachsenen auch provozieren (vgl. Z. 34 ff.).	9	
2	Jugendsprache besitzt nach Jobst-Ulrich Brand folgende Kennzeichen und Merkmale: – kreativer Umgang der Jugendlichen mit der Sprache – Erfindung neuer Begriffe – Übernahme von Wörtern aus dem Englischen – Zusammensetzungen deutscher Wörter zu neuartigen Wendungen – Jugendsprache stellt keinen Sprachverfall dar, sondern ist kreativ und ein Motor notwendiger Weiterentwicklung und Veränderung der Sprache. – ...	10	
3	Der Autor erklärt den ständigen Wandel der Jugendsprache folgendermaßen: – „Vor allem die Werbung übernimmt [...] die Sprachspiele" (Z. 28 f.) der Jugendlichen. – Über die Medien verbreiten sich die „Trend-Wörter" (Z. 31) und werden langsam von allen Bevölkerungsgruppen in den alltäglichen Sprachgebrauch übernommen. – Schließlich werden die jugendsprachlichen Ausdrücke Teil der Sprache der Erwachsenen und erhalten Aufnahme in die „Lexika der Standardsprache" (Z. 32). – Dies führt dazu, dass diese Ausdrücke nicht mehr von den Jugendlichen benutzt werden, da sie sich damit nicht mehr von den Erwachsenen abgrenzen und distanzieren können. Auch taugen diese Ausdrücke dann nicht mehr zur „Provokation der Alten" (Z. 35 f.). – So erfinden die Jugendlichen neue Ausdrücke, um sich von den Erwachsenen abgrenzen zu können.	12	
	Gesamtpunktzahl für Aufgabe 1	**31**	

Bewertungsbogen 7

Aufgabe 2

		maximale Punktzahl	erreichte Punktzahl
	Du hast das Zitat des Erwachsenen über die Jugendsprache mit deinen Worten erklärt.		
1	Du hast z. B. folgende Erklärung formuliert: – Der Erwachsene kritisiert die Jugendsprache. Für ihn stellt sie einen Sprachverfall dar. Die Ausdrücke der Jugendsprache sind für ihn nur Geräusche wie z. B. Stöhnen oder Seufzen. Ein wirkliches Gespräch lässt sich so nicht mehr führen.	6	
	Gesamtpunktzahl für Aufgabe 2	6	

Aufgabe 3

		maximale Punktzahl	erreichte Punktzahl
	Du hast eine eigene Stellungnahme zu der Frage, ob die Jugendsprache als „Bereicherung" oder „Sprachverfall" zu bewerten ist, formuliert. Dabei hast du deine Meinung begründet.		
1	Du hast deinen Standpunkt zu der Frage dargelegt und ihn z. B. mit folgenden Argumenten begründet: Die Jugendsprache ist als Bereicherung zu bewerten, weil – sie die deutsche Sprache ständig um neue Ausdrücke erweitert, – sie ein kreativer, die Sprache ständig modernisierender Prozess ist, – sie Jugendlichen eigene Ausdrucksformen, die sie von den Erwachsenen unterscheiden, ermöglicht, – … Die Jugendsprache ist als Sprachverfall zu bewerten, weil – sie zu einem großen Teil aus Schimpfwörtern, Gefühlsausdrücken und Kraftausdrücken besteht, – sich mit ihr viele Sachverhalte weniger genau als mit der Hochsprache ausdrücken lassen, – sie oft viele Normen der deutschen Grammatik verletzt, – …	10	
	Gesamtpunktzahl für Aufgabe 3	10	
	Gesamtpunktzahl für Aufgabe 1 bis 3	47	

Darstellungsleistungen

		maximale Punktzahl	erreichte Punktzahl
1	Deine Rechtschreibung, Zeichensetzung und Grammatik sind fehlerfrei.	10	
2	Du formulierst genau, angemessen und abwechslungsreich. Dabei vermeidest du z. B. Wortwiederholungen und Umgangssprache.	6	
3	Deine Ausführungen sind in sich schlüssig und gedanklich klar gegliedert.	3	
	Gesamtpunktzahl für die Darstellungsleistungen	19	
	Gesamtpunktzahl	66	

Bewertungsbogen 7

Die Leistungsüberprüfung/Klassenarbeit wird mit der Note

                                         bewertet.

_____

Datum   Unterschrift

Zuordnung der Punkte zu den Notenstufen

Note	Punkte
sehr gut	66 – 57
gut	56 – 48
befriedigend	47 – 39
ausreichend	38 – 30
mangelhaft	29 – 13
ungenügend	12 – 0

© Schöningh Verlag

Reine Tatsachen – Protokolle verfassen
(Schülerbuch, S. 228–237)

Zusatz- und Differenzierungsmaterial, Leistungsüberprüfungen/Klassenarbeiten, Bewertungsbogen

Arbeitsblatt 1: Einen Stichwortzettel anlegen (SB, S. 229–235)

Arbeitsblatt 2: Protokolle vergleichen und ein Protokoll anfertigen (SB, S. 229–235)

Arbeitsblatt 3: Ein Protokoll zu einer Deutschstunde schreiben (SB, S. 229–235)
Bewertungsbogen 3 zur Leistungsüberprüfung/Klassenarbeit (AB 3)

Arbeitsblatt 4: Ein Protokoll zu einer Politikstunde schreiben (SB, S. 229–235)
Bewertungsbogen 4 zur Leistungsüberprüfung/Klassenarbeit (AB 4)

Arbeitsblatt 5: Ein Ergebnisprotokoll schreiben (SB, S. 229–235)
Bewertungsbogen 5 zur Leistungsüberprüfung/Klassenarbeit (AB 5)

Arbeitsblatt 1

Einen Stichwortzettel anlegen

Bevor du ein Protokoll z. B. über eine Unterrichtsstunde, einen Vortrag oder eine Fernsehsendung schreibst, musst du dir in Stichworten die wichtigsten Informationen festhalten. Ein Schüler hat sich zu einem Referat über Wolfgang Borchert folgende Stichworte gemacht:

<u>Wolfgang Borchert</u> – (Ein Dichterporträt)

- **Trümmerliteratur**/Kahlschlagliteratur → Leid, **Tod**, Neuanfang, **Hoffnung**
- viele Texte in Schulbüchern (Kurzgeschichten)
- <u>20.05.1921 geb.</u> – Hamburg, **Vater** Volksschullehrer, zurückhaltend gegenüber Wolfgang – **Mutter** Heimatschriftstellerin, künstlerisch interessiert
- Borcherts Kindheit? Wenig bekannt
- <u>1928</u> Volksschule
- <u>1932</u> Oberrealschule, verlässt Schule mit 17 Jahren
- zunächst Buchhändler → Lehre ohne Abschluss (1940) – und Schauspieler (ab 1939)
- mit 17 Jahren erste Gedichte → Verhaftung 1940 durch Geheime Staatspolizei ???
- <u>ab 1941</u> Wehrdienst → Feldpostbriefe (Sinnlosigkeit des Krieges angeprangert) → Verurteilung zum Tod → „Begnadigung" → „Bewährung" an der Front → weitere Anschuldigungen wegen „Wehrkraftzersetzung"
- <u>1942</u> Krankheit, Verwundung → Rückkehr nach Hamburg → wieder Verhaftung (Berlin)
- <u>ab 1945</u> schwer krank in Hamburg
- von <u>1940 bis 1945</u> Gedichte
- nach Kriegsende: berühmte Kurzgeschichten → zerstörte Menschen, zerstörte Landschaften, aber auch Hoffnung!
- Theaterstück (Hörspiel) „Draußen vor der Tür" → Anklage gegen die Sinnlosigkeit des Krieges → Parallelen zu seinem eigenen Schicksal ???
- <u>20.11.1947</u> Tod in Hamburg, Folge der Erkrankungen und Verwundungen, sehr sensibler Mensch → zerbrochen am Krieg (!)

1. Wie ist der Schüler vorgegangen? Erklärt, wie er versucht hat, das Problem zu lösen, in kurzer Zeit viele Informationen festhalten zu müssen.

2. Wählt eine Informationssendung im Fernsehen aus und legt euch wie der Schüler einen Stichwortzettel an. Informiert anschließend eure Mitschülerinnen und Mitschüler über die Sendung.

Arbeitsblatt 2

Protokolle vergleichen und ein Protokoll anfertigen

1. Vergleicht die folgenden Auszüge aus zwei Protokollen zu einer Deutschstunde miteinander. Welche Gemeinsamkeiten und Unterschiede könnt ihr feststellen?

Protokoll der Stunde vom 14.03.20..

Ort:	Anne-Frank-Schule Köln
Zeit:	7.50–8.35 Uhr
Anwesende:	Klasse 8d, Frau Stein
Abwesend:	Maja Wetter
Protokollant:	Lea Kühne
Thema der Stunde:	Wolfgang Borchert: „Nachts schlafen die Ratten doch"

Zu Beginn der Stunde liest Frau Stein die Kurzgeschichte „Nachts schlafen die Ratten doch" vor, und die Schülerinnen und Schüler sollen ihre Eindrücke wiedergeben. Einige meinen, dass die Geschichte sehr trostlos wirke, andere finden jedoch auch, dass etwas Hoffnung darin stecke. Jonas meint, dass der Textanfang und das Ende sehr auffällig seien.

Im weiteren Verlauf lesen alle den Text im Deutschbuch durch, und in Gruppen versuchen die Schüler anschließend, ihn zu gliedern. Dabei kommen verschiedene Vorschläge heraus.

Eine Gruppe schlägt vor, den Text in vier Abschnitte zu untergliedern:

1. Textbeginn
2. Das Gespräch zwischen dem Mann und dem Jungen bis zu seiner Aussage „Nachts schlafen die Ratten doch"
3. Der weitere Gesprächsverlauf
4. Die Beschreibung der Umgebung am Schluss

Eine andere Gruppe schlägt vor, den Dialog zwischen dem Mann und dem Jungen stärker zu untergliedern. Im Klassengespräch einigen sich die Schüler schließlich zunächst auf folgende grobe Unterteilung, die an der Tafel festgehalten wird:

Z. 1–15:	Kennzeichnung der trostlosen Umgebung
Z. 16–129:	Der Dialog zwischen dem Jungen und dem Mann
Z. 130–137:	Die veränderte Situation am Schluss

Eine genauere Untersuchung des Gesprächsaufbaus soll in der nächsten Stunde erfolgen.

Danach geht es um einen Vergleich des Textanfangs und Schlusses. In einer Tabelle werden die sprachlichen Auffälligkeiten gegenübergestellt. Maike weist vor allem auf die vielen Sprachbilder hin …

Köln, den 14.03.20..   *Lea Kühne*

Arbeitsblatt 2

Protokoll der Stunde vom 14.03.20..

Ort:	Anne-Frank-Schule Köln
Zeit:	7.50–8.35 Uhr
Anwesende:	Klasse 8d, Frau Stein
Abwesend:	Maja Wetter
Protokollant:	Michael Wein
Thema der Stunde:	Wolfgang Borchert: „Nachts schlafen die Ratten doch"

1. Zunächst wurde die Kurzgeschichte vorgelesen und die Schülerinnen und Schüler äußerten sich zu ihren ersten Eindrücken.
   Genannt wurde u. a.:
   – die sehr traurige Stimmung am Anfang,
   – die Notlage des Jungen,
   – die veränderte Situation am Schluss,
   – die Hilfsbereitschaft des Mannes.

2. Im weiteren Verlauf der Stunde wurde der Text in Gruppenarbeit gegliedert. Dabei wurden verschiedene Vorschläge gemacht.
   Schließlich einigte sich die Klasse auf diese Gliederung:

Z. 1–15:	Kennzeichnung der trostlosen Umgebung
Z. 16–129:	Der Dialog zwischen dem Jungen und dem Mann
Z. 130–137:	Die veränderte Situation am Schluss

3. Danach wurden der Textbeginn und das Textende miteinander verglichen. Im Einzelnen wurden folgende Aspekte genannt:

Textbeginn	Textende
...	...

4. ...

Köln, den 14.03.20..   *Michael Wein*

---

2. Verfasst zu einer eurer Deutschstunden ein Protokoll nach einem der Muster.

Arbeitsblatt 3

Ein Protokoll zu einer Deutschstunde schreiben

Die 22 Schüler der Klasse 9b der Anne-Frank-Schule in Köln haben mit ihrer Deutschlehrerin Frau Borgmeier das Jugendbuch „Der gelbe Vogel" von Myron Levoy gelesen.
Am 06.05.20.. findet in der ersten Stunde (8.00–8.45 Uhr) folgendes Gespräch statt:

Naomi, ein 12-jähriges jüdisches Mädchen, ist mit seiner Mutter aus Frankreich nach New York geflohen; den Vater haben die Deutschen getötet. Dieses Erlebnis hat Naomi tief verstört. Nun wird Alan gebeten, sich ein wenig um sie zu kümmern. Der sportbegeisterte Junge übernimmt nur widerwillig die Aufgabe. Aber allmählich gelingt es ihm, Zugang zu Naomi zu finden, ihr Schweigen zu lösen und eine Beziehung zu ihr aufzubauen. Doch dieser Heilungsprozess wird durch ein schwerwiegendes Ereignis infrage gestellt ...

FRAU BORGMEIER: In der heutigen Stunde wollen wir die Lektüre abschließen. Einige von euch waren ja mit der Wahl der Erzählung „Der gelbe Vogel" nicht ganz einverstanden. Deshalb wollen wir heute abschließend eine kritische Gesamtbeurteilung versuchen.

5 LILI: Ich finde das Buch sehr spannend. Es hat mich auch wirklich sehr berührt. Als zum Beispiel die beiden gemeinsam ihre Hausaufgaben machen und Alan nicht oft genug lesen kann, was Naomi über ihn geschrieben hat ...

ALEX: Ja, da verlieben die beiden sich doch ... und das wird so richtig schön beschrieben ...

10 PAUL: Aber eigentlich doch nur angedeutet!

YASHA: Die Erzählung ist aber nicht nur ein Liebesroman, es geht ja auch noch um die Freundschaft der beiden Jungen, und die geht durch Naomi fast in die Brüche.

ERIK: ... aber ich finde, das ist alles sehr glaubwürdig dargestellt, keine billige Effekthascherei!

15 ARIAN: ... und die Beziehung zu den Erwachsenen nicht zu vergessen. Ich finde, da hat Alan ein tolles Verhältnis zu seinen Eltern. Überhaupt, den finde ich sehr sympathisch.

LARS: Aber das wirkt auf mich doch etwas übertrieben. Ein solches Durchhaltevermögen für einen Zwölfjährigen? Und eine solche Einsicht?

20 DENISE: Das finde ich auch. Sein Verständnis ist mir ein bisschen zu perfekt.

LARS: Ich finde überhaupt: Manche Personen sind ganz schön in Schwarz-Weiß-Manier gekennzeichnet. Alan, der Edelmütige, und Condello, der Bösartige, ...

KAYA: Klar, das sind doch alles Romanfiguren; die muss man schon deutlich kennzeichnen ...

25 LEA: Und dann ist Alan 12 und wir sind 14 oder 15 Jahre alt. Ist das denn noch was für uns?

Arbeitsblatt 3

LILI: Also, das hat doch nichts mit dem Alter zu tun. Diese Erzählung ist auch etwas für Erwachsene. Es kommt doch darauf an, dass die Sache glaubwürdig dargestellt wird. Und außerdem: Es kommt immer darauf an, was man daraus macht.

30 DARIAH: Man kriegt ja auch noch eine Menge Informationen über die Zeit mit: Nationalsozialismus, Zweiter Weltkrieg, Gestapo, Judenverfolgung. Das ist alles sehr wichtig ...

FRAU BORGMEIER: Ich denke, wir haben uns über die wichtigsten Argumente ausgetauscht. Die Stunde geht auch zu Ende. Als Hausaufgabe sollte jeder eine Stellung-
35 nahme zu der Frage, ob man das Jugendbuch „Der Gelbe Vogel" im Unterricht lesen sollte, schreiben.

1 Schreibe ein Ergebnisprotokoll zu dieser Unterrichtsstunde.

Bewertungsbogen 3

Name _____

Bewertungsbogen zur Leistungsüberprüfung/Klassenarbeit

Ein Protokoll zu einer Deutschstunde schreiben

Inhaltliche Leistungen

Aufgabe

	Du hast zu der Deutschstunde ein Ergebnisprotokoll verfasst.	maximale Punktzahl	erreichte Punktzahl
1	Dabei hast du alle notwendigen Angaben im Kopf des Protokolls gemacht: – Protokoll der Deutschstunde vom 06.05.20.. (= Angabe des Anlasses) – Datum: 06.05.20.. – Zeit: 8.00–8.45 Uhr – Ort: Anne-Frank-Schule Köln, Klassenraum der 9b – Teilnehmer: 22 Schüler der Klasse 9b – Leitung: Frau Borgmeier (Deutschlehrerin) – Protokollant/in: Lilli Celik (oder anderer Name)	14	
2	Du hast das Thema der Deutschstunde zutreffend unter dem Kopf angegeben, z. B.: – Gesamtbeurteilung der Lektüre des Jugendbuches „Der gelbe Vogel" von Myron Levoy – Lektüre des Jugendbuches „Der gelbe Vogel" im Unterricht – Pro oder Kontra? – oder Ähnliches	4	
3	Du hast dann die Ergebnisse der Stunde zusammengefasst dargestellt, z. B. in folgender Form: In der abschließenden Gesamtbeurteilung wurden folgende Aspekte genannt: Pro: – Das Buch ist spannend und berührt den Leser. – Das Verlieben der beiden Hauptfiguren wird schön beschrieben. – Die Darstellung der Freundschaft der beiden Jungen und der Gefährdung dieser Freundschaft durch Naomi ist glaubwürdig. – Die Hauptfigur Alan ist sehr sympathisch. – Das Verhältnis zwischen Alan und seinen Eltern ist interessant. – Die Erzählung ist unabhängig vom Alter der Hauptfiguren für Leser jeden Alters interessant. – Der Leser erhält viele Informationen über die Zeit des Nationalsozialismus, den Zweiten Weltkrieg, die Gestapo und die Judenverfolgung. Kontra: – Alans Charakter, z. B. sein Durchhaltevermögen und seine Einsicht, passt nicht zu einem 12-Jährigen. – Die Figur wirkt übertrieben und unrealistisch. – Die Romanfiguren sind in Schwarz-Weiß-Manier charakterisiert. – Das Alter der Hauptfiguren passt nicht zum Alter einer neunten Klasse.	12 8	
4	Du hast die Hausaufgabe abschließend ausgeführt.	4	
5	Am Ende hast du den Ort und das Datum angegeben und das Protokoll unterschrieben.	3	
	Gesamtpunktzahl für die inhaltlichen Leistungen	**45**	

Bewertungsbogen 3

Darstellungsleistungen

		maximale Punktzahl	erreichte Punktzahl
1	Die äußere Form deines Ergebnisprotokolls ist übersichtlich gegliedert und angemessen.	8	
2	Du baust dein Ergebnisprotokoll sinnvoll auf.	4	
3	Du drückst dich genau, sachlich und verständlich aus.	8	
4	Deine Rechtschreibung, Zeichensetzung und Grammatik sind fehlerfrei.	8	
5	Du hast bei der Darstellung der Ergebnisse das Präsens verwendet.	2	
	Gesamtpunktzahl für die Darstellungsleistungen	**30**	
	Gesamtpunktzahl	**75**	

Die Leistungsüberprüfung/Klassenarbeit wird mit der Note

_____ bewertet.

_____
Datum   Unterschrift

Zuordnung der Punkte zu den Notenstufen	
Note	Punkte
sehr gut	75–65
gut	64–55
befriedigend	54–44
ausreichend	43–34
mangelhaft	33–14
ungenügend	13–0

© Schöningh Verlag

Arbeitsblatt 4

Ein Protokoll zu einer Politikstunde schreiben

Die 24 Schülerinnen und Schüler der Klasse 9b der Felix-Fechenbach-Schule in Düsseldorf besprechen mit ihrem Politiklehrer Herrn Berger gerade das Thema „Werden Mädchen in der Schule bevorzugt?". Am 16.05.20.. findet in der zweiten Stunde (8.45–9.30 Uhr) folgendes Gespräch statt:

HERR BERGER: Wir werden die nächsten Stunden die Frage klären, ob Mädchen in der Schule bevorzugt werden. Der erste Schritt ist, dass wir die Frage aufgrund eurer Erfahrungen diskutieren. Denkt ihr selbst, dass dies so ist?

PAUL: Dazu kann ich etwas sagen. Mädchen werden oft viel netter von den Lehrern behandelt.

SARA: Das kannst du so allgemein nicht behaupten. Es hängt immer von der Situation ab.

KEVIN: Mädchen können oft viel schöner schreiben und ihre Hefte sehen besser aus. Das wollen die Lehrer doch sehen. Bestimmt beeindruckt die so etwas. Und dann achten sie vielleicht gar nicht mehr darauf, was im Heft steht.

PAUL: Deshalb müssen sich Jungen auch manchmal viel mehr anstrengen als die Mädchen.

MAIA: Jungen dürfen sich aber auch manchmal viel mehr herausnehmen. Ich will mich gar nicht beschweren, aber im Sportunterricht können die Jungen sich viel besser durchsetzen, wenn es zum Beispiel darum geht, welches Thema wir gerade behandeln wollen.

ANKE: Ich mag irgendwie gar nicht daran denken, dass wir schon wieder Fußball spielen sollen.

KEVIN: Das darf doch nicht wahr sein! Den ganzen letzten Monat mussten wir tanzen. Wer hat sich denn da durchgesetzt?

THOMAS: Was ist denn daran so schlimm? Ich habe das ganz gern gemacht. Tanzen finde ich richtig gut.

HERR BERGER: Ich denke, wir haben erst einmal genügend diskutiert. Als Hausaufgabe sollte jeder im Internet zu der Frage, ob Mädchen in der Schule bevorzugt werden, recherchieren.

1 Schreibe ein Ergebnisprotokoll zu dieser Unterrichtsstunde.

Bewertungsbogen 4

Name _____

Bewertungsbogen zur Leistungsüberprüfung/Klassenarbeit

Ein Protokoll zu einer Politikstunde schreiben

Inhaltliche Leistungen

Aufgabe 1

	Du hast zu der Politikstunde ein Ergebnisprotokoll verfasst.	maximale Punktzahl	erreichte Punktzahl
1	Dabei hast du alle notwendigen Angaben im Kopf des Protokolls gemacht: – Protokoll der Politikstunde vom 16.05.20.. (= Angabe des Anlasses) – Datum: 16.05.20.. – Zeit: 8.45–9.30 Uhr – Ort: Felix-Fechenbach-Schule Düsseldorf, Klassenraum der 9b – Teilnehmer: 24 Schüler der Klasse 9b – Leitung: Herr Berger (Politiklehrer) – Protokollant/in: Henrik Tindler (oder anderer Name)	7	
2	Du hast das Thema der Politikstunde zutreffend unter dem Kopf angegeben, z. B.: – Diskussion der Frage, ob Mädchen in der Schule bevorzugt werden – oder Ähnliches	4	
3	Du hast dann die Ergebnisse der Diskussion zusammengefasst dargestellt, z. B. in folgender Form: In der Diskussion der Frage, ob Mädchen in der Schule bevorzugt werden, wurden folgende Aspekte genannt: Pro: – Mädchen werden von den Lehrern netter behandelt. – Mädchen können oft schöner schreiben und führen ihre Hefte besser. Deshalb erhalten sie unabhängig vom Inhaltlichen bessere Noten als die Jungen. – … Kontra: – Mädchen werden nicht immer netter von den Lehrern behandelt, sondern dies hängt von der jeweiligen Situation ab. – Jungen dürfen sich oft mehr herausnehmen. – Auch bestimmen Jungen öfters im Sportunterricht die Themen wie z. B. Fußball spielen. – …	6 6	
4	Du hast die Hausaufgabe abschließend ausgeführt.	4	
5	Am Ende hast du den Ort und das Datum angegeben und das Protokoll unterschrieben.	3	
	Gesamtpunktzahl für die inhaltlichen Leistungen	**30**	

Bewertungsbogen 4

Darstellungsleistungen

		maximale Punktzahl	erreichte Punktzahl
1	Die äußere Form deines Ergebnisprotokolls ist übersichtlich gegliedert und angemessen.	4	
2	Du baust dein Ergebnisprotokoll sinnvoll auf.	2	
3	Du drückst dich genau, sachlich und verständlich aus.	3	
4	Deine Rechtschreibung, Zeichensetzung und Grammatik sind fehlerfrei.	6	
5	Du hast bei der Darstellung der Ergebnisse das Präsens verwendet.	2	
	Gesamtpunktzahl für die Darstellungsleistungen	17	
	Gesamtpunktzahl	47	

Die Leistungsüberprüfung/Klassenarbeit wird mit der Note

_____ bewertet.

Zuordnung der Punkte zu den Notenstufen

Note	Punkte
sehr gut	47 – 41
gut	40 – 34
befriedigend	33 – 28
ausreichend	27 – 21
mangelhaft	20 – 9
ungenügend	8 – 0

Datum   Unterschrift

Arbeitsblatt 5

Ein Ergebnisprotokoll schreiben

Julia Frank ist leicht erkältet und kann deshalb nicht am Sportunterricht teilnehmen. Die Klasse diskutiert am Anfang der Sportstunde darüber, welches Thema sie als Nächstes behandeln möchten. Julia hat die Aufgabe bekommen, diese Diskussion zu protokollieren. Folgendes Protokoll hat sie dazu während der Sportstunde angefertigt:

Sport bei Herrn Müller (Lichtenberg-Schule Hannover)

15.04.20..   3. Std. (9.25–10.20 Uhr)   anwesend alle 25 Schüler der 9c

Es geht am Anfang der Stunde darum, dass geklärt wird, welches Thema als Nächstes behandelt wird. Herr Müller schlägt der Klasse vor, sich mit verschiedenen Formen des Tanzens zu beschäftigen.

5 Lars lehnte dies sofort ab, weil er überhaupt nicht musikalisch sei, und behauptete, er werde sich dabei die Beine verrenken. Paula erwiderte darauf, dass man mit einfachen Tanzübungen anfangen und sich dann langsam steigern könne. Weiter wies Anna darauf hin, dass Tanzen eine echte Sportart und auch sehr gesund sei. Lars meinte dagegen, dass es im Sportunterricht sinnvoll sei, sich mit Sportarten wie Baseball, die jeder in seiner
10 Freizeit spielen kann, zu beschäftigen. Auch Paul und Mike meinten dazu, dass Mannschaftssportarten außerdem mehr für die Klassengemeinschaft brächten. Dagegen gaben Anna und Zoe zu bedenken, dass es auch ein tolles Gemeinschaftserlebnis sei, wenn die ganze Klasse zusammen eine Tanzperformance einübte. Dem stimmten auch Paula und Karla zu.
15 Herr Müller stellte fest, dass es hier offensichtlich verschiedene Interessen aufseiten der Jungen und der Mädchen gebe. Die Mädchen hätten Lust, eine Unterrichtseinheit Tanzen durchzuführen, während die Jungen wohl lieber ein Mannschaftsballspiel als nächstes Thema hätten. Da das letzte Thema Fußball auf Wunsch vieler Jungen durchgeführt worden sei, schlug Herr Müller vor, dass in den nächsten vier Stunden eine Einführung
20 zum Thema Tanz erfolge. Dann könne man gemeinsam noch einmal diskutieren, ob man das Thema Tanz weiter fortführe. Über seinen Vorschlag ließ Herr Müller dann abstimmen. Bis auf Lars und Paul waren alle dafür, so vorzugehen.

1 Schreibe auf der Grundlage des Protokolls von Julia ein Ergebnisprotokoll.

Bewertungsbogen 5

Name _____

Bewertungsbogen zur Leistungsüberprüfung/Klassenarbeit

Ein Ergebnisprotokoll schreiben

Inhaltliche Leistungen

	Aufgabe	maximale Punktzahl	erreichte Punktzahl
	Du hast zu der Sportstunde ein Ergebnisprotokoll verfasst.		
1	Dabei hast du alle notwendigen Angaben im Kopf des Protokolls gemacht: – Protokoll der Sportstunde vom 15.04.20.. (= Angabe des Anlasses) – Datum: 15.04.20.. – Zeit: 9.25–10.20 Uhr – Ort: Lichtenberg-Schule Hannover, Sporthalle – Teilnehmer: 25 Schüler der Klasse 9c – Leitung: Herr Müller (Sportlehrer) – Protokollantin: Julia Frank	7	
2	Du hast das Thema der Sportstunde zutreffend unter dem Kopf angegeben, z. B.: – Diskussion der Frage, ob man als Nächstes das Thema Tanz im Sportunterricht behandeln sollte – oder Ähnliches	4	
3	Du hast dann die Ergebnisse der Diskussion zusammengefasst dargestellt, z. B. in folgender Form: In der Diskussion der Frage, ob man als Nächstes das Thema Tanz im Sportunterricht behandeln sollte, wurden folgende Aspekte genannt: Pro: – Beginn mit einfachen Tanzübungen und dann Steigerung der Übungen, damit alle mitmachen können – Tanzen ist eine Sportart wie jede andere und sehr gesund. – Die Einübung einer Tanzperformance mit der ganzen Klasse ist ein tolles Gemeinschaftserlebnis. – … Kontra: – Einige Schüler sind zu unmusikalisch und ungelenkig dafür. – Im Sportunterricht sollten vor allem bekannte Freizeitsportarten wie Baseball eingeübt werden. – Mannschaftssportarten fördern die Klassengemeinschaft viel mehr. – …	6 6	

Bewertungsbogen 5

4	Du hast das Ergebnis der Diskussion dargelegt, z. B. in folgender Weise: Zusammenfassung der Diskussion von Herrn Müller: Hinweis von Herrn Müller auf die Ablehnung des Themas Tanz durch die Jungen bzw. den Wunsch der Mädchen, Tanz zu behandeln Vorschlag von Herrn Müller zur Abstimmung: Behandlung des Themas Tanz in den nächsten vier Stunden und danach nochmalige Diskussion darüber Abstimmung über den Vorschlag: Annahme mit 23 Ja- und 2 Nein-Stimmen	7	
5	Am Ende hast du den Ort und das Datum angegeben und das Protokoll unterschrieben.	3	
	Gesamtpunktzahl für die inhaltlichen Leistungen	**33**	

Darstellungsleistungen

		maximale Punktzahl	erreichte Punktzahl
1	Die äußere Form deines Ergebnisprotokolls ist übersichtlich gegliedert und angemessen.	4	
2	Du baust dein Ergebnisprotokoll sinnvoll auf.	2	
3	Du drückst dich genau, sachlich und verständlich aus.	3	
4	Deine Rechtschreibung, Zeichensetzung und Grammatik sind fehlerfrei.	6	
5	Du hast bei der Darstellung der Ergebnisse das Präsens verwendet.	2	
	Gesamtpunktzahl für die Darstellungsleistungen	**17**	
	Gesamtpunktzahl	**50**	

Die Leistungsüberprüfung/Klassenarbeit wird mit der Note

_____ bewertet.

Zuordnung der Punkte zu den Notenstufen

Note	Punkte
sehr gut	50 – 44
gut	43 – 37
befriedigend	36 – 30
ausreichend	29 – 23
mangelhaft	22 – 10
ungenügend	9 – 0

Datum   Unterschrift

© Schöningh Verlag

Tipps für die Rechtschreibung – Richtig zu schreiben kann man lernen! (Schülerbuch, S. 238–261)

Zusatz- und Differenzierungsmaterial, Lernerfolgskontrollen, Lösungsbogen

Arbeitsblatt 1: Einfache Verfahren wie „Ableiten" oder „Wortverwandte suchen" anwenden (SB, S. 240–241)

Arbeitsblatt 2: Die Wörter „das" und „dass" richtig schreiben (1) (SB, S. 251–254)

Arbeitsblatt 3: Fremdwörter richtig schreiben (1) (SB, S. 255–259)

Arbeitsblatt 4: Fremdwörter richtig schreiben (2) (SB, S. 255–259)

Arbeitsblatt 5: Fachwörter für rhetorische Mittel richtig schreiben (SB, S. 257–258)

Arbeitsblatt 6: Rechtschreibtipps anwenden (SB, S. 240–241 und S. 244–250)
Lösungsbogen 6 zur Lernerfolgskontrolle (AB 6)

Arbeitsblatt 7: Die Wörter „das" und „dass" richtig schreiben (2) (SB, S. 251–254)
Lösungsbogen 7 zur Lernerfolgskontrolle (AB 7)

Arbeitsblatt 8: Einzelne Rechtschreibbereiche überprüfen (SB, S. 249–254 und S. 257–258)
Lösungsbogen 8 zur Lernerfolgskontrolle (AB 8)

Einfache Verfahren wie „Ableiten" oder „Wortverwandte suchen" anwenden

Können Schwertwale Nachrichten übermitteln?

Etwa dreißig Jahre ist es her, dass der erste Schwertwal in Gefangenschaft geriet und sich als sanftmütiger Menschenfreund erwies. Die Rätsel der Walsprachen konnten bisher allerdings noch nicht
5 gelöst werden.

Dennoch ist es ungewöhnlich, wie die Todfeinde und Vettern der Delfine, die Schwertwale, die auch Mörder- und Killerwale genannt werden, Nachrichten übermitteln.

10 Schwertwale sind für ihre gnadenlos anmutende Jagd auf Beutetiere aller Art berüchtigt, aber sie töten nicht aus Mordlust: Ihr Energieverbrauch ist so groß, dass sie an einem Fastentag bis zu fünf Zentner abnehmen. Nur unersättlicher Hunger hat sie also zu den von allen Wasserkreaturen gefürchteten „Killern" gemacht. Außerdem sind sie keine Mörder, denn sie töten nur anderes Getier, aber nie ihresgleichen. Schwert-
15 wale – die so genannt werden wegen ihrer bis zu 1,80 Meter hohen, schwertförmigen Rückenflosse – werden bis zu fünfzig Jahre alt, führen ein vorbildliches Familienleben, bedienen sich der Pfeifsprache und schließen sich zur Jagd oft zu großen Rudeln zusammen. Die dabei benutzte Taktik gilt vielen Experten als Beweis dafür, dass sie ein recht differenziertes Verständigungssystem haben müssen. Darauf deutet auch ein Vorfall hin, den ein Wissenschaftler des Walfang-Instituts beobachtet und protokolliert hat.

20 Im Winter des Jahres 1956 kam eine Fischereiflotte in der Antarktis nicht zum Fang, weil viele hundert Schwertwale in den dichten Fischschwärmen des Fanggebiets ein Gemetzel anrichteten. Die Fischer erbaten über Funk Hilfe von einer in der Nähe operierenden Walfangflotte, die einige Fangboote entsandte. Bereits der erste Schuss aus einer Harpunenkanone tötete einen Wal. Im gleichen Augenblick ergriffen alle anderen die Flucht und zerstreuten sich. Wo immer die Fangboote in den nächsten Stunden auch aufkreuzten, räum-
25 ten die Wale sofort das Feld.

Doch der erwünschte Erfolg für die Fischer blieb aus, weil die „Killer" nur vor den Walfangbooten flohen, außer Reichweite der Harpunen aber weiter um die Fischerboote herumwimmelten. Und dies erschien dem Wissenschaftler äußerst seltsam. Die Fischer- und Walfangboote, die vom gleichen Typ waren und mit den gleichen Maschinen ausgerüstet waren, unterschieden sich allein durch die kleine Harpunenkanone auf dem
30 Bug. Wie gefährlich diese „Kanonenschiffe" waren, konnten nur wenige Wale beobachtet haben. Trotzdem ergriffen nicht nur diese wenigen, sondern alle Schwertwale die Flucht vor den Fangbooten, auch wenn sie mehrere Kilometer vom „Tatort" entfernt auftauchten. Hatte es sich „herumgesprochen", wie gefährlich diese Schiffe waren? Der Walforscher an Bord nahm an, dass die „Zeugen" des Abschusses umgehend eine detaillierte Warnung ausgegeben hatten, die in kürzester Zeit mehr als tausend Schwertwale erreichte. Denn
35 nach dem ersten Abschuss kamen die Harpuniere kein zweites Mal zum Schuss, obwohl das Meer von Schwertwalen gesprenkelt war.

(Nach: Günter Karweina: Der sechste Sinn der Tiere, Gruner & Jahr, Hamburg 1982)

Arbeitsblatt 1

1. Schreibe zu den Wörtern mit einem markierten Buchstaben jeweils ein Wort auf, mit dem du die richtige Schreibweise erklären kannst.

Z. B.: Menschenfreun**d** → Menschenfreun**d**e (also **d**, nicht t)

2. Suche aus dem Text zehn Wörter heraus, die für dich persönlich schwierig zu schreiben sind. Markiere den bzw. die entsprechenden Buchstaben.

Z. B.: viel_leicht ...

3. Präge dir deine Lernwörter ein und schreibe sie aus dem Gedächtnis auf. Kontrolliere sofort deine Rechtschreibung. Übe dies so lange, bis du alle Wörter ohne Fehler aufschreibst.

4. Bilde mit deinen Wörtern kurze Sätze. Diktiere dir diese Sätze mit einem Lernpartner gegenseitig.

Arbeitsblatt 2

Die Wörter „das" und „dass" richtig schreiben (1)

1. Verbinde die folgenden Sätze jeweils zu einem Satzgefüge aus Hauptsatz und Relativsatz/Attributsatz.

a) Das Fahrrad sieht sehr gepflegt aus. Schließlich wurde es regelmäßig geputzt.

_____

_____

b) Auch in diesem Jahr möchten wir das Ferienhaus an der Nordsee wieder mieten. Wir haben schon dreimal dort gewohnt.

_____

_____

c) Jetzt gehen wir zum renovierten Kaufhaus in der Innenstadt. Es wurde erst in dieser Woche neu eröffnet.

_____

_____

d) Meine Nachbarn haben ein Hausboot in den Niederlanden. Es liegt in einer Gracht in Amsterdam.

_____

_____

e) Das neue Wandgemälde im Kaufhaus ist sehr interessant. Der Künstler kommt aus Ungarn.

_____

_____

2. Setze die fehlenden Buchstaben ein. Schreibe in die Klammern, ob es sich um einen Artikel (A), ein Demonstrativpronomen (D), ein Relativpronomen (R) oder um eine Konjunktion (K) handelt.

„Da____ ( ) ist ja toll!", sagt Monika ganz begeistert. „Was meinst du denn?", wird sie von ihrer Freundin Renate gefragt. „Stell dir da____ ( ) doch mal vor! Du kennst doch da____ ( ) neue Geschäft in der Neuhäuser Straße, da____ ( ) wir letzte

Arbeitsblatt 2

Woche entdeckt haben! Jetzt sehe ich gerade, da____ ( ) da____ ( ) Shirt, da____ ( ) ich schon so lange haben wollte, in dieser Woche im Ausverkauf ist." „Super, dann lass uns da____ ( ) doch gleich kaufen, wenn wir heimfahren", schlägt Renate vor. „Ich könnte das nämlich nicht länger ertragen." „Was meinst du?" „Das ständige Jammern von dir, da____ ( ) du nichts anzuziehen hast!", meint Renate lachend. „Auch wenn da____ ( ) bedeutet, da____ ( ) du da____ ( ) Hemd, da____ ( ) ich mir von dir geliehen habe, nicht wiederbekommst?", gibt Monika ebenfalls lachend zurück.

3. Trage in die folgenden Sätze *das* oder *dass* ein. Bestimme in Klammern wieder die jeweilige Wortart. Benutze dazu die Abkürzungen aus Aufgabe 2.

- _____ ( ) Interessante an den Themenfeldern der Philosophie ist, _____ ( ) sie beinahe alle Bereiche des Lebens erfassen.

- Das Buch „Sofies Welt", _____ ( ) der norwegische Autor Jostein Gaarder verfasst hat, trägt dazu bei, _____ ( ) Jugendliche sich mit der Geschichte der Philosophie von den Anfängen bis zur Gegenwart beschäftigen können.

- Der Roman ist verständlich und gleichzeitig spannend geschrieben, _____ ( ) man nicht aufhören mag, darin zu lesen.

- _____ ( ) ist deshalb so ungewöhnlich, weil die Philosophie bisher als äußerst schwer zu verstehende Wissenschaft galt.

- „Sofies Welt", ein Buch, _____ ( ) zunächst nur für Jugendliche gedacht war, wurde auch von vielen Erwachsenen gelesen.

- 1994 erhielt _____ ( ) Buch den Deutschen Jugendliteraturpreis.

- Der Bucherfolg führte dazu, _____ ( ) nach kurzer Zeit eine Theaterfassung, ein Film, ein Hörbuch und ein interaktives Spiel auf den Markt gebracht wurden.

Arbeitsblatt 3

Fremdwörter richtig schreiben (1)

Vielfach kann man Fremdwörter an typischen Lautverbindungen erkennen, die so im Deutschen ungewöhnlich sind. Es kann helfen, sich diese Endungen einzuprägen, um die Schreibweise besser zu erlernen.

1. Ordne den Endungen die Wortanfänge aus dem Wortspeicher zu.

- -ette _____
- -enz _____
- -al _____
- -iv _____
- -ik _____
- -ment _____
- -on _____
- -age _____
- -ell _____
- -ekt _____

> Cour- • Seg- • Korrespond- • ment- • Oper- • Kompli- • fundament- • Rubr- • Mot- • Phys- • spezi- • Report- • Servi- • perf- • Konf- • Konkurr- • Pinz- • Pers- • Def- • Ball- • glob- • Turbul- • Mont- • Funda- • Argu- • Kompli- • Pass- • konvention- • Balk- • Polit- • Kol- • posit- • Nominat- • offizi-

2. Kläre die Bedeutung unbekannter Wörter mithilfe geeigneter Nachschlagewerke.

3. Bilde Sätze mit den Fremdwörtern, die deren Bedeutung erklären.

Arbeitsblatt 4

Fremdwörter richtig schreiben (2)

[1] Am Mittwoch gegen den RSC Anderlecht nutzt dem deutschen **Rekord-Champion** auf der europäischen Ball-Bühne ein **Remis** rein gar nichts mehr.

[2] Danach hätte die **personell** und **taktisch** „aufgeräumte" Arminia – vor einer Viererkette agierte der bisherige Abwehrchef Roland B. im **defensiven** Mittelfeld – schon kurz nach dem Wiederanpfiff alles klar machen müssen. Doch Marco K., der den Torwart bereits ausgespielt hatte, übersah in der 47. Minute erst den in der Nähe **postierten**
5 einschussbereiten Fatmir V. und verfehlte dann den am „langen" Pfosten lauernden Mitspieler. Noch unmittelbar vor der Fürther „Handarbeit" wäre bei einem **fulminanten** Schuss von Isaac B. fast das 2:0 gelungen. [...]
So fühlten sich die Gäste für ihren nimmermüden Einsatz und ihre **respektable** läuferische Leistung zu Recht belohnt. „Ich bin mit dem Spiel sehr zufrieden. Schließ-
10 lich hatten wir auch noch die schweren 120 Minuten vom DFB-Pokalspiel in Köln in den Beinen", **resümierte** Werner D., der als **Trainer** der Gäste noch immer ungeschlagen ist.

[3] Die Mannschaft lief lange Zeit Gefahr, zum ersten Mal in dieser **Saison** vorne eine Null zu **produzieren**. Erst ein im Strafraum ausgefahrener Ellbogen von Bixente L. im **Duell** mit Ivan K. verhalf ihr zum 1:0. In der eisigen Weser-Luft lags dieser Treffer bis dahin nicht gerade. Schiedsrichter Knut K. wies nach der **Attacke** des Franzosen einen
5 Strafstoß an, den A. verwandelte. Hier war es an den Münchenern, zu **mosern**. Bayern-Trainer Ottmar H. bezichtigte den Bremer Angreifer der Fallsucht: „Man weiß ja, dass K. gern versucht, Elfmeter herauszuholen." Darüber lieferte sich H. ein kleines Gefecht mit S., der sich schützend vor seinen Spieler stellte. „So einer ist der Ivan nicht. Der Elfmeter war berechtigt, gar keine Frage", gab der Bremer Trainer zurück. Richtig in
10 die Wolle gerieten sich die **Coach**-Kollegen nicht, und als die erste Aufregung wieder verflogen war, plauderten sie nett und freundlich miteinander.
(Westfalen-Blatt, 08.12.2003)

1. Suche aus den drei Zeitungsberichten die Fremdwörter heraus. Ordne den Fremdwörtern die zutreffende Bedeutungserklärung aus dem Kasten zu. Schreibe dann das Fremdwort mit seiner deutschen Erklärung in dein Heft.

– Ausbilder von Sportlern	– ansehnlich
– unentschiedenes Spiel	– hingestellt/aufgestellt
– Angriff	– Hauptgeschäftszeit/Spielzeit/Jahreszeit
– das Personal betreffend	– Spitzenverein
– umgangssprachlich für nörgeln	– zusammenfassen
– herstellen/erzeugen	– geschickt planvoll vorgehend
– Zweikampf	– verteidigend
– glänzend/prächtig	

2. Bilde zu jedem Fremdwort einen Satz, in dem es vorkommt.

Arbeitsblatt 5

Fachwörter für rhetorische Mittel richtig schreiben

Löse das folgende Silbenrätsel.

al • an • ana • bol • el • eu • fi • is • ka • le • li • lip • lis • log • me • mis • mus • mus • mus • neo • ni • pa • per • phe • pher • pher • ra • ral • se • se • so • sym • ta • te • the • ti • tion • tion

1. Mehrere Wörter beginnen mit dem gleichen Anfangsbuchstaben:

2. Mehrere Sätze oder Satzteile beginnen mit dem gleichen Wort/den gleichen Wörtern:

3. Auslassung von Satzgliedern, die man gedanklich leicht ergänzen kann:

4. Inhaltliche Gegenüberstellung von Gedanken und Begriffen:

5. Sprachliches Bild, das durch Übertragung eines Begriffs in einen anderen Bereich entsteht, verkürzter Vergleich:

6. Mehrere Sätze oder Satzteile haben einen parallelen Satzbau:

7. Dinge, Tiere oder allgemeine Begriffe werden vermenschlicht:

8. Ein konkreter Gegenstand (oder eine Handlung), der (die) neben seiner offensichtlichen eigentlichen Bedeutung noch eine übertragene, abstraktere Bedeutung hat:

9. Ein Wort, das neu erfunden wird und das es so vorher noch nicht gab:

10. Ein Ausdruck, der unangenehme Dinge beschönigt oder verharmlosend beschreibt:

Arbeitsblatt 6

Rechtschreibtipps anwenden

1. Ergänze bei den folgenden Wörtern *Wieder-/wieder-* oder *Wider-/wider-*.

_____fahren   _____geburt

_____finden   _____stand

_____spiegeln   _____holung

_____gutmachung   _____rechtlich

_____bekommen   _____wärtig

2. Ergänze in dem folgenden Text die Vorsilbe *Ent-/ent-* oder *End-/end-*.

Fast _____gültig am Ziel

Dem hoffnungsvollen Tennistalent ist _____lich der große Durchbruch gelungen.

Der 18-Jährige ist nicht nur in die _____runde gekommen, sondern hat sich in

_____ losen Matches ins _____ spiel gekämpft.

Dies dürfte für die weitere _____wicklung des Spielers wichtiger sein als die Tatsache,

5   dass er dieses _____spiel _____gegen der Hoffnungen seiner Fans verloren hat. Die

_____täuschung des Spielers auf der Pressekonferenz war trotzdem äußerst groß.

3. Ergänze in dem folgenden Text die fehlenden Buchstaben.

Der ___orgesang der Buckelwale

Ob es sich bei dem Gesan___ der Meeress___ger um ein Liebeslie___ handelt,

wi___en wir nicht. Welche Informationen die Gesangsimpro___isationen enthalten, hat

noch nieman___ anal___sieren können. Die a___stischen Signale anderer Tiere, die

wir seit U___zeiten kennen, verstehen wir hingegen: Das ___ellen der Hunde,

5   das ___nurren und ___auchen der Katzen oder die Rufe der W___derkäuer.

4. Schreibe den folgenden Text in der richtigen Schreibweise auf. Unterstreiche dann alle Nominalisierungen/Substantivierungen und kreise ihre Begleiter ein.

222
© Schöningh Verlag

UNENDLICHE WEITEN

DAS SCHWARZ DES WELTALLS REIZTE DEN MENSCHEN SCHON IMMER. ETWAS GEHEIMNISVOLLERES ALS DIE TIEFEN DES RAUMS WAR KAUM VORSTELLBAR. JULES VERNE BESCHRIEB 1863 IN EINEM ROMAN DAS REISEN ZUM MOND. ETWAS DERART UNGEWÖHNLICHES HATTE MAN ZUVOR NOCH NICHT GEHÖRT. IM FOLGENDEN ENTWICKELTE SICH DIE RAUMFAHRT. SIE ENTDECKTE VIEL NEUES, INTERESSANTES UND NÜTZLICHES.

Lösungsbogen 6

Name _____

Lösungsbogen zur Lernerfolgskontrolle

Rechtschreibtipps anwenden

Aufgabe 1

	Du hast die Wortbausteine „Wieder-"/„wieder-" oder „Wider-"/„wider-" zutreffend ergänzt.	maximale Punktzahl	erreichte Punktzahl
1	– widerfahren – Wiedergeburt – wiederfinden – Widerstand – widerspiegeln – Wiederholung – Wiedergutmachung – widerrechtlich – wiederbekommen – widerwärtig	10	
	Gesamtpunktzahl für Aufgabe 1	**10**	

Aufgabe 2

	Du hast in dem Text „Fast endgültig am Ziel" die Vorsilbe „Ent-"/„ent-" oder „End-"/„end-" zutreffend ergänzt.	maximale Punktzahl	erreichte Punktzahl
1	**Fast endgültig am Ziel** Dem hoffnungsvollen Tennistalent ist **end**lich der große Durchbruch gelungen. Der 18-Jährige ist nicht nur in die **End**runde gekommen, sondern hat sich in **end**losen Matches ins **End**spiel gekämpft. Dies dürfte für die weitere **Ent**wicklung des Spielers wichtiger sein als die Tatsache, dass er dieses **End**spiel **ent**gegen der Hoffnungen seiner Fans verloren hat. Die **Ent**täuschung des Spielers auf der Pressekonferenz war trotzdem äußerst groß.	8	
	Gesamtpunktzahl für Aufgabe 2	**8**	

Aufgabe 3

	Du hast bei dem Text „Der Chorgesang der Buckelwale" die fehlenden Buchstaben zutreffend ergänzt.	maximale Punktzahl	erreichte Punktzahl
1	– **Ch**orgesang – Gesan**g** – Meeressä**u**ger – Liebeslie**d** – wi**ss**en – Gesangsimpro**vi**sationen – nieman**d** – anal**y**sieren – aku**s**tischen – **U**rzeiten – das **B**ellen – das **Sch**nurren und **F**auchen – Wiederkäuer	13	
	Gesamtpunktzahl für Aufgabe 3	**13**	

Aufgabe 4

	Du hast in dem Text „Unendliche Weiten" alle Nominalisierungen/Substantivierungen unterstrichen und ihre Begleiter eingekreist.	maximale Punktzahl	erreichte Punktzahl
1	– ⬜das⬜ Schwarz – ⬜etwas⬜ Geheimnisvolleres – ⬜das⬜ Reisen – ⬜etwas derart⬜ Ungewöhnliches – ⬜im⬜ Folgenden – ⬜viel⬜ Neues, Interessantes und Nützliches	6	
	Gesamtpunktzahl für Aufgabe 4	**6**	
	Gesamtpunktzahl für Aufgabe 1 bis 4	**37**	

Lösungsbogen 6

Die Lernerfolgskontrolle wird mit der Note

_____ **bewertet.**

_____

Datum   Unterschrift

Zuordnung der Punkte zu den Notenstufen

Note	Punkte
sehr gut	37 – 35
gut	34 – 29
befriedigend	28 – 23
ausreichend	22 – 17
mangelhaft	16 – 8
ungenügend	7 – 0

© Schöningh Verlag

Die Wörter „das" und „dass" richtig schreiben (2)

Seltene Berufe

Es gibt Berufe, die so selten sind _____ ( ) sie niemand kennt. _____ ( ) ist der Grund, warum die meisten nicht wissen, was ein Flussmeister ist. Er sorgt dafür
5 _____ ( ) Flüsse ausgebaut und unterhalten werden. _____ ( ) Schicksal _____ ( ) sein Beruf selten geworden ist, teilt der Flussmeister mit dem Beruf des Steinmetzes für Grabsteine. Hier ist der Grund _____ ( ) Fehlen von Nachwuchs-
10 kräften. Vermutlich schreckt alles _____ ( ), was mit Tod zu tun hat, ab so _____ ( ) es kaum noch Interesse an einer Ausbildung zum Steinmetz gibt. _____ ( ) hat zur Folge _____ ( ) _____ ( ) Unternehmen _____ ( ) keine Arbeiter mehr findet, im schlimmsten Fall aufgeben muss. _____ ( ) Berufe selten sind, liegt auch an gesellschaftlichen Veränderungen. Vor
15 zweihundert Jahren konnte ein Buchbinder davon ausgehen _____ ( ) er ein sicheres Einkommen hatte. Heute steht fest _____ ( ) ein Buchbinder nur noch für wirklich edle Buchbindungen gebraucht wird. _____ ( ) Problem ist _____ ( ) kaum noch jemand eine solche Buchbindung in Auftrag gibt. _____ ( ) Schicksal _____ ( ) der Beruf ausstirbt, droht auch Berufen wie dem des Strohdachdeckers
20 oder des Drehorgelbauers. _____ ( ) ein Beruf selten ist, heißt aber nicht _____ ( ) man sich nicht dafür ausbilden lassen sollte. _____ ( ) Besondere _____ ( ) darin besteht _____ ( ) ein Beruf selten ist, hat auch Vorteile. Hast du dich für einen solchen Beruf entschieden, musst du keine Angst haben _____ ( ) die Bewerberkonkurrenz sehr hoch ist.

Steinmetz für Grabsteine

- Setze in die Lücken die Wörter *das* oder *dass* ein.
- Schreibe in die Klammern, ob es sich um einen Artikel (A), ein Demonstrativpronomen (D), ein Relativpronomen (R) oder um eine Konjunktion handelt (K).
- Ergänze bei den Konjunktionen und den Relativpronomen auch die fehlenden Kommas.

Lösungsbogen 7

Name _____

Lösungsbogen zur Lernerfolgskontrolle:

Die Wörter „das" und „dass" richtig schreiben (2)

	Aufgabe	maximale Punktzahl	erreichte Punktzahl
	Du hast die Wörter „das" und „dass" richtig in die Lücken des Textes „Seltene Berufe" eingesetzt.		
1	**Seltene Berufe** Es gibt Berufe, die so selten sind**, dass** (**K**) sie niemand kennt. **Das** (**D**) ist der Grund, warum die meisten nicht wissen, was ein Flussmeister ist. Er sorgt dafür**, dass** (**K**) Flüsse ausgebaut und unterhalten werden. **Das** (**A**) Schicksal**, dass** (**K**) sein Beruf selten geworden ist, teilt der Flussmeister mit dem Beruf des Steinmetzes für Grabsteine. Hier ist der Grund **das** (**A**) Fehlen von Nachwuchskräften. Vermutlich schreckt alles **das** (**D**), was mit Tod zu tun hat, ab**, sodass** (**K**) es kaum noch Interesse an einer Ausbildung zum Steinmetz gibt. **Das** (**D**) hat zur Folge**, dass** (**K**) **das** (**A**) Unternehmen**, das** (**R**) keine Arbeiter mehr findet, im schlimmsten Fall aufgeben muss. **Dass** (**K**) Berufe selten sind, liegt auch an gesellschaftlichen Veränderungen. Vor zweihundert Jahren konnte ein Buchbinder davon ausgehen**, dass** (**K**) er ein sicheres Einkommen hatte. Heute steht fest**, dass** (**K**) ein Buchbinder nur noch für wirklich edle Buchbindungen gebraucht wird. **Das** (**A**) Problem ist**, dass** (**K**) kaum noch jemand eine solche Buchbindung in Auftrag gibt. **Das** (**A**) Schicksal**, dass** (**K**) der Beruf ausstirbt, droht auch Berufen wie dem des Strohdachdeckers oder des Drehorgelbauers. **Dass** (**K**) ein Beruf selten ist, heißt aber nicht**, dass** (**K**) man sich nicht dafür ausbilden lassen sollte. **Das** (**A**) Besondere**, das** (**R**) darin besteht**, dass** (**K**) ein Beruf selten ist, hat auch Vorteile. Hast du dich für einen solchen Beruf entschieden, musst du keine Angst haben**, dass** (**K**) die Bewerberkonkurrenz sehr hoch ist.	25	
2	Du hast jeweils zutreffend angegeben, ob es sich bei dem ergänzten Wort um einen Artikel, ein Demonstrativpronomen, ein Relativpronomen oder um eine Konjunktion handelt.	25	
3	Du hast bei den Konjunktionen und Relativsätzen/Attributsätzen die fehlenden Kommas ergänzt.	14	
	Gesamtpunktzahl	**64**	

Die Lernerfolgskontrolle wird mit der Note

_____ **bewertet.**

_____
Datum   Unterschrift

Zuordnung der Punkte zu den Notenstufen

Note	Punkte
sehr gut	64–60
gut	59–50
befriedigend	49–39
ausreichend	38–28
mangelhaft	27–13
ungenügend	12–0

© Schöningh Verlag

Arbeitsblatt 8

Einzelne Rechtschreibbereiche überprüfen

1. Streiche jeweils die falsche Schreibung in den folgenden Sätzen durch.

- Während des Urlaubs in der Toskana sahen sie viel Schönes/schönes. Besonders die Schönen/schönen alten Plätze in den Städten hatten es ihnen angetan. Das Schönste/schönste war der Ausflug in die alte Sienna.
- Heute wird eine Neue/neue aus einer anderen Stadt am Unterricht teilnehmen. Alle sind gespannt auf die Neue/neue Schülerin mit dem Namen Aiysche. Für Aiysche wird im Unterricht nicht alles ganz Neu/neu sein.

2. Arbeite so mit den folgenden Sätzen:
- Ergänze *das* oder *dass* in den Lücken der Sätze.
- Gib in Klammern an, ob es sich um einen Artikel (A), ein Demonstrativpronomen (D), ein Relativpronomen (R) oder um eine Konjunktion (K) handelt.
- Ergänze auch die fehlenden Kommas.

– _____ ist _____ gespenstisch wirkende Haus _____ anscheinend unbewohnt ist.

– Wie verlassen _____ alles aussieht. Wir vermuten _____ der Besitzer ausgewandert ist.

– _____ sie gewinnen würden _____ war für _____ heutige Spiel nicht zu erwarten.

3. Gib zu den folgenden Erklärungen das entsprechende Fremdwort an.

a) beschönigendes Wort: _____

b) Wiederholung von Anfangsbuchstaben: _____

c) Ausdruck, der von einem Bereich in einen neuen übertragen wird:

_____

d) Vermenschlichung z. B. von Gegenständen oder Tieren:

_____

Lösungsbogen 8

Name _____

Lösungsbogen zur Lernerfolgskontrolle

Einzelne Rechtschreibbereiche überprüfen

Aufgabe 1

	Du hast die jeweils falsche Schreibung in den Sätzen durchgestrichen.	maximale Punktzahl	erreichte Punktzahl
1	– Während des Urlaubs in der Toskana sahen sie viel Schönes/~~schönes~~. Besonders die ~~Schönen~~/schönen alten Plätze in den Städten hatten es ihnen angetan. Das Schönste/~~schönste~~ war der Ausflug in die alte Sienna. – Heute wird eine Neue/~~neue~~ aus einer anderen Stadt am Unterricht teilnehmen. Alle sind gespannt auf die ~~Neue~~/neue Schülerin mit dem Namen Aiysche. Für Aiysche wird im Unterricht nicht alles ganz ~~Neu~~/neu sein.	6	
	Gesamtpunktzahl für Aufgabe 1	**6**	

Aufgabe 2

	Du hast die Wörter „das" und „dass" zutreffend in die Lücken eingesetzt.	maximale Punktzahl	erreichte Punktzahl
1	– **Das** (D) ist **das** (A) gespenstisch wirkende Haus, **das** (R) anscheinend unbewohnt ist. – Wie verlassen **das** (D) alles aussieht. Wir vermuten, **dass** (K) der Besitzer ausgewandert ist. – **Dass** (K) sie gewinnen würden, **das** (D) war für **das** (A) heutige Spiel nicht zu erwarten.	8	
2	Du hast die Wortart der eingesetzten Wörter zutreffend bestimmt.	8	
3	Du hast die drei fehlenden Kommas zutreffend ergänzt.	3	
	Gesamtpunktzahl für Aufgabe 2	**19**	

Aufgabe 3

	Du hast das zutreffende Fremdwort zu den Erklärungen in der richtigen Schreibweise angegeben.	maximale Punktzahl	erreichte Punktzahl
1	a) Euphemismus b) Alliteration c) Metapher d) Personifikation	8	
	Gesamtpunktzahl für Aufgabe 3	**8**	
	Gesamtpunktzahl	**33**	

Lösungsbogen 8

Die Lernerfolgskontrolle wird mit der Note

                                                                    bewertet.

_____
Datum   Unterschrift

Zuordnung der Punkte zu den Notenstufen

Note	Punkte
sehr gut	33–31
gut	30–26
befriedigend	25–21
ausreichend	20–15
mangelhaft	14–8
ungenügend	7–0

Rechtschreibtraining – Groß- und Kleinschreibung (Schülerbuch, S. 264 – 273)

Zusatz- und Differenzierungsmaterial, Lernerfolgskontrollen, Lösungsbogen

Arbeitsblatt 1: Nominalisierte/Substantivierte Adjektive richtig schreiben
(SB, S. 264 – 266)

Arbeitsblatt 2: Eigennamen, Orts- und Herkunftsbezeichnungen richtig schreiben
(SB, S. 270 – 271)

Arbeitsblatt 3: Nominalisierte/Substantivierte Verben richtig schreiben
(SB, S. 264 – 266)
Lösungsbogen 3 zur Lernerfolgskontrolle (AB 3)

Arbeitsblatt 4: Nominalisierte/Substantivierte Adjektive erkennen und richtig schreiben
(SB, S. 264 – 266)
Lösungsbogen 4 zur Lernerfolgskontrolle (AB 4)

Arbeitsblatt 5: Tageszeiten und Wochentage richtig schreiben (SB, S. 268 – 269)
Lösungsbogen 5 zur Lernerfolgskontrolle (AB 5)

Nominalisierte/Substantivierte Adjektive richtig schreiben

Verknüpfe Mengenangaben und Adjektive so, dass nominalisierte/substantivierte Adjektive entstehen, und gestalte daraus eine besondere Geburtstagskarte.

Mengenangaben	Adjektive
viel, nichts, alles, wenig, manches, etwas	dick, klein, groß, teuer, brauchbar, dünn, vernünftig, glitschig

Ich wünsche dir

Arbeitsblatt 2

Eigennamen, Orts- und Herkunftsbezeichnungen richtig schreiben

1. Ergänze die fehlenden Buchstaben.

- Familie Schulte besucht ein ☐eutsches Restaurant in Köln.
- Als Vorspeise verspeist sie ☐panische Oliven und ☐aderborner Landbrot.
- Zum ☐chwarzwälder Rauchschinken gibt es ☐iederrheinischen Spargel.
- Wer möchte, kann statt des Schinkens auch ☐iener Schnitzel oder ☐ürnberger Bratwurst bekommen.
- Dann wird ☐ranzösischer Käse serviert.
- Zum Nachtisch kann man zwischen einem Stück ☐rankfurter Kranz oder ☐elgischen Pralinen wählen.
- Als Getränk gibt es ☐orwegisches Mineralwasser.
- Nach dem Essen besichtigt die Familie den berühmten ☐ölner Dom.

2. Schreibe die Einkaufsliste mit der korrekten Schreibweise in die rechte Spalte.

Einkaufsliste:	
– ITALIENISCHE SALATE	• _____
– NORDDEUTSCHER APFELSAFT	• _____
– LINZER TORTE	• _____
– ENGLISCHE ORANGENMARMELADE	• _____
– MAILÄNDER SALAMI	• _____
– MÜNCHNER WEIẞWURST	• _____
– POLNISCHE KLÖẞE	• _____
– THÜRINGER ROSTBRATWURST	• _____
– PORTUGIESISCHE SARDINEN	• _____
– RUSSISCHE GEMÜSESUPPE	• _____

233

© Schöningh Verlag

Arbeitsblatt 3

Nominalisierte/Substantivierte Verben richtig schreiben

Guten Appetit, Ben!

Langes S/schlafen W/war Bens große Leidenschaft und so K/kam er häufig unpünktlich zum Unterricht. Zum E/essen W/war er dann noch nicht
5 G/gekommen. Lautes K/knurren seines Magens Z/zeigte den fleißigen Mitschülern, dass er noch sehr hungrig W/war. Einigen Mädchen T/tat er sehr leid. Sie S/schickten ihm heimlich Apfelstücke.
10 Das Z/zuschicken B/blieb aber meistens nicht unentdeckt und der Lehrer K/kassierte alles ein. Regina W/wollte über das Problem N/nachdenken. Tatsächlich F/führte ihr N/nachdenken ausnahmsweise zu einem Ergebnis. Ben S/sollte unter der Bank einen Vorrat von Schokolinsen A/anlegen. Dieses A/anlegen F/fiele dem Lehrer nicht auf und Ben K/könne immer heimlich etwas E/essen. Am nächsten Tag K/kam Ben mit
15 seinem Vorrat und B/befestigte ihn unter der Bank. Das B/befestigen F/fiel dem Lehrer auch nicht auf, aber der aufmerksamen Reinigungskraft. Sie N/nahm die köstlichen Süßigkeiten mit und S/schrieb Ben einen Zettel mit dem Wort: „Danke!" Bens Magen M/muss weiter K/knurren oder das A/aufstehen muss besser K/klappen.

1. Entscheide, ob die Verben des Textes klein- oder großgeschrieben werden müssen, indem du den falschen Buchstaben durchstreichst.

2. Unterstreiche die nominalisierten/substantivierten Verben und kreise die Begleitwörter ein.

3. Schreibe die nominalisierten/substantivierten Verben und ihre Begleitwörter in die richtige Spalte der Tabelle.

Begleiter vor nominalisierten/substantivierten Verben			
Artikel + Verb	**Präposition + Verb**	**Adjektiv + Verb**	**Pronomen + Verb**

234
© Schöningh Verlag

Name _____

Lösungsbogen zur Lernerfolgskontrolle

Nominalisierte/Substantivierte Verben richtig schreiben

Aufgabe 1

		maximale Punktzahl	erreichte Punktzahl
	Du hast die falschen Buchstaben in dem Text durchgestrichen. So lautet der Text richtig:		
1	**Guten Appetit, Ben!** Langes **S**chlafen **w**ar Bens große Leidenschaft und so **k**am er häufig unpünktlich zum Unterricht. Zum **E**ssen **w**ar er dann noch nicht **g**ekommen. Lautes **K**nurren seines Magens **z**eigte den fleißigen Mitschülern, dass er noch sehr hungrig **w**ar. Einigen Mädchen **t**at er sehr leid. Sie **s**chickten ihm heimlich Apfelstücke. Das **Z**uschicken **b**lieb aber meistens nicht unentdeckt und der Lehrer **k**assierte alles ein. Regina **w**ollte über das Problem **n**achdenken. Tatsächlich **f**ührte ihr **N**achdenken ausnahmsweise zu einem Ergebnis. Ben **s**ollte unter der Bank einen Vorrat von Schokolinsen **a**nlegen. Dieses **A**nlegen **f**iele dem Lehrer nicht auf und Ben **k**önne immer heimlich etwas **e**ssen. Am nächsten Tag **k**am Ben mit seinem Vorrat und **b**efestigte ihn unter der Bank. Das **B**efestigen **f**iel dem Lehrer auch nicht auf, aber der aufmerksamen Reinigungskraft. Sie **n**ahm die köstlichen Süßigkeiten mit und **s**chrieb Ben einen Zettel mit dem Wort: „Danke!" Bens Magen **m**uss weiter **k**nurren oder das **A**ufstehen muss besser **k**lappen.	34	
	Gesamtpunktzahl für Aufgabe 1	34	

Aufgabe 2

		maximale Punktzahl	erreichte Punktzahl
	Du hast die nominalisierten/substantivierten Verben unterstrichen und die dazugehörigen Begleitwörter eingekreist.		
1	**Guten Appetit, Ben!** (Langes) <u>Schlafen</u> war Bens große Leidenschaft und so kam er häufig unpünktlich zum Unterricht. (Zum) <u>Essen</u> war er dann noch nicht gekommen. (Lautes) <u>Knurren</u> seines Magens zeigte den fleißigen Mitschülern, dass er noch sehr hungrig war. Einigen Mädchen tat er sehr leid. Sie schickten ihm heimlich Apfelstücke. (Das) <u>Zuschicken</u> blieb aber meistens nicht unentdeckt und der Lehrer kassierte alles ein. Regina wollte über das Problem nachdenken. Tatsächlich führte (ihr) <u>Nachdenken</u> ausnahmsweise zu einem Ergebnis. Ben sollte unter der Bank einen Vorrat von Schokolinsen anlegen. (Dieses) <u>Anlegen</u> fiele dem Lehrer nicht auf und Ben könne immer heimlich etwas essen. Am nächsten Tag kam Ben mit seinem Vorrat und befestigte ihn unter der Bank. (Das) <u>Befestigen</u> fiel dem Lehrer auch nicht auf, aber der aufmerksamen Reinigungskraft. Sie nahm die köstlichen Süßigkeiten mit und schrieb Ben einen Zettel mit dem Wort: „Danke!" Bens Magen muss weiter knurren oder (das) <u>Aufstehen</u> muss besser klappen.	8	
	Gesamtpunktzahl für Aufgabe 2	8	

Lösungsbogen 3

	Aufgabe 3		
	Du hast die nominalisierten/substantivierten Verben und ihre Begleitwörter zutreffend in die Tabelle eingeordnet.		
1	**Artikel + Verb:** das Zuschicken/das Befestigen/das Aufstehen	3	
2	**Präposition + Verb:** zum Essen	1	
3	**Adjektiv + Verb:** langes Schlafen/lautes Knurren	2	
4	**Pronomen + Verb:** ihr Nachdenken/dieses Anliegen	2	
	Gesamtpunktzahl für Aufgabe 3	8	
	Gesamtpunktzahl	**50**	

Die Lernerfolgskontrolle wird mit der Note

bewertet.

_____
Datum   Unterschrift

Zuordnung der Punkte zu den Notenstufen

Note	Punkte
sehr gut	50 – 47
gut	46 – 39
befriedigend	38 – 31
ausreichend	30 – 23
mangelhaft	22 – 11
ungenügend	10 – 0

Arbeitsblatt 4

Nominalisierte/Substantivierte Adjektive erkennen und richtig schreiben

Zuneigung zum Besonderen

Endlich der Richtige

Alles Gute ... kommt nach oben

Das natürliche Lauferlebnis

Mit kühlem Leinen für heiße Tage

Sie schwärmen für's Natürliche?

Service vom Feinsten

Die neue Mode

Wenn Sie das Schöne mit dem Praktischen verbinden wollen

Über unsere Kleinsten braucht man keine großen Worte zu verlieren

Dieses Blau hat Klasse

... die zuverlässige Marke in Top-Qualität zum Superpreis

1. In den Werbeslogans kommen kleingeschriebene Adjektive und nominalisierte/substantivierte Adjektive vor.
- Suche alle Adjektive heraus und ordne sie in die richtige Spalte der folgenden Tabelle ein.
- Unterstreiche das ursprüngliche bzw. das nominalisierte/substantivierte Adjektiv.

237
© Schöningh Verlag

Arbeitsblatt 4

Adjektive, die zum Nomen/Substantiv gehören und **klein**geschrieben werden	Adjektive, die als Nomen/Substantiv gebraucht und **groß**geschrieben werden
das natürliche Lauferlebnis	zum Besonderen

2. Kombiniere immer ein Adjektiv und ein Begleitwort und entwirf drei eigene Werbeslogans.

Adjektiv	Begleitwort
verwöhnen • notwendig • kostbar • rein • lieb	zum • das • ihr • vom • alles

Name _____

Lösungsbogen zur Lernerfolgskontrolle

Nominalisierte/Substantivierte Adjektive erkennen und richtig schreiben

Aufgabe 1

	Du hast die Adjektive aus den Werbeslogans herausgesucht, zutreffend in die Tabelle eingeordnet und unterstrichen.		maximale Punktzahl	erreichte Punktzahl
1	Adjektive, die zum Nomen/Substantiv gehören und kleingeschrieben werden	Adjektive, die als Nomen/Substantiv gebraucht und großgeschrieben werden	13	
	das natürliche Lauferlebnis	zum Besonderen		
	mit kühlem Leinen	der Richtige		
	für heiße Tage	alles Gute		
	die neue Mode	für's Natürliche		
	großen Worte	vom Feinsten		
	die zuverlässige Marke	das Schöne		
		dem Praktischen		
		unsere Kleinsten		
		dieses Blau		
2	das natürliche Lauferlebnis mit kühlem Leinen für heiße Tage die neue Mode großen Worte die zuverlässige Marke	zum Besonderen der Richtige alles Gute für's Natürliche vom Feinsten das Schöne dem Praktischen unsere Kleinsten dieses Blau	13	
	Gesamtpunktzahl für Aufgabe 1		26	

Aufgabe 2

	Du hast drei eigene Werbeslogans entwickelt, indem du immer ein Adjektiv und ein Bezugswort aus den Kästen kombiniert hast.	maximale Punktzahl	erreichte Punktzahl
1	**mögliche Lösungen:** – Bettwäsche zum Verwöhnen! – Unsere Bettwäsche verwöhnt Sie in der Nacht! – Das Notwendige muss nicht teuer sein! – Dieses Waschmittel ist unbedingt notwendig für gepflegte Wäsche! – Ihr Kostbarstes! – Wasser ist kostbar! – Vom Sauberen zum Reinen! – Eine Waschmaschine, die nicht nur sauber, sondern rein wäscht! – Alles Liebe für Ihr Haustier! – Für alle, die ihr Haustier lieben!	6 (2 P. pro Slogan)	
	Gesamtpunktzahl für Aufgabe 2	6	
	Gesamtpunktzahl	32	

Lösungsbogen 4

Die Lernerfolgskontrolle wird mit der Note

　　　　　　　　　　　　　　　　　　　　　　bewertet.

Zuordnung der Punkte zu den Notenstufen

Note	Punkte
sehr gut	32 – 30
gut	29 – 25
befriedigend	24 – 20
ausreichend	19 – 15
mangelhaft	14 – 8
ungenügend	7 – 0

_____

Datum　　　　　　Unterschrift

© Schöningh Verlag

Lösungsbogen 5

Name _____

Lösungsbogen zur Lernerfolgskontrolle

Tageszeiten und Wochentage richtig schreiben

Aufgabe 1

			maximale Punktzahl	erreichte Punktzahl
	Du hast die Zeitangaben aus dem Tagesbericht in der richtigen Schreibweise aufgeschrieben.			
1	– Montag – Am Donnerstagabend – heute – Den Vormittag – gestern Abend – heute Morgen	– vormittags – Am Mittag – Nachmittag – nachmittags – morgen – Abend	12	
	Gesamtpunktzahl für Aufgabe 1		12	

Aufgabe 2

			maximale Punktzahl	erreichte Punktzahl
	Du hast die Zeitangaben aus dem Tagesbericht in die entsprechenden Spalten der Tabelle zutreffend eingeordnet.			
1	**Nomen/Substantive:** – Montag – Donnerstagabend – Vormittag	– Mittag – Nachmittag – Abend	6	
2	**Adverbien:** – heute – vormittags	– nachmittags – morgen	4	
3	**zweiteilige Angaben von Tageszeiten** – gestern Abend	– heute Morgen	2	
	Gesamtpunktzahl für Aufgabe 2		12	
	Gesamtpunktzahl		24	

Die Lernerfolgskontrolle wird mit der Note

_____ **bewertet.**

_____

Datum   Unterschrift

Zuordnung der Punkte zu den Notenstufen

Note	Punkte
sehr gut	24 – 23
gut	22 – 19
befriedigend	18 – 15
ausreichend	14 – 12
mangelhaft	11 – 6
ungenügend	5 – 0

Rechtschreibtraining – Getrennt- und Zusammenschreibung
(Schülerbuch, S. 274 – 278)

Zusatz- und Differenzierungsmaterial, Lernerfolgskontrollen, Lösungsbogen

Arbeitsblatt 1: Zusammensetzungen und Wortgruppen richtig schreiben (SB, S. 274–276)

Arbeitsblatt 2: Wörter richtig getrennt schreiben oder zusammenschreiben (1) (SB, S. 274–276)

Arbeitsblatt 3: Wörter richtig getrennt schreiben oder zusammenschreiben (2) (SB, S. 274–276)
Lösungsbogen 3 zur Lernerfolgskontrolle (AB 3)

Arbeitsblatt 4: Wörter richtig getrennt schreiben oder zusammenschreiben (3) (SB, S. 274–276)
Lösungsbogen 4 zur Lernerfolgskontrolle (AB 4)

Arbeitsblatt 5: Getrennt- und Zusammenschreibung überprüfen (SB, S. 274–276)
Lösungsbogen 5 zur Lernerfolgskontrolle (AB 5)

Arbeitsblatt 1

Zusammensetzungen und Wortgruppen richtig schreiben

- Julian kann keine Minute STILLSITZEN.

_____

- Der Bewerbungstest ist ihm SCHWERGEFALLEN.

_____

- In den Ferien habe ich mich GUTERHOLT.

_____

- Paula ist im Sportunterricht SCHWERGESTÜRZT.

_____

- Bei einem Vortrag solltest du möglichst FREISPRECHEN, damit die anderen GUTZUHÖREN können.

_____

_____

- Die HOCHFLIEGENDEN Aufstiegsträume musste die Mannschaft nach dem letzten Spiel AUFGEBEN.

_____

_____

- Überlege dir, wie du das wieder GUTMACHEN kannst.

_____

- Jan braucht morgens SEHRLANGE, um WACHZUWERDEN.

_____

- Die Schüler der 10a trafen sich MEHRMALS zum Üben, weil sie SICHERGEHEN wollten, dass sie die Abschlussprüfung GUTBESTEHEN.

_____

_____

245

© Schöningh Verlag

Arbeitsblatt 1

– Die Schüler können ihrem Klassenlehrer viel Vertrauen ENTGEGENBRINGEN.

_____

_____

– Ein Profisportler muss in der ganzen Welt HERUMFLIEGEN.

_____

– Die Mannschaft möchte am Ende ganz vorne DABEISEIN, deshalb trainiert sie ÄUßERSTHART.

_____

_____

– Der SC hat eine AUFSEHENERREGENDE Saison gespielt.

_____

– Das letzte Spiel hat den Verein allerdings wieder ZURÜCKGEWORFEN.

_____

– Im Praktikum hat es Alex gefallen, mit den Mitarbeitern ZUSAMMENZUARBEITEN.

_____

_____

– Paula ist froh, dass nach dem schweren Sturz keine DAUERHAFTEN Schäden ZURÜCKGEBLIEBEN sind.

_____

_____

II Schreibe die Sätze in der richtigen Schreibweise auf.
- Entscheide zuvor, ob es sich bei den großgeschriebenen Ausdrücken um eine Wortgruppe oder um eine Zusammensetzung mit einer neuen Bedeutung handelt.
- Denke daran, dass du Wortgruppen getrennt schreibst und Zusammensetzungen zusammenschreibst.

Arbeitsblatt 2

Wörter richtig getrennt schreiben oder zusammenschreiben (1)

Michael May – Ein Blinder lernt sehen

EINESTAGES wollte Michael May mit seinem Stock in einer ABFALLTÜTE HERUMSTOCHERN. AUFEINMAL begann die Abfalltüte zu schimpfen. Michael May hatte den Müllsack mit einem Straßenarbeiter VERWECHSELT.

Der Grund für DERARTIGE Vorfälle im Leben von Michael May liegt darin, dass er
5 43 JAHRELANG blind gewesen ist. Im Jahre 2000 unterzog er sich einer NEUARTIGEN Hornhaut-Transplantation, die ihm sein Augenlicht WIEDERGAB.

Nach der Operation fiel SOFORT auf, dass Michael May als Sehender Schwierigkeiten hatte, Gesichter ZUDEUTEN. DAGEGEN fiel es ihm besonders leicht, Bewegungen ZUERKENNEN. Er spielt gerne Fußball mit seinen Söhnen und fängt MÜHELOS jeden
10 Ball. SCHWERFÄLLT Michael May aber, die Gesichter seiner Söhne und seiner Frau AUSEINANDERZUHALTEN, obwohl sie natürlich GRUNDVERSCHIEDEN sind.

Die WISSENSCHAFTLER erklären dies damit, dass Michael May schon SEHRFRÜH als DREIJÄHRIGER erblindete. Weibliche und männliche Gesichtszüge ZUUNTERSCHEIDEN lernen Menschen OFFENSICHTLICH später. DESHALB beherrscht May dies nicht.

15 Nach der Operation senden SEHNERVEN und Netzhaut wie bei jedem Sehenden Impulse an das Gehirn. Doch das Gehirn von May kann diese SUPERVIELEN Informationen nicht RICHTIGINTERPRETIEREN. Michael May sieht ALSO alles zum ERSTENMAL. Er muss rätseln, ob der grüne Fleck ein Ball oder eine Pflanze sein könnte.

Deshalb muss der FRÜHERBLINDETE Bilder wie Vokabeln AUSWENDIGLERNEN, um so
20 das Sehen ZULERNEN. Für Michael May ist sehen SUPERANSTRENGEND. SOBALD Michael May die neuen Eindrücke zu sehr verwirren, schließt er einfach die Augen. Bei dem Straßenarbeiter, den er für eine VERMEINTLICHE Abfalltüte GEHALTENHATTE, entschuldigte sich May deshalb auch mit den SELTSAMANMUTENDEN Worten, dass er ERSTWIEDER lernen müsste, RICHTIGZUSEHEN.

(Autorentext)

1 Schreibe die hervorgehobenen Wörter in der richtigen Schreibweise auf.
- Nimm ruhig ein Wörterbuch zu Hilfe, wenn du dir unsicher bist. Du findest auch im Internet Wörterbücher, mit denen du die richtige Schreibweise recherchieren kannst (z. B. auf www.duden.de).
- Manchmal sind auch zwei Schreibweisen möglich, dann entscheide dich für eine.

Arbeitsblatt 3

Wörter richtig getrennt schreiben oder zusammenschreiben (2)

Richard Latzin
Wer ist das?

Aufgrund seiner speziellen Situation [als Schiffsbrüchiger] ist der Held dieses Buches gezwungen, an seiner Umwelt gewisse Veränderungen VORZUNEHMEN _____. Die Gegend, in der er gelandet ist, entspricht in nichts seiner Heimatstadt und aufgrund mangelnder Ausbildung tut er sich anfangs ziemlich schwer, ZURECHTZUKOMMEN _____. Immerhin gilt es, Möbel

5 ANZUFERTIGEN _____, Ackerbau und Viehzucht ZUBETREIBEN _____, ein stabiles Haus ZUBAUEN _____ und Bäume ANZUPFLANZEN _____. ALLDIES _____ schafft er, aber mangels einer Frau kann er keinen Sohn zeugen. Allerdings muss der Held nicht bei Null beginnen. Er hat Werkzeug und Munition. Das Führen eines Kalenders wird zu einer ÄUßERSTWICHTIGEN

10 _____ Aufgabe, VORALLEM _____ die Sonntage müssen gewissenhaft AUFGEZEICHNET _____ werden. Dass es Füße verschiedener Größe gibt, bringt ihn EINMAL _____ fast um den Verstand. Der Held hat auch sonst mit ALLERLEI _____ Unbill ZUKÄMPFEN _____ und darf erst nach vielen Jahren in seine Heimat ZURÜCKKEHREN _____ und

15 sein Elternhaus WIEDERSEHEN _____.

(Aus: Richard Latzin: Das Literaturquiz. Von Homer bis Harry Potter, Wilhelm Heyne Verlag, München 2004, S. 183; bearbeitet)

1. Schreibe die hervorgehobenen Ausdrücke in der richtigen Schreibweise auf.

2. Wenn du den Namen des Helden des Buches kennst, schreibe seinen Namen auf:

_____

Lösungsbogen 3

Name _____

Lösungsbogen zur Lernerfolgskontrolle

Wörter richtig getrennt schreiben oder zusammenschreiben (2)

Aufgaben 1 und 2

			maximale Punktzahl	erreichte Punktzahl
	Du hast die hervorgehobenen Ausdrücke in der richtigen Schreibweise ergänzt.			
1	– vorzunehmen – anzufertigen – zu bauen – All dies – vor allem – einmal – zu kämpfen – wiedersehen	– zurechtzukommen – zu betreiben – anzupflanzen – äußerst wichtigen – aufgezeichnet – allerlei – zurückkehren	30	
2	Du hast den Held des Buches richtig benannt: – Robinson Crusoe		2 (Extrapunkte)	
	Gesamtpunktzahl		**30**	

Die Lernerfolgskontrolle wird mit der Note

_____ bewertet.

_____
Datum   Unterschrift

Zuordnung der Punkte zu den Notenstufen

Note	Punkte
sehr gut	30 – 28
gut	27 – 23
befriedigend	22 – 18
ausreichend	17 – 13
mangelhaft	12 – 7
ungenügend	6 – 0

Wörter richtig getrennt schreiben oder zusammenschreiben (3)

Steve Fossett: Geschwindigkeitsrekord mit Zeppelin

Steve Fossett war 2002 **welt?weit** _____ bekannt geworden, als er als erster Mensch mit einem **heiß?Luft?Ballon** _____ allein die Welt **um?rundete** _____. Doch damit

5 nicht genug: Auch mit dem Zeppelin stellte Fossett einen Rekord auf – und zwar einen neuen **Geschwindigkeits?Weltrekord** _____ für Luftschiffe, mit 111,8 km/h. Bereits als 12-Jähriger soll Fossett seinen ersten Berg **er?stiegen** _____ haben. **Nach?dem** _____ der Unternehmer an den Finanzmärkten ein Vermögen gemacht

10 hatte, zog er sich mit knapp 40 Jahren aus dem aktiven Geschäft zurück – und machte von da an mit sportlichen **extrem?Leistungen** _____ von sich reden. So bestieg Fossett rund 250 Berge. Mit 40 Jahren lernte er das Schwimmen – um den Ärmelkanal **durch?schwimmen** _____ zu können. Der Abenteurer betonte immer wieder, er tue dies nicht **zum?Vergnügen** _____

15 _____, sondern „um **etwas?zu?erreichen**" _____ _____. Das Brechen von Rekorden wurde zur privaten Leidenschaft des Amerikaners. In einem Interview fasste der Multimilliardär seine Lebensphilosophie mit den Worten zusammen: „Was wäre aus unserer Zivilisation geworden, wenn Menschen nicht willens wären, Dinge **zum?ersten?Mal** _____

20 _____ zu tun?" Im September 2007 brach der passionierte Pilot zu einem Flug in die Wüste Nevada (USA) auf, von dem er nie **zurück?kehrte** _____. Ein Jahr später wurden im Oktober 2008 die Wrackteile seiner Maschine gefunden. Die menschlichen Überreste zwischen den Trümmern wurden Steve Fossett **zu?geordnet** _____. Am 22. April

25 2014 wäre der Abenteurer 70 Jahre **alt?geworden** _____.

(www.ard.de/home/wissen/Moderne_Abenteurer/921944/index.html)

▌ Schreibe die hervorgehobenen Ausdrücke in der richtigen Schreibweise auf.

Lösungsbogen 4

Name _____

Lösungsbogen zur Lernerfolgskontrolle

Wörter richtig getrennt schreiben oder zusammenschreiben (3)

Aufgabe		maximale Punktzahl	erreichte Punktzahl
Du hast die hervorgehobenen Ausdrücke in der richtigen Schreibweise ergänzt.		28	
– weltweit – umrundete – erstiegen – Extremleistungen – zum Vergnügen – zum ersten Mal – zugeordnet	– Heißluftballon – Geschwindigkeitsweltrekord – Nachdem – durchschwimmen – etwas zu erreichen – zurückkehrte – alt geworden		
(2 Punkte für jede richtige Schreibweise)			
Gesamtpunktzahl		**28**	

Die Lernerfolgskontrolle wird mit der Note

_____ bewertet.

Zuordnung der Punkte zu den Notenstufen

Note	Punkte
sehr gut	28 – 26
gut	25 – 22
befriedigend	21 – 18
ausreichend	17 – 12
mangelhaft	11 – 6
ungenügend	5 – 0

_____
Datum   Unterschrift

© Schöningh Verlag

Arbeitsblatt 5

Getrennt- und Zusammenschreibung überprüfen

Gerlind Schabert
Leitfaden für moderne Schatzsucher

Für Robin Ewers, Geocacher aus Leidenschaft, gibt es ein „Davor" und ein „Danach". Die **Trenn?Linie** dazwischen ist der 2. Mai 2000 – der Tag, an dem das amerikanische Verteidigungsministerium sein **satelliten?gestütztes** Globales Positionsbestimmungssystem (GPS) zur allgemeinen Nutzung freigab.

Mit **einem?Mal** verfügten auch Privatleute über genaue Ortungsmöglichkeiten, und das brachte schon 24 Stunden

Jugendliche beim „Geocachen"

später einen **Technik?Freund** im US-Bundesstaat Oregon auf die Idee, mithilfe der GPS-Koordinaten eine Schatzsuche **zu?organisieren**. Er bestückte einen schwarzen Plastikeimer mit einer kleinen Überraschung, vergrub ihn im Wald und stellte die Suchhinweise in ein GPS-Forum ein.

Heute, 14 Jahre später, hat seine Idee Millionen von Fans in allen Erdteilen. „**Interessanter?Weise** hat dieser Pionier damals auch die Regel **auf?gestellt**, dass man in die Behälter immer eine **gleich?wertige** Kleinigkeit **ein?füllen** muss, wenn man etwas **heraus?nimmt**", erzählt Ewers. „Das hat sich bis heute gehalten." Von dieser und vielen anderen Geschichten rund um das Geocaching berichtet der 38-jährige Diplom-Ingenieur in seinem **gerade?erschienenen** Buch „Geocaching für Einsteiger".

Es führt gründlich in die Thematik ein, erklärt Prinzip und Ausrüstung und gibt viele Tipps zum Enträtseln und Erstellen von Caches. Beim Lesen wird schnell deutlich: Dieses Hobby verbindet die Freude an der Natur mit **Technik?Begeisterung** und **Abenteuer?Lust**. Ewers ist **am?Fuße** des Oberkasseler Steinbruchs aufgewachsen und hat in seiner Kindheit so manche Schnitzeljagd durchs Siebengebirge **unter?nommen**. Damals schaute er nach **Pfeil?förmig** gelegten Ästen und Kreidekreuzen, heute verrät ihm die Anzeige seines GPS-Geräts, wo es **lang?geht**. Gerätselt werden muss **trotz?dem** jede Menge. Denn die Cache-Entwickler, die sogenannten „Owner", **über?bieten** sich längst gegenseitig mit originellen Verschlüsselungs-Ideen und **hinzu?genommenen** technischen Spielereien.

„Da muss man schon mal einen USB-Stick finden und **irgend?wo ein?setzen**. Oder eine Flöte mitnehmen, um **an?Hand** aufgefundener Noten ein Lied **zu?erkennen**, das dann über seinen Text zur nächsten Koordinatenzahl führt."

(www.general-anzeiger-bonn.de/bonn/beuel/oberkassel/leitfaden-fuer-moderne-schatzsucher-article1505157.html P, 26.11.2014 [Stand: 03.06.2015])

1 Schreibe die hervorgehobenen Ausdrücke in der richtigen Schreibweise auf.

Lösungsbogen 5

Name _____

Lösungsbogen zur Lernerfolgskontrolle

Getrennt- und Zusammenschreibung überprüfen

Aufgabe		maximale Punktzahl	erreichte Punktzahl
Du hast die hervorgehobenen Ausdrücke in der richtigen Schreibweise aufgeschrieben.		48	
– Trennlinie – einem Mal – zu organisieren – aufgestellt – einfüllen – gerade erschienenen – Abenteuerlust – unternommen – langgeht – überbieten – irgendwo – anhand	– satellitengestütztes – Technikfreund – Interessanterweise – gleichwertige – herausnimmt – Technikbegeisterung – am Fuße – pfeilförmig – trotzdem – hinzugenommenen – einsetzen – zu erkennen		
(2 Punkte für jede richtige Schreibweise)			
Gesamtpunktzahl		**48**	

Die Lernerfolgskontrolle wird mit der Note

_____ **bewertet.**

_____

Datum   Unterschrift

Zuordnung der Punkte zu den Notenstufen

Note	Punkte
sehr gut	48–45
gut	44–36
befriedigend	35–28
ausreichend	27–20
mangelhaft	19–10
ungenügend	9–0

Zeichensetzungstraining – Kommas richtig setzen
(Schülerbuch, S. 279–289)

Zusatz- und Differenzierungsmaterial, Lernerfolgskontrollen, Lösungsbogen

Arbeitsblatt 1a: Regeln der Kommasetzung richtig anwenden: ein Partnerdiktat durchführen (SB, S. 279–280)

Arbeitsblatt 1b: Regeln der Kommasetzung richtig anwenden: fehlende Kommas in Texten ergänzen (SB, S. 279–280)

Arbeitsblatt 2: Das Komma in einfachen und komplexen Satzgefügen (SB, S. 281–282 und S. 285–286)

Arbeitsblatt 3: Die Kommasetzung bei Relativsätzen/Attributsätzen üben (SB, S. 283–284)

Arbeitsblatt 4: Kommas in Satzgefügen richtig setzen und einem Sachtext Informationen entnehmen (SB, S. 281–282 und S. 285–286)
Lösungsbogen 4 zur Lernerfolgskontrolle (AB 4)

Arbeitsblatt 5: Kommas richtig setzen und Fragen zu einem Sachtext beantworten (SB, S. 283–288)
Lösungsbogen 5 zur Lernerfolgskontrolle/Leistungsüberprüfung (AB 5)

Arbeitsblatt 6: Kommas richtig setzen (SB, S. 279–289)
Lösungsbogen 6 zur Lernerfolgskontrolle/Leistungsüberprüfung (AB 6)

Arbeitsblatt 1a

Regeln der Kommasetzung richtig anwenden: ein Partnerdiktat durchführen

Text 1

Die Ernährung im alten Ägypten (das Komma bei Aufzählungen)

Die Grundlage der Ernährung für alle Menschen im alten Ägypten war Brot, Nilwasser und natürlich Bier. Der Speisezettel wurde durch weitere Lebensmittel ergänzt. Dazu gehörte Fleisch von Tieren wie Rindern, Schafen, Wild, Enten und Gänsen. Außerdem aßen die Ägypter viel Fisch, Obst und Gemüse. Da die Ägypter unterschiedlich viel bzw.
5 wenig Geld hatten, da sie sich in ihrer gesellschaftlichen Stellung unterschieden und da es ganz unterschiedliche Gelegenheiten gab, variierten die Menge und die Qualität der Speisen natürlich. Besonders bei offiziellen Zeremonien, Festen, Banketten oder Empfängen wurde auf eine große Menge und eine gute Qualität des Essens geachtet. Die Bilder in altägyptischen Gräbern verraten außerdem viel über die Zubereitung von Fleisch, Fisch,
10 Geflügel, Brot und Süßspeisen. Geflügel z. B. wurde am Spieß zubereitet oder gekocht. Insgesamt ist das Thema der Ernährung bei den alten Ägyptern sehr gut dokumentiert.

Text 2

Altägyptische Feste (das Komma bei entgegensetzenden Konjunktionen)

Besteck war bei den altägyptischen Festen keines vorhanden, aber es gab Messer. Bei Banketten saßen die Geladenen in Gruppen versammelt auf niedrigen Schemeln, jedoch auch auf normal hohen Stühlen. Ein niedriger Tisch ermöglichte dem Gast das Abstellen seiner Speisen, aber auch der Trinkgefäße. Für die Bedienung war in den Häusern der
5 Reichen nicht der Gastgeber selbst zuständig, sondern eine große Zahl von Dienerinnen und Dienern. Bei diesen Festen wurde nicht nur gegessen und getrunken, sondern es wurden auch Lieder gesungen und Tanzdarbietungen vorgeführt. Die Eingeladenen kamen oft in Begleitung eines Sonnenschirmträgers, doch den König schützte manchmal ein wertvoller Fächer aus Straußenfedern vor der Sonne. Während des Festmahls wurden
10 die Hände mit Wasser gespült, aber auch mit Salben gepflegt. Viele der Gäste sprachen dem Alkohol zu stark zu.

(Informationen in beiden Texten nach: Edda Bresciani: An den Ufern des Nils. Alltagsleben zur Zeit der Pharaonen. Aus dem Italienischen von Helmut Schareika, Wissenschaftliche Buchgesellschaft, Darmstadt 2002, S. 118; bearbeitet)

1. Arbeite mit einer Lernpartnerin bzw. einem Lernpartner zusammen. Du diktierst der anderen/dem anderen den ersten Text und lässt dir den zweiten Text diktieren (oder umgekehrt). Diktiere die Kommas nicht mit.

2. Korrigiert anschließend gegenseitig eure Texte. Achtet vor allem auf die Kommasetzung.

Regeln der Kommasetzung richtig anwenden: fehlende Kommas in Texten ergänzen

Text 1

Die Ernährung im alten Ägypten (das Komma bei Aufzählungen)

Die Grundlage der Ernährung für alle Menschen im alten Ägypten war Brot Nilwasser und natürlich Bier. Der Speisezettel wurde durch weitere Lebensmittel ergänzt. Dazu gehörte Fleisch von Tieren wie Rindern Schafen Wild Enten und Gänsen. Außerdem aßen die Ägypter viel Fisch Obst und Gemüse. Da die Ägypter unterschiedlich viel bzw. wenig
5 Geld hatten da sie sich in ihrer gesellschaftlichen Stellung unterschieden und da es ganz unterschiedliche Gelegenheiten gab variierten die Menge und die Qualität der Speisen natürlich. Besonders bei offiziellen Zeremonien Festen Banketten oder Empfängen wurde auf eine große Menge und eine gute Qualität des Essens geachtet. Die Bilder in altägyptischen Gräbern verraten außerdem viel über die Zubereitung von Fleisch Fisch Geflügel
10 Brot und Süßspeisen. Geflügel z. B. wurde am Spieß zubereitet oder gekocht. Insgesamt ist das Thema der Ernährung bei den alten Ägyptern sehr gut dokumentiert.

Text 2

Altägyptische Feste (das Komma bei entgegensetzenden Konjunktionen)

Besteck war bei den altägyptischen Festen keines vorhanden aber es gab Messer. Bei Banketten saßen die Geladenen in Gruppen versammelt auf niedrigen Schemeln jedoch auch auf normal hohen Stühlen. Ein niedriger Tisch ermöglichte dem Gast das Abstellen seiner Speisen aber auch der Trinkgefäße. Für die Bedienung war in den Häusern der
5 Reichen nicht der Gastgeber selbst zuständig sondern eine große Zahl von Dienerinnen und Dienern. Bei diesen Festen wurde nicht nur gegessen und getrunken sondern es wurden auch Lieder gesungen und Tanzdarbietungen vorgeführt. Die Eingeladenen kamen oft in Begleitung eines Sonnenschirmträgers doch den König schützte manchmal ein wertvoller Fächer aus Straußenfedern vor der Sonne. Während des Festmahls wurden
10 die Hände mit Wasser gespült aber auch mit Salben gepflegt. Viele der Gäste sprachen dem Alkohol zu stark zu.

(Informationen in beiden Texten nach: Edda Bresciani: An den Ufern des Nils. Alltagsleben zur Zeit der Pharaonen. Aus dem Italienischen von Helmut Schareika, Wissenschaftliche Buchgesellschaft, Darmstadt 2002, S. 118; bearbeitet)

1. Setze in den beiden Texten die fehlenden Kommas.

2. Vergleiche anschließend mit einer Lernpartnerin bzw. einem Lernpartner, wo ihr Kommas gesetzt habt und warum.

Arbeitsblatt 2

Das Komma in einfachen und komplexen Satzgefügen

Edda Bresciani
Kleidung, Mode und Schmuck im alten Ägypten

Im alten Ägypten interessierten sich Mann und Frau gleichermaßen stark sowohl für Kleidung als auch für Schmuck. Da die Art sich zu kleiden verschiedene soziale Stellungen und öffentliche Funktionen widerspiegelte waren Mode und Kleidung sehr wichtig. Obwohl es ein besonderes Statussymbol war wenn man Sandalen trug besaßen nur
5 wenige Menschen solche. Diese Sandalen waren einfache Laufsohlen die oft aus Leder bestanden während sie an den Füßen mit dünnen Bändern befestigt wurden. Angeblich sollen die Sandalen der Könige aus Gold bestanden haben.

Im täglichen Leben trug der gewöhnliche Mann einen Schurz um die Lenden während die Frau ein schlichtes und von zwei Trägern gehaltenes Kleid trug. Für festliche Anlässe gab
10 es natürlich auch festliche Gewänder sodass man sich angemessen kleiden konnte. Die Soldaten die zum Teil aus fremden Ländern kamen hatten ihre spezielle Kleidung während die Steinbrucharbeiter einen einfachen Lendenschurz aus Leder trugen.

Im Laufe der altägyptischen Geschichte veränderte sich die Mode immer wieder sodass z. B. die Frisuren bei Männern und Frauen komplizierter und lockiger wurden da die
15 aufwendigen Frisuren andere Menschen beeindrucken sollten.

Viele altägyptische Texte enthalten eine große Zahl an Schönheitsrezepten die zeigen dass viele Ägypter ihrem Körper große Sorgfalt widmeten. Die Schönheitsmasken die wir in den Rezepten finden vermitteln den Eindruck dass sie wirksam waren. Sie sollten vor allem Falten entfernen da viele Ägypter ein glattes Gesicht wollten. Außerdem fürchteten
20 viele von ihnen das Grauwerden der Haare während andere ihre Kahlköpfigkeit bekämpfen wollten damit sie jünger wirkten. Es gab zahlreiche Rezepte die angeblich die Haare wieder wachsen ließen indem man den Anweisungen die uns heute zum Teil kurios erscheinen folgte.

Wenn man die Schönheitsrezepte anwendete sollte man ein jugendliches Aussehen das
25 den Ägyptern offensichtlich besonders wichtig war bewahren oder zurückerhalten. Ein Rezept das uns überliefert ist verspricht sogar die „Umwandlung eines Alten in einen Jungen" obwohl es eigentlich nur die Anweisung zur Herstellung einer einfachen Salbe ist.

(Nach: Edda Bresciani: An den Ufern des Nils. Alltagsleben zur Zeit der Pharaonen. Aus dem Italienischen von Helmut Schareika, Wissenschaftliche Buchgesellschaft, Darmstadt 2002, S. 119 ff.; bearbeitet)

Setze in dem Text die fehlenden Kommas. Es fehlen insgesamt 30 Kommas.

Arbeitsblatt 3

Die Kommasetzung bei Relativsätzen/ Attributsätzen üben

Edda Bresciani
Das schönste Land der Welt: der Nil, der große Strom und das „Schwarze Land"

Die altägyptische Zivilisation die eine mächtige Flusskultur war verdankt ihre Entstehung dem Nil. Der Nil der dank dem jährlichen Wunder der Überschwemmung die Flussufer im Niltal und im Nildelta mit fruchtbarem Schlamm anreicherte wurde zum fundamentalen Element für den Ackerbau und die Wirtschaft des ganzen Landes. Wenn der Umfang der
5 Überschwemmungen die für die Ägypter lebensnotwendig waren zu hoch oder zu niedrig war, bestand für das Land die Gefahr von Hungersnöten und Katastrophen.

Das für die Ägypter so wichtige Phänomen das die Ufer des Flusses ergrünen ließ personifizierten sie in einem Gott. Dies war der ägyptische Gott Hapi der in ganz Ägypten verehrt wurde. Er wurde oft in Form eines menschlichen Wesens das mit Pflanzen und
10 Fischen beladen war verehrt.

Jeden Sommer im Monat Juli begannen die Wasser des Flusses um einige Meter zu steigen. Der Nil der dann aus seinem Flussbett heraustrat überflutete die Talebenen. Die Dörfer und Städte die auf den Höhen längs den Bewässerungskanälen errichtet worden waren erreichte das Wasser nicht. Nach vier Monaten zog sich das Wasser zurück und hinterließ
15 eine Schicht fruchtbaren schwarzen Schlammes auf den Feldern.

Das Leben selbst war in Ägypten in seinem Rhythmus von den Zeiten der Nilschwelle bestimmt. Der Kalender der Jahreszeiten folgte dem Zyklus des Flusses der den Ägyptern als heilig galt. Das neue Jahr begann mit der Ankunft der Nilflut im Juli.

Es gab drei Jahreszeiten die alle jeweils vier Monate umfassten. Die erste Jahreszeit die von
20 Juli bis November dauerte war die Zeit der Überschwemmung der Felder. Von November bis März tauchte das Land langsam wieder aus dem Wasser auf. Dies war die zweite Jahreszeit. Von März bis Juli war die trockene Jahreszeit die jedoch auch die Zeit der Ernte war.

(Nach: Edda Bresciani: An den Ufern des Nils. Alltagsleben zur Zeit der Pharaonen. Aus dem Italienischen von Helmut Schareika, Wissenschaftliche Buchgesellschaft, Darmstadt 2002, S. 13 f.; bearbeitet)

Setze in dem Text die fehlenden Kommas bei Relativsätzen/Attributsätzen. Achte darauf, dass die Relativsätze/Attributsätze oft von einem anderen Satz umrahmt werden.

Kommas in Satzgefügen richtig setzen und einem Sachtext Informationen entnehmen

Robin Fedden
Die Landschaft im Niltal

Der Nil hat die Landschaft Ägyptens überhaupt erst geschaffen indem er die baum- und wasserlose Wüste durchschnitten hat. Mitten durch die Wüste und ihre kahlen Hügel zieht sich ein grüner Gürtel hin da hier das Wasser des Nils Leben
5 möglich macht. Obwohl sich dieser grüne Streifen an den Ufern des Nils unterhalb von der ägyptischen Hauptstadt Kairo weit ausbreitet ist doch der schmale grüne Streifen am Nil das eigentliche Ägypten. Hier reicht die Wüste teilweise nahe an den Fluss heran sodass er wie eingezwängt zwi-
10 schen Trockenheit und Unbewohnbarkeit aussieht. Ein Blick von oben hinunter ins Tal das der Nil durchzieht macht den Charakter der Landschaft besonders gut deutlich.

In der Mitte zieht sich langsam der Fluss dahin auf dem häufig mehrere Boote zu sehen sind. Die Segel fangen das Sonnenlicht auf. Die Felder zu beiden Seiten des Flusses werden
15 mithilfe von Kanälen die sich immer weiter verzweigen bewässert. Das Grün der Felder das im Kontrast zur angrenzenden Wüste umso mehr auffällt wird nur an einzelnen Stellen von anderen Farben unterbrochen. In dem Grüngürtel liegen in bestimmten Abständen die Dörfer mit Häusern die aus gebrannten Nilschlammziegeln gebaut werden. Da es kaum Unterschiede zwischen den Häusern gibt wirken diese gleichförmig.

20 Wenn man den Nil mit einem Schiff hinunterfährt kann man die unterschiedlichen Schattierungen der Landschaft am besten genießen. Damit man die Nillandschaft wirklich kennenlernt sollte man von Assuan im Süden Ägyptens bis nach Alexandria im Norden fahren. Das Aussehen der Landschaft ist auch abhängig von der Tageszeit und damit der Sonneneinstrahlung sodass es sich im Laufe eines Tages immer wieder verändert. Im Mor-
25 gengrauen erwacht das Land am Nil weil sich der Dunst über dem Wasser langsam verflüchtigt. Mit dem Sonnenaufgang beginnt die Arbeit der Bauern die in Ägypten Fellachen genannt werden. Während die Sonne höher steigt verändert sich das Aussehen der Uferlandschaft. Sobald am Abend die Sonne hinter den Uferbergen verschwindet taucht sie die Szene in ein wiederum neues Licht das von kräftigen Farben geprägt ist.

(21 Kommas)

(Nach: Robin Fedden: Ägypten, 2. Aufl., Prestel Verlag, München 1981, S. 39 ff.; bearbeitet)

1. Unterstreiche in dem Text die Hauptsätze und kennzeichne die Nebensätze/Gliedsätze sowie die Relativsätze/Attributsätze mit einer Wellenlinie.

2. Setze an den richtigen Stellen die Kommas. Die Anzahl der Kommas ist in der Klammer am Schluss des Textes angegeben.

3. Erstelle eine Liste mit den wichtigsten Merkmalen der Landschaft im Niltal, wie sie in diesem Text beschrieben wird.

Lösungsbogen 4

Name _____

Lösungsbogen zur Lernerfolgskontrolle

Kommas in Satzgefügen richtig setzen und einem Sachtext Informationen entnehmen

Aufgaben 1 und 2

	Du unterstreichst die Hauptsätze, versiehst die Nebensätze/Gliedsätze sowie die Relativsätze/Attributsätze mit einer Wellenlinie und setzt die fehlenden Kommas.	maximale Punktzahl	erreichte Punktzahl
1	Der Nil hat die Landschaft Ägyptens überhaupt erst geschaffen, indem er die baum- und wasserlose Wüste durchschnitten hat. Mitten durch die Wüste und ihre kahlen Hügel zieht sich ein grüner Gürtel hin, da hier das Wasser des Nils Leben möglich macht. Obwohl sich dieser grüne Streifen an den Ufern des Nils unterhalb von der ägyptischen Hauptstadt Kairo weit ausbreitet, ist doch der schmale grüne Streifen am Nil das eigentliche Ägypten. Hier reicht die Wüste teilweise nahe an den Fluss heran, sodass er wie eingezwängt zwischen Trockenheit und Unbewohnbarkeit aussieht. Ein Blick von oben hinunter ins Tal, das der Nil durchzieht, macht den Charakter der Landschaft besonders gut deutlich. In der Mitte zieht sich langsam der Fluss dahin, auf dem häufig mehrere Boote zu sehen sind. Die Segel fangen das Sonnenlicht auf. Die Felder zu beiden Seiten des Flusses werden mithilfe von Kanälen, die sich immer weiter verzweigen, bewässert. Das Grün der Felder, das im Kontrast zur angrenzenden Wüste umso mehr auffällt, wird nur an einzelnen Stellen von anderen Farben unterbrochen. In dem Grüngürtel liegen in bestimmten Abständen die Dörfer mit Häusern, die aus gebrannten Nilschlammziegeln gebaut werden. Da es kaum Unterschiede zwischen den Häusern gibt, wirken diese gleichförmig. Wenn man den Nil mit einem Schiff hinunterfährt, kann man die unterschiedlichen Schattierungen der Landschaft am besten genießen. Damit man die Nillandschaft wirklich kennenlernt, sollte man von Assuan im Süden Ägyptens bis nach Alexandria im Norden fahren. Das Aussehen der Landschaft ist auch abhängig von der Tageszeit und damit der Sonneneinstrahlung, sodass es sich im Laufe eines Tages immer wieder verändert. Im Morgengrauen erwacht das Land am Nil, weil sich der Dunst über dem Wasser langsam verflüchtigt. Mit dem Sonnenaufgang beginnt die Arbeit der Bauern, die in Ägypten Fellachen genannt werden. Während die Sonne höher steigt, verändert sich das Aussehen der Uferlandschaft. Sobald am Abend die Sonne hinter den Uferbergen verschwindet, taucht sie die Szene in ein wiederum neues Licht, das von kräftigen Farben geprägt ist.	56 (1 Punkt für jeden richtig markierten Hauptsatz, Neben-/ Gliedsatz bzw. Relativ-/ Attibutsatz und für jedes richtig gesetzte Komma)	
	Gesamtpunktzahl für Aufgabe 1 und 2	**56**	

Lösungsbogen 4

Aufgabe 3

		maximale Punktzahl	erreichte Punktzahl
1	*Du erstellst eine Liste mit den wichtigsten Merkmalen der Landschaft im Niltal, wie sie in dem Text beschrieben wird, z.B.:* – grüner Streifen inmitten der Wüste – Felder und Dörfer direkt am Fluss – dahinter beginnt unmittelbar Wüste – Gegensatz zwischen grünen Feldern und trockenem Wüstensand – Bewässerung der Felder mithilfe von Kanälen – gleichförmiges Aussehen der Häuser in den Dörfern – Segelschiffe prägen Bild des Flusses – Aussehen der Landschaft verändert sich mit den Tageszeiten	10	
	Gesamtpunktzahl für Aufgabe 3	10	
	Gesamtpunktzahl	66	

Die Lernerfolgskontrolle wird mit der Note

_____ **bewertet.**

Zuordnung der Punkte zu den Notenstufen

Note	Punkte
sehr gut	66–61
gut	60–51
befriedigend	50–40
ausreichend	39–30
mangelhaft	29–13
ungenügend	12–0

Datum   Unterschrift

© Schöningh Verlag

Kommas richtig setzen und Fragen zu einem Sachtext beantworten

David Livingstone und die Suche nach den Nilquellen

David Livingstone
(1813–1873)

Der Schotte David Livingstone der 1813 geboren wurde arbeitete schon als Zehnjähriger in einer Textilfabrik da er zum Lebensunterhalt seiner Familie beitragen musste. Neben der Arbeit besuchte er eine Schule um Lesen und
5 Schreiben zu lernen. Später studierte er Medizin und Theologie da er als Arzt und Missionar nach Asien gehen wollte. Sein Weg führte ihn dann aber nach Afrika. Nachdem er 1841 in Südafrika angekommen war heiratete er dort 1844 eine Engländerin. Livingstone unternahm
10 zahlreiche Reisen in Afrika um den Kontinent genauer zu erforschen. Er beschäftigte sich zunächst damit den Fluss Sambesi zu erkunden der der viertlängste Fluss Afrikas ist. Obwohl der Forscher nach einem halben Jahr völlig erschöpft, abgemagert und fieberkrank war wollte er nicht in seine Heimat zurückreisen.
15 Statt sich auszuruhen entdeckte Livingstone 1855 als erster Europäer die gigantischen Wasserfälle die er Victoriafälle nannte um die britische Königin Victoria zu ehren. Ein weiteres Ziel Livingstones war es das Geheimnis der Nilquellen zu lösen. Schon seit längerer Zeit hatten sich unterschiedliche Forscher darum bemüht die Quellen des Nils zu finden. Nachdem Livingstone 1866 aufgebrochen war drang er immer weiter in unbekannte
20 Gebiete vor. Da er zwei Jahre lang keinen Kontakt mehr zur Außenwelt gehabt hatte hielt man ihn in England und Amerika für verschollen. Erst 1871 entdeckte ihn der amerikanische Journalist Henry M. Stanley der von dem Verleger einer großen amerikanischen Tageszeitung beauftragt worden war in der Siedlung Ujiji. Stanley war nach Zentralafrika geschickt worden um nach Livingstone zu suchen. Dieser war als er gerettet wurde krank
25 und mittellos. Beim ersten Aufeinandertreffen der beiden Männer soll Stanley den Satz der heute noch berühmt ist gesagt haben: „Dr. Livingstone, nehme ich an?" Die Frage nach den Quellen des Nils konnte Livingstone jedoch nicht lösen.

(Informationen nach: www.nationalgeographic.de/reportagen/entdecken/david-livingstone)

1. Setze in dem Text die fehlenden Kommas bei Relativsätzen/Attributsätzen (8 Kommas), Infinitivgruppen mit *zu* (8 Kommas) sowie Adverbialsätzen (8 Kommas).

2. Beantworte die Fragen zum Text:
   a) Warum war es für Livingstone nicht leicht, Lesen und Schreiben zu lernen?
   b) Welche Fächer studierte Livingstone?
   c) Seit wann hielt er sich in Afrika auf?
   d) Auf welche Schwierigkeiten traf er bei seinen Expeditionen?
   e) Wer kam nach Afrika, um Livingstone zu finden und zu retten?
   f) Wer bezahlte die Suchaktion?
   g) Warum war Livingstone nicht allein zurückgekehrt?
   h) Welcher Satz soll bei der ersten Begegnung zwischen Stanley und Livingstone gefallen sein?

Lösungsbogen 5

Name _____

Lösungsbogen zur Lernerfolgskontrolle

Kommas richtig setzen und Fragen zu einem Sachtext beantworten

Inhaltliche Leistungen

Aufgabe 1

	Du setzt die fehlenden 24 Kommas jeweils an der richtigen Stelle.	maximale Punktzahl	erreichte Punktzahl
1	Der Schotte David Livingstone, der 1813 geboren wurde, arbeitete schon als Zehnjähriger in einer Textilfabrik, da er zum Lebensunterhalt seiner Familie beitragen musste. Neben der Arbeit besuchte er eine Schule, um Lesen und Schreiben zu lernen. Später studierte er Medizin und Theologie, da er als Arzt und Missionar nach Asien gehen wollte. Sein Weg führte ihn dann aber nach Afrika. Nachdem er 1841 in Südafrika angekommen war, heiratete er dort 1844 eine Engländerin. Livingstone unternahm zahlreiche Reisen in Afrika, um den Kontinent genauer zu erforschen. Er beschäftigte sich zunächst damit, den Fluss Sambesi zu erkunden, der der viertlängste Fluss Afrikas ist. Obwohl der Forscher nach einem halben Jahr völlig erschöpft, abgemagert und fieberkrank war, wollte er nicht in seine Heimat zurückreisen. Statt sich auszuruhen, entdeckte Livingstone 1855 als erster Europäer die gigantischen Wasserfälle, die er Victoriafälle nannte, um die britische Königin Victoria zu ehren. Ein weiteres Ziel Livingstones war es, das Geheimnis der Nilquellen zu lösen. Schon seit längerer Zeit hatten sich unterschiedliche Forscher darum bemüht, die Quellen des Nils zu finden. Nachdem Livingstone 1866 aufgebrochen war, drang er immer weiter in unbekannte Gebiete vor. Da er zwei Jahre lang keinen Kontakt mehr zur Außenwelt gehabt hatte, hielt man ihn in England und Amerika für verschollen. Erst 1871 entdeckte ihn der amerikanische Journalist Henry M. Stanley, der von dem Verleger einer großen amerikanischen Tageszeitung beauftragt worden war, in der Siedlung Ujiji. Stanley war nach Zentralafrika geschickt worden, um nach Livingstone zu suchen. Dieser war, als er gerettet wurde, krank und mittellos. Beim ersten Aufeinandertreffen der beiden Männer soll Stanley den Satz, der heute noch berühmt ist, gesagt haben: „Dr. Livingstone, nehme ich an?" Die Frage nach den Quellen des Nils konnte Livingstone jedoch nicht lösen.	24	
	Gesamtpunktzahl für Aufgabe 1	**24**	

263

© Schöningh Verlag

Lösungsbogen 5

Aufgabe 2

	Du beantwortest die Fragen zum Text richtig, z. B.:	maximale Punktzahl	erreichte Punktzahl
a)	Er stammte aus einer armen Familie und musste schon mit zehn Jahren in einer Fabrik arbeiten. Die Schule konnte er nur nebenbei besuchen.	3	
b)	Er studierte die Fächer Medizin und Theologie.	2	
c)	Er hielt sich seit 1841 in Afrika auf.	2	
d)	Hunger und Erschöpfung waren wichtige Probleme, die Livingstone hatte. Außerdem musste er mit Krankheiten kämpfen. Hinzu kamen Geldprobleme. Außerdem war es schwierig, Kontakt mit der Außenwelt zu halten.	4	
e)	Der amerikanische Journalist Henry M. Stanley kam nach Afrika, um Livingstone zu suchen.	2	
f)	Ein amerikanischer Verleger hatte die Suche bezahlt.	2	
g)	Er war krank und mittellos.	2	
h)	„Dr. Livingstone, nehme ich an?"	2	
	Gesamtpunktzahl für Aufgabe 2	**19**	
	Gesamtpunktzahl für Aufgabe 1 und 2	**43**	

Darstellungsleistungen

		maximale Punktzahl	erreichte Punktzahl
1	Du beantwortest die Fragen zum Text in ganzen Sätzen.	2	
2	Du formulierst deine Antworten verständlich und sprachlich angemessen.	3	
3	Bei der Beantwortung der Fragen sind deine Rechtschreibung, Zeichensetzung und Grammatik fehlerfrei.	5	
	Gesamtpunktzahl für die Darstellungsleistungen	**10**	
	Gesamtpunktzahl	**53**	

Die Lernerfolgskontrolle wird mit der Note

_____ **bewertet.**

Datum   Unterschrift

Zuordnung der Punkte zu den Notenstufen

Note	Punkte
sehr gut	53–50
gut	49–41
befriedigend	40–32
ausreichend	31–23
mangelhaft	22–11
ungenügend	10–0

Kommas richtig setzen

1 Setze in dem folgenden Text die fehlenden Kommas.

„Deep Blue"

Eine der aufwendigsten und beeindruckendsten Dokumentationen die je hergestellt wurden kommt in diesen Tagen in die Kinos. In der filmischen Expedition deren Stars glitschig sind Schuppen haben und deren Drehort das größte Biotop des Globus ist werden berauschende Bilder gezeigt die der Zuschauer sicher so noch nie gesehen hat.

Die Dokumentation entführt den Beobachter zu Korallenriffen zu den Polargebieten und ins offene Meer. Es wird zum Beispiel gezeigt wie eine Eisbärmutter mit ihrem Jungen Weißwale jagt. Gezeigt wird auch wie ein Orka sich mit einer großen Welle so aufs Ufer schwemmen lässt dass er dort einen jungen Seelöwen erbeuten kann. Besonders interessant wird es dann wenn die Kamera Aufnahmen aus der Tiefsee liefert und zwar bis 5000 Meter tief.

Den Zuschauer wird es in großes Erstaunen versetzen wenn er sieht wie viele geheimnisvolle Kreaturen in einer Tiefe leben in der sie sich vom Energiespender Sonne unabhängig gemacht haben. Die Produzenten dieses Films befragten lange vor Drehbeginn Techniker Biologen Meeresforscher auf der ganzen Welt. Sie schickten Filmteams mit Schiffen Flugzeugen und U-Booten zu mehr als 200 Orten auf den Ozeanen. Es dauerte fünf Jahre bis die 40 Kameramänner 7000 Stunden Material zusammengetragen hatten. Einige Mitarbeiter hatten auch Forscherglück denn sie entdeckten beim Tauchen neue Arten die bislang noch nicht bekannt waren.

„Deep Blue" ist nicht nur ein optischer Genuss sondern vor allem auch ein akustisches Erlebnis denn die einmaligen Aufnahmen werden begleitet von den Berliner Philharmonikern die zum ersten Mal in ihrer Geschichte für einen Kinofilm spielten.

Lösungsbogen 6

Name _____

Lösungsbogen zur Lernerfolgskontrolle

Kommas richtig setzen

Aufgabe

	Du hast in dem Text die Kommas richtig gesetzt.	maximale Punktzahl	erreichte Punktzahl
1	Eine der aufwendigsten und beeindruckendsten Dokumentationen, die je hergestellt wurden, kommt in diesen Tagen in die Kinos. In der filmischen Expedition, deren Stars glitschig sind, Schuppen haben und deren Drehort das größte Biotop des Globus ist, werden berauschende Bilder gezeigt, die der Zuschauer sicher so noch nie gesehen hat.	6	
2	Die Dokumentation entführt den Beobachter zu Korallenriffen, zu den Polargebieten und ins offene Meer. Es wird zum Beispiel gezeigt, wie eine Eisbärmutter mit ihrem Jungen Weißwale jagt. Gezeigt wird auch, wie ein Orka sich mit einer großen Welle so aufs Ufer schwemmen lässt, dass er dort einen jungen Seelöwen erbeuten kann. Besonders interessant wird es dann, wenn die Kamera Aufnahmen aus der Tiefsee liefert, und zwar bis 5000 Meter tief.	6	
3	Den Zuschauer wird es in großes Erstaunen versetzen, wenn er sieht, wie viele geheimnisvolle Kreaturen in einer Tiefe leben, in der sie sich vom Energiespender Sonne unabhängig gemacht haben. Die Produzenten dieses Films befragten lange vor Drehbeginn Techniker, Biologen, Meeresforscher auf der ganzen Welt. Sie schickten Filmteams mit Schiffen, Flugzeugen und U-Booten zu mehr als 200 Orten auf den Ozeanen. Es dauerte fünf Jahre, bis die 40 Kameramänner 7000 Stunden Material zusammengetragen hatten.	7	
4	Einige Mitarbeiter hatten auch Forscherglück, denn sie entdeckten beim Tauchen neue Arten, die bislang noch nicht bekannt waren. „Deep Blue" ist nicht nur ein optischer Genuss, sondern vor allem auch ein akustisches Erlebnis, denn die einmaligen Aufnahmen werden begleitet von den Berliner Philharmonikern, die zum ersten Mal in ihrer Geschichte für einen Kinofilm spielten.	5	
	Gesamtpunktzahl	24	

Die Lernerfolgskontrolle wird mit der Note

_____ **bewertet.**

_____
Datum   Unterschrift

Zuordnung der Punkte zu den Notenstufen

Note	Punkte
sehr gut	24 – 23
gut	22 – 19
befriedigend	18 – 15
ausreichend	14 – 12
mangelhaft	11 – 6
ungenügend	5 – 0

Grammatiktraining – Wortarten
(Schülerbuch, S. 294–302)

Zusatz- und Differenzierungsmaterial, Lernerfolgskontrollen, Lösungsbogen

Arbeitsblatt 1: Wortarten bestimmen (SB, S. 294–296)

Arbeitsblatt 2: Wortarten Erklärungen und Beispiele zuordnen (SB, S. 294–296)
Lösung 2 (zum AB 2)

Arbeitsblatt 3: Wortarten und Zeitformen bestimmen (SB, S. 294–296 und S. 298–301)
Lösungsbogen 3 zur Lernerfolgskontrolle (AB 3)

Arbeitsblatt 4: Vollverben, Hilfsverben und Modalverben unterscheiden (SB, S. 300–301)
Lösungsbogen 4 zur Lernerfolgskontrolle (AB 4)

Arbeitsblatt 5: Modalverben erkennen und verwenden (SB, S. 300–301)
Lösungsbogen 5 zur Lernerfolgskontrolle (AB 5)

Arbeitsblatt 1

Wortarten bestimmen

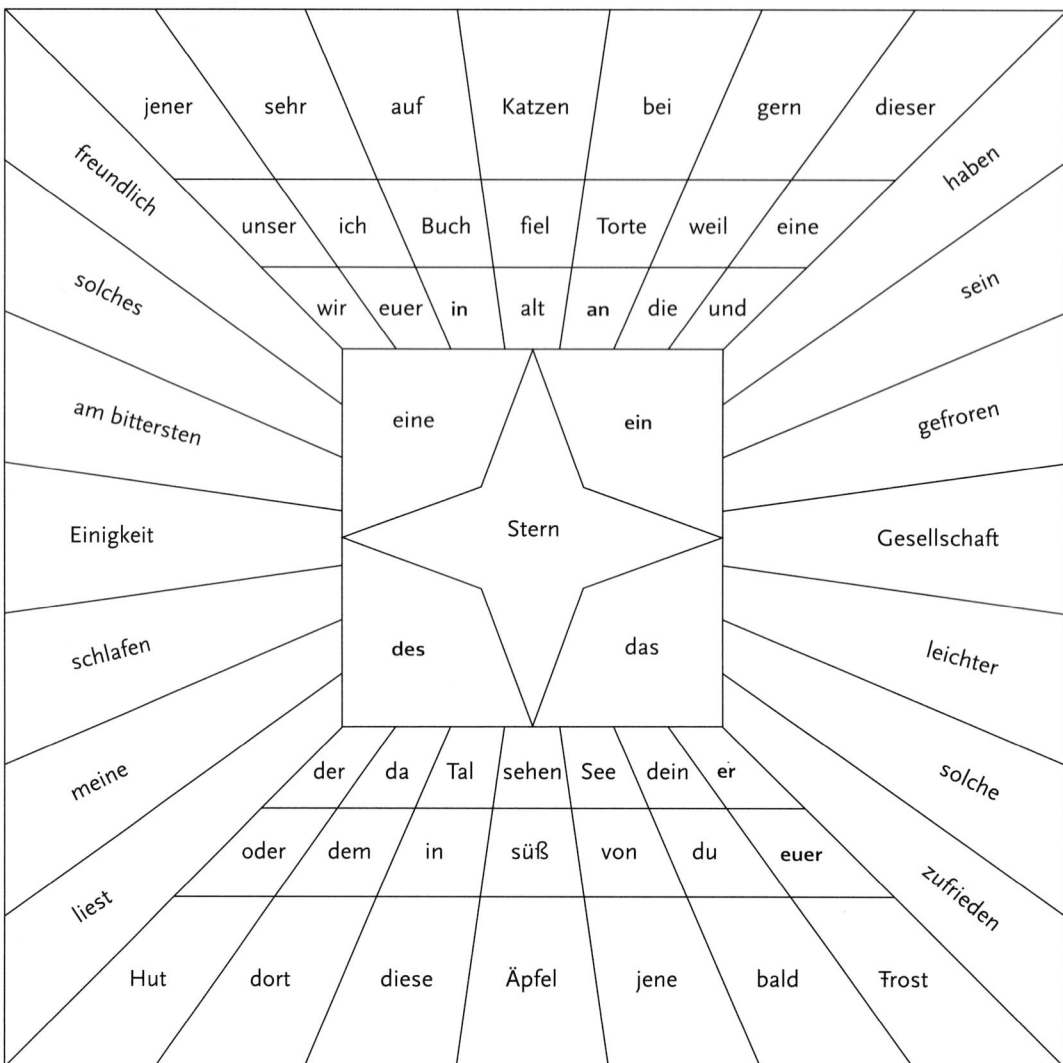

Kennzeichne die Wortartenfelder. Benutze folgende Farben:

- Nomen/Substantive: rot
- Artikel: gelb
- Verben: orange
- Adjektive: hellgrün
- Personalpronomen: dunkelgrün
- Possessivpronomen: dunkelblau
- Demonstrativpronomen: hellblau
- Adverbien: lila
- Präpositionen: schwarz
- Konjunktionen: die Felder bleiben weiß

Arbeitsblatt 2

Wortarten – Erklärungen und Beispiele zuordnen

1. Ordne den fett gedruckten Wortarten die richtige Erklärung zu. Verbinde dazu die einzelnen Wortarten und die ihnen entsprechende Erklärung jeweils mit einer Linie.

2. Bestimme die Wortart der Wörter in dem Kasten. Schreibe die Wörter dann jeweils als Beispiel in den Kasten mit der entsprechenden Wortart.

> jetzt • wir • auf • eine • jenes • schnell • während • Rücksichtnahme • unser • unterstreichen

Nomen/Substantive Beispiel:	weisen auf eine Person, einen Gegenstand oder einen Sachverhalt hin
Artikel Beispiel:	verbinden Wörter, Wortgruppen und Sätze miteinander
Verben Beispiel:	bezeichnen Lebewesen, Gegenstände, Vorgänge und Zustände und werden immer großgeschrieben
Adjektive Beispiel:	ersetzen Nomen/Substantive und bezeichnen meistens eine Person oder Sache
Personalpronomen Beispiel:	begleiten fast immer Nomen/Substantive und zeigen den Besitz oder die Zugehörigkeit an
Possessivpronomen Beispiel:	geben an, in welchem Verhältnis Personen oder Gegenstände zueinander stehen
Demonstrativpronomen Beispiel:	bezeichnen Tätigkeiten
Präpositionen Beispiel:	bezeichnen Eigenschaften eines Nomens/Substantivs
Adverbien Beispiel:	sind Begleiter des Nomens/Substantivs und zeigen das Genus (grammatische Geschlecht) an
Konjunktionen Beispiel:	erläutern einen Sachverhalt näher und geben an, wo, wann und wie etwas passiert ist

Wortarten – Erklärungen und Beispiele zuordnen

Aufgaben 1 und 2

Nomen/Substantive Beispiel: Rücksichtnahme	bezeichnen Lebewesen, Gegenstände, Vorgänge und Zustände und werden immer großgeschrieben
Artikel Beispiel: eine	sind Begleiter des Nomens/Substantivs und zeigen das Genus (grammatische Geschlecht) an
Verben Beispiel: unterstreichen	bezeichnen Tätigkeiten
Adjektive Beispiel: schnell	bezeichnen Eigenschaften eines Nomens/Substantivs
Personalpronomen Beispiel: wir	ersetzen Nomen/Substantive und bezeichnen meistens eine Person oder Sache
Possessivpronomen Beispiel: unser	begleiten fast immer Nomen/Substantive und zeigen den Besitz oder die Zugehörigkeit an
Demonstrativpronomen Beispiel: jenes	geben an, in welchem Verhältnis Personen oder Gegenstände zueinander stehen
Präpositionen Beispiel: auf	weisen auf eine Person, einen Gegenstand oder einen Sachverhalt hin
Adverbien Beispiel: jetzt	erläutern einen Sachverhalt näher und geben an, wo, wann und wie etwas passiert ist
Konjunktionen Beispiel: während	verbinden Wörter, Wortgruppen und Sätze miteinander

Arbeitsblatt 3

Wortarten und Zeitformen bestimmen

Das Freiwillige Soziale Jahr (FSJ)

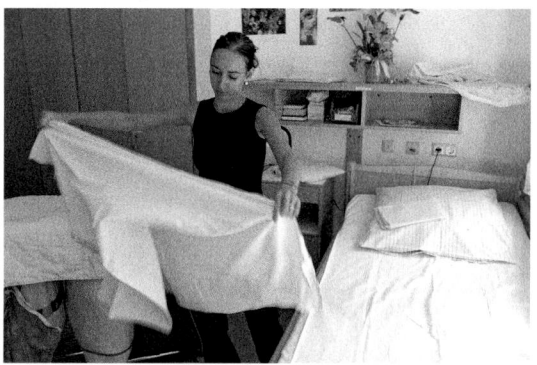

Junge Menschen zwischen 16 und 26 Jahren haben nicht nur die Möglichkeit, ein Freiwilliges Ökologisches Jahr zu absolvieren, sie können auch im sozialen
5 Bereich oder in der Kulturarbeit tätig werden.

Bei einem Freiwilligen Sozialen Jahr (FSJ) arbeiten Jungen und Mädchen in sozialen Einrichtungen. Solche Einrichtungen
10 können z. B. Krankenhäuser, Kindertagesstätten oder Behindertenwerkstätten sein. Die Einsatzbereiche sind alle sozial-karitativ oder gemeinnützig. Je nach Einsatzgebiet und Träger erhält der Freiwillige eine Ausbildung oder eine Fortbildung. Voraussetzung ist es allerdings, dass die jungen Menschen nicht nur für sich selbst, sondern auch für andere etwas tun möchten.

15 Florian hat sein FSJ in einer Werkstatt für Menschen mit Behinderung absolviert. Er sagt: „Ich war diese Überlegungen, was ich nach meinem Schulabschluss machen sollte, einfach leid und wollte etwas Neues ausprobieren. Die Erfahrungen und Erlebnisse in der Werkstatt haben mich dann überzeugt, dass ich im sozialen Bereich tätig werden möchte. Im Herbst beginne ich deshalb eine Ausbildung zum Heilerziehungspfleger."

20 Eine weitere Möglichkeit ist das FSJ Kultur, also ein Freiwilliges Soziales Jahr, in dem sich junge Leute mit der Kulturarbeit beschäftigen möchten. Hier gibt es die unterschiedlichsten Tätigkeitsbereiche, z. B. Bibliotheken, Jugendclubs, Spielmobile, Museen und Theater.

Antonia sieht ihr FSJ Kultur als persönliche Bereicherung. Sie arbeitet in einer Bibliothek und darf dort immer bei der Organisation von Lesungen helfen. „Ich mache mal diese
25 Arbeit, mal jene. Besonders viel Spaß macht es mir aber, wenn ein Kinderbuchautor sein neustes Buch vorstellt. Die Kinder sind oft total begeistert und haben viel Freude an den Geschichten. Ich möchte auf jeden Fall einmal mit Kindern und Jugendlichen arbeiten."

Der Freiwillige erhält ein monatliches Taschengeld und Kindergeld. Er ist sozialversichert. 25 Bildungs- und 26 Urlaubstage stehen ihm im Jahr zu. Das Freiwillige Jahr kann ihm als
30 Praktikum oder auch als Wartezeit bei einem Studium anerkannt werden. Am Ende erhält er ein Zertifikat über die erworbenen Fähigkeiten.

(Autorentext)

Arbeitsblatt 3

1. Ordne die unterstrichenen Wörter in die richtige Zeile der Tabelle ein. Für jede Wortart gibt es drei Beispielwörter.

Wortart:	Beispielwörter:
Nomen/Substantive:	
Artikel:	
Verben:	
Adjektive:	
Personalpronomen:	
Possessivpronomen:	
Demonstrativpronomen:	
Präpositionen:	
Adverbien:	
Konjunktionen:	

2. Suche drei Modalverben aus dem Text heraus und notiere sie.

Modalverben

_____

_____

_____

3. Setze den Satz „Sie arbeitet in der Bibliothek" in alle übrigen Zeitformen.

Zeitform:	
Präsens:	Sie arbeitet in der Bibliothek.
Perfekt:	
Präteritum:	
Plusquamperfekt:	
Futur:	

Name _____

Lösungsbogen zur Lernerfolgskontrolle

Wortarten und Zeitformen bestimmen

Aufgabe 1

	Du hast die in dem Text unterstrichenen Wörter richtig in die Tabelle eingeordnet.		maximale Punktzahl	erreichte Punktzahl
1	Nomen/Substantive:	Fortbildung, Erlebnisse, Fähigkeiten	3	
2	Artikel:	der, eine, das	3	
3	Verben:	arbeiten, gibt, erhält	3	
4	Adjektive:	junge, unterschiedlichsten, monatliches	3	
5	Personalpronomen:	sie, es, er	3	
6	Possessivpronomen:	sein, meinem, ihr	3	
7	Demonstrativpronomen:	solche, diese, jene	3	
8	Präpositionen:	in, mit, über	3	
9	Adverbien:	allerdings, besonders, immer	3	
10	Konjunktionen:	oder, dass, wenn	3	
	Gesamtpunktzahl für Aufgabe 1		**30**	

Aufgabe 2

	Du hast drei Modalverben aus dem Text herausgesucht und aufgeschrieben.	maximale Punktzahl	erreichte Punktzahl
1	Z. B.: können, möchten, wollte, darf, kann	3	
	Gesamtpunktzahl für Aufgabe 2	**3**	

Aufgabe 3

	Du hast den Satz „Sie arbeitet in der Bibliothek" in alle übrigen Zeitformen gesetzt.	maximale Punktzahl	erreichte Punktzahl
1	Perfekt: Sie <u>hat</u> in der Bibliothek <u>gearbeitet</u>.	2	
2	Präteritum: Sie <u>arbeitete</u> in der Bibliothek.	1	
3	Plusquamperfekt: Sie <u>hatte</u> in der Bibliothek <u>gearbeitet</u>.	2	
4	Futur: Sie <u>wird</u> in der Bibliothek <u>arbeiten</u>.	2	
	Gesamtpunktzahl für Aufgabe 3	**7**	
	Gesamtpunktzahl	**40**	

Die Lernerfolgskontrolle wird mit der Note

_____ **bewertet.**

Zuordnung der Punkte zu den Notenstufen

Note	Punkte
sehr gut	40 – 37
gut	36 – 31
befriedigend	30 – 25
ausreichend	24 – 18
mangelhaft	17 – 9
ungenügend	8 – 0

_____
Datum   Unterschrift

Vollverben, Hilfsverben und Modalverben unterscheiden

Pausengespräche

- Magst du deinen Apfel nicht?
- Nein, du kannst ihn essen.
- Hast du gestern deine Deutschaufgaben gemacht?
- Hatten wir etwas auf? Darf ich noch schnell bei dir abschreiben?
- Karla kauft sich ständig neue Sachen.
- Sarah ist neidisch auf meine neuen Schuhe.
- Schreiben wir wohl gleich den Vokabeltest? Ich will nicht!!!
- Hoffentlich, ich habe gestern dafür gelernt.

 Ordne die Voll-, Hilfs- und Modalverben aus den Sprechblasen in die richtige Spalte der Tabelle ein.

Vollverben	Hilfsverben, die zur Bildung einer Zeitform benutzt werden	Hilfsverben als Vollverben	Modalverben als modale Hilfsverben	Modalverben als Vollverben

Lösungsbogen 4

Name _____

Lösungsbogen zur Lernerfolgskontrolle

Vollverben, Hilfsverben und Modalverben unterscheiden

Aufgabe			maximale Punktzahl	erreichte Punktzahl
	Du hast die in dem Text unterstrichenen Wörter richtig in die Tabelle eingeordnet.			
1	Vollverben	– kauft	2	
		– schreiben	2	
2	Hilfsverben, die zur Bildung einer Zeitform benutzt werden	– hast (gemacht)	2	
		– habe (gelernt)	2	
3	Hilfsverben als Vollverben	– hatten auf	2	
		– ist	2	
4	Modalverben als modale Hilfsverben	– kannst (essen)	2	
		– darf (abschreiben)	2	
5	Modalverben als Vollverben	– magst	2	
		– will	2	
	Gesamtpunktzahl		**20**	

Die Lernerfolgskontrolle wird mit der Note

_____ **bewertet.**

Zuordnung der Punkte zu den Notenstufen

Note	Punkte
sehr gut	20 – 19
gut	18 – 16
befriedigend	15 – 13
ausreichend	12 – 9
mangelhaft	8 – 5
ungenügend	4 – 0

_____
Datum   Unterschrift

Modalverben erkennen und verwenden

1. Unterstreiche in den folgenden Sätzen die Modalverben.

1) Der Aufenthalt in einem fremden Land <u>kann</u> für junge Menschen ein besonderes Erlebnis sein.

2) Ein besonderes Erlebnis <u>mag</u> es auch für die Gastfamilien werden, die ein Au-pair aufnehmen <u>wollen</u>.

3) Thea <u>durfte</u> für ein Jahr nach Irland reisen und <u>konnte</u> überwiegend angenehme Erfahrungen sammeln.

4) Sie <u>mochte</u> sich noch nicht für einen Beruf entscheiden und <u>wollte</u> erst einmal ihr Englisch verbessern.

5) In ihrer Familie <u>musste</u> sie sich vor allem um die beiden kleinen Kinder kümmern.

6) Sie <u>sollte</u> die Windeln wechseln, Hausaufgaben betreuen und Kindergeburtstage organisieren.

7) Auch die Haustiere, ein Hund, eine Katze und zwei Meerschweinchen, <u>durfte</u> sie versorgen.

8) Manchmal <u>konnte</u> das ganz schön anstrengend sein.

9) An den Wochenenden <u>durfte</u> sie dann aber mit der Familie die Sehenswürdigkeiten des Landes besichtigen.

10) Am Ende <u>konnte</u> sie perfekt Englisch und hatte außerdem neue Freunde gewonnen.

11) Doch nicht alle <u>dürfen</u> so gute Erfahrungen machen.

12) Es gibt auch Au-pairs, die Schlechtes erleben <u>müssen</u>.

13) Sie <u>sollen</u> schwere Arbeiten im Haushalt verrichten und fühlen sich von den Gasteltern ausgenutzt.

14) Aber auch einige Gastfamilien <u>können</u> über negative Erfahrungen berichten.

15) Ihre Au-pairs <u>wollen</u> oft nur ausgehen und <u>können</u> viele Tätigkeiten nicht angemessen verrichten.

16) Man <u>kann</u> also auf beiden Seiten gute und schlechte Erfahrungen sammeln.

Arbeitsblatt 5

2. Lies dir die Informationen zu Modalverben in dem folgenden Kasten genau durch.
- Forme dann den Satz „Martin fährt mit der U-Bahn" entsprechend der in der linken Spalte der Tabelle angegebenen Bedeutung der Modalverben um.
- Schreibe die Umformungen des Satzes in die rechte Spalte der Tabelle.

> **Modalverben** können unterschiedliche Bedeutungen haben:
>
> *können*: Möglichkeit/Fähigkeit   *mögen*: (höflicher) Wunsch
> *dürfen*: Erlaubnis   *sollen*: Verpflichtung
> *müssen*: Pflicht/Notwendigkeit   *wollen*: Wunsch/Absicht

Bedeutung des Modalverbs	
Möglichkeit, Fähigkeit	*Martin kann mit der U-Bahn fahren.*
Wunsch, Wille, Absicht	
Erlaubnis	
Verpflichtung	
Pflicht, Notwendigkeit	

3. Ergänze die Lücken der folgenden Sätze mit passenden Modalverben.

- Thea _____ heute Abend ins Kino gehen, ihre Gasteltern haben es erlaubt.

- Die Gastmutter freut sich, dass Thea so gut mit den Kindern umgehen _____.

- Die Eltern _____ es nicht, wenn Thea mit den Kindern schimpft.

- Thea bestimmt, dass der kleine Sohn aufräumen _____.

- Wenn Thea es sich zutraut, _____ sie den Kindern ein deutsches Lied beibringen.

Lösungsbogen 5

Name _____

Lösungsbogen zur Lernerfolgskontrolle
Modalverben erkennen und verwenden

Aufgabe 1

	Du hast in den Sätzen die Modalverben unterstrichen.	maximale Punktzahl	erreichte Punktzahl
1	Der Aufenthalt in einem fremden Land <u>kann</u> für junge Menschen ein besonderes Erlebnis sein.	1	
2	Ein besonderes Erlebnis <u>mag</u> es auch für die Gastfamilien werden, die ein Au-pair aufnehmen <u>wollen</u>.	2	
3	Thea <u>durfte</u> für ein Jahr nach Irland reisen und <u>konnte</u> überwiegend angenehme Erfahrungen sammeln.	2	
4	Sie <u>mochte</u> sich noch nicht für einen Beruf entscheiden und <u>wollte</u> erst einmal ihr Englisch verbessern.	2	
5	In ihrer Familie <u>musste</u> sie sich vor allem um die beiden kleinen Kinder kümmern.	1	
6	Sie <u>sollte</u> die Windeln wechseln, Hausaufgaben betreuen und Kindergeburtstage organisieren.	1	
7	Auch die Haustiere, ein Hund, eine Katze und zwei Meerschweinchen, <u>durfte</u> sie versorgen.	1	
8	Manchmal <u>konnte</u> das ganz schön anstrengend sein.	1	
9	An den Wochenenden <u>durfte</u> sie dann aber mit der Familie die Sehenswürdigkeiten des Landes besichtigen.	1	
10	Am Ende <u>konnte</u> sie perfekt Englisch und hatte außerdem neue Freunde gewonnen.	1	
11	Doch nicht alle <u>dürfen</u> so gute Erfahrungen machen.	1	
12	Es gibt auch Au-pairs, die Schlechtes erleben <u>müssen</u>.	1	
13	Sie <u>sollen</u> schwere Arbeiten im Haushalt verrichten und fühlen sich von den Gasteltern ausgenutzt.	1	
14	Aber auch einige Gastfamilien <u>können</u> über negative Erfahrungen berichten.	1	
15	Ihre Au-pairs <u>wollen</u> oft nur ausgehen und <u>können</u> viele Tätigkeiten nicht angemessen verrichten.	2	
16	Man <u>kann</u> also auf beiden Seiten gute und schlechte Erfahrungen sammeln.	1	
	Gesamtpunktzahl für Aufgabe 1	**20**	

Aufgabe 2

	Du hast den Satz „Martin fährt mit der U-Bahn" entsprechend der angegebenen Bedeutung der Modalverben umgeformt.	maximale Punktzahl	erreichte Punktzahl
1	Wunsch, Wille, Absicht: Martin <u>will/möchte</u> mit der U-Bahn fahren.	1	
2	Erlaubnis: Martin <u>darf</u> mit der U-Bahn fahren.	1	
3	Verpflichtung: Martin <u>soll</u> mit der U-Bahn fahren.	1	
4	Pflicht, Notwendigkeit: Martin <u>muss</u> mit der U-Bahn fahren.	1	
	Gesamtpunktzahl für Aufgabe 2	**4**	

© Schöningh Verlag

Lösungsbogen 5

Aufgabe 3

	Du hast die passenden Modalverben in den Sätzen ergänzt.	maximale Punktzahl	erreichte Punktzahl
1	Thea **darf** heute Abend ins Kino gehen, ihre Gasteltern haben es erlaubt.	1	
2	Die Gastmutter freut sich, dass Thea so gut mit den Kindern umgehen **kann**.	1	
3	Die Eltern **mögen** es nicht, wenn Thea mit den Kindern schimpft.	1	
4	Thea bestimmt, dass der kleine Sohn aufräumen **muss**.	1	
5	Wenn Thea es sich zutraut, **soll** sie den Kindern ein deutsches Lied beibringen.	1	
	Gesamtpunktzahl für Aufgabe 3	5	
	Gesamtpunktzahl	**29**	

Die Lernerfolgskontrolle wird mit der Note

_____ **bewertet.**

_____
Datum   Unterschrift

Zuordnung der Punkte zu den Notenstufen

Note	Punkte
sehr gut	29 – 27
gut	26 – 23
befriedigend	22 – 18
ausreichend	17 – 13
mangelhaft	12 – 7
ungenügend	6 – 0

© Schöningh Verlag

Grammatiktraining – Satzglieder
(Schülerbuch, S. 303 – 312)

Zusatz- und Differenzierungsmaterial, Leistungsüberprüfungen/Klassenarbeiten, Bewertungsbogen

Arbeitsblatt 1: Satzglieder bestimmen (SB, S. 303–308)

Arbeitsblatt 2: Adverbiale Bestimmungen erkennen und bestimmen (SB, S. 306–308)

Arbeitsblatt 3: Einen Bericht mit Attributen verbessern (SB, S. 309–311)

Arbeitsblatt 4: Satzglieder richtig bestimmen und einen Sachtext erschließen (1) (SB, S. 303–308)
Bewertungsbogen 4 zur Leistungsüberprüfung/Klassenarbeit (AB 4)

Arbeitsblatt 5: Satzglieder richtig bestimmen und einen Sachtext erschließen (2) (SB, S. 303–308)
Bewertungsbogen 5 zur Leistungsüberprüfung/Klassenarbeit (AB 5)

Arbeitsblatt 6: Attribute erkennen und bestimmen und einen Sachtext erschließen (SB, S. 309–311)
Bewertungsbogen 6 zur Leistungsüberprüfung/Klassenarbeit (AB 6)

Arbeitsblatt 1

Satzglieder bestimmen

Julia Nolte
Käpt'n Neugier im All

Mars-Rover „Curiosity"

Im November fliegt der Roboter Curiosity in den Weltraum. Sein Auftrag: auf dem Mars nach Leben suchen.

5 Er hat sechs Füße und einen zwei Meter langen Arm. Mit seinem Laserfinger kann er Fels verdampfen lassen. Sein Lupenauge erkennt Dinge, die feiner sind als ein Haar. Seine Ohren sind so scharf, dass sie Nachrichten von einem anderen Planeten empfangen können. Und in seinem Bauch trägt er ein Labor, in dem er Gestein, Gase und kosmische Strahlung untersuchen kann. Er ist ein
10 Roboter. Sein Name: Curiosity – das ist Englisch und bedeutet Neugierde. Der forschende Roboter sieht aus wie ein Hightech-Buggy, ist zwei Meter hoch, drei Meter lang und fast so breit wie ein großer Geländewagen. Er hat Dutzende von Computern an Bord. Seine Mission: in den Weltraum fliegen und den Planeten Mars erkunden.

Eine der Wissenschaftlerinnen, die ihn darauf vorbereiten, ist Jennifer Eigenbrodt. Sie
15 arbeitet als Astrobiologin für die Weltraumbehörde Nasa in den USA. Ihr Beruf ist es, nach außerirdischem Leben zu suchen. Seit mehr als acht Jahren tüfteln die Wissenschaftler der Nasa schon an dem Super-Roboter. Nun soll in Cape Canaveral in Florida endlich die Rakete starten, die Curiosity zum Mars bringt. Der Countdown ist für Ende November geplant, und wenn alles glückt, wird der Roboter achteinhalb Monate später auf dem
20 Roten Planeten landen – dort, wo noch kein Mensch gewesen ist.

Der Mars ist etwa halb so groß wie die Erde. Er ist durchschnittlich 228 Millionen Kilometer von uns entfernt und uns somit näher als jeder andere Planet. Der Mars ist auch deswegen ein interessantes Ziel für Forscher, weil er der Erde ähnelt. Sie wissen, dass auf der Oberfläche des Mars einmal Wasser floss. Es ist also möglich, dass es dort Leben
25 gegeben hat – oder sogar noch gibt. Curiosity wird versuchen, dies zu beweisen.

(Aus: Zeit Leo – Das Magazin für Kinder, Nr. 6/2011, S. 52–55, hier S. 53)

Arbeitsblatt 1

I Bestimme die unterstrichenen Satzglieder und kennzeichne sie mit der entsprechenden Abkürzung:

S = Subjekt, P = Prädikat, DO = Dativobjekt, AO = Akkusativobjekt, ABZ = adverbiale Bestimmung der Zeit, ABO = adverbiale Bestimmung des Ortes, ABM = adverbiale Bestimmung des Mittels

Adverbiale Bestimmungen erkennen und bestimmen

Patrick Illinger
Alexander Gerst, Geophysiker: Der Deutsche im Weltraum

Der 538. Mensch im All kommt aus Künzelsau. In der baden-württembergischen Kleinstadt kam Alexander Gerst am 3. Mai 1976 zur Welt. Diese Welt hat er am Mittwochabend vorerst wieder verlassen. Voraussicht-
5 lich in 166 Tagen wird Gerst auf den Erdboden zurückkehren. Und das wird wie ein zweites Auf-die-Welt-Kommen sein. So erzählen es erfahrene Astronauten. Bis dahin wird der gelernte Geophysiker als Besatzungsmitglied der Internationalen Raumstation in rund
10 400 Kilometern Höhe um die Erde kreisen. Es ist sein erster Raumflug, und es ist der erste Raumflug eines deutschen Astronauten seit sechs Jahren.

Weil er als Juniormitglied der Besatzung mitfliegt, wird Gerst neben einer Reihe wissenschaftlicher Aufgaben auch mit niederen Aufgaben betraut sein. Man könnte es vulgär Latrinendienst[1] nennen. Weil es im Weltraum ein äußerst wertvolles Gut ist, wird das
15 Wasser aus dem Urin der Raumfahrer zurückgewonnen. Ein paar Rückstände bleiben jedoch, die muss man wegschaffen, die richtige Aufgabe für einen Neuling. Doch das ist zweifellos ein Preis, den Gerst klaglos in Kauf nimmt, für die einzigartige Chance, als Astronaut die Erde von oben zu sehen. [...]

Astronaut wird man übrigens nicht auf Empfehlung oder mithilfe eines Headhunters[2].
20 So wie 8400 andere Interessenten bewarb sich Gerst einfach auf eine Anzeige der europäischen Raumfahrtbehörde Esa. Wegen seiner wissenschaftlichen Kenntnisse und seiner sportlichen Erfahrungen hatte Gerst Vorteile. Gerst läuft, schwimmt, fechtet, fährt Snowboard, und mit dem Fallschirm war er auch schon unterwegs. Zur körperlichen Fitness kommen bei der Auswahl von Astronauten natürlich psychologische Prüfungen hinzu.

25 Von 2009 an durfte Gerst das Training aufnehmen. Dieses fand im European Astronaut Center in Darmstadt statt. Außerdem trainierten die Astronauten im legendären Sternen-

---
[1] Latrine: Toilette
[2] Headhunter: jemand, dessen Beruf es ist, Fachkräfte für wichtige Positionen zu finden und anzuwerben

städtchen bei Moskau. Hier hatte sich schon einst Juri Gagarin fit gemacht. Wochenlang probte Gerst mit dem Modell einer Sojus-Raumkapsel alle möglichen Ernstfälle. Diese traten am Mittwochabend glücklicherweise nicht ein. Ob Gerst vor dem Abflug doch
30 etwas gespannt war? Er drückte es so aus: Das Adrenalin sei zwar gestiegen, aber aufgeregt sei er nicht. Wie das zusammengeht, wissen wohl nur echt coole Raumfahrer.

(Nach: Patrick Illinger: Alexander Gerst, Geophysiker: Der Deutsche im Weltraum; in: Süddeutsche Zeitung, Nr. 123 vom 30. Mai 2014, S. 4; gekürzt und leicht verändert)

1. Der Text enthält 28 adverbiale Bestimmungen. Finde und unterstreiche sie.

2. Schreibe die adverbialen Bestimmungen, die du herausgesucht hast, auf. Bestimme, um welche Art von adverbialer Bestimmung es sich jeweils handelt. Hilfe findest du auf S. 306 im Schülerbuch.

Arbeitsblatt 3

Einen Bericht mit Attributen verbessern

Christopher Weckwerth
„Im All gibt's keine Dusche"

Die Leitung war 400 Kilometer lang: Durch eine _1_ Funkverbindung sprachen Schüler ___ mit dem ___ Astronauten Alexander Gerst ___ . Jetzt wissen sie, er hat Heimweh.

Alexander Gerst hat eine lange Leitung. Minutenlang versuchten die Schüler in Neustrelitz, Funkkontakt zur Internationalen Raumstation ISS herzustellen – doch außer Rauschen und Knacken kommt nichts zurück. ___ Blicke werden ausgetauscht, ein ___ Tuscheln fällt in die Stille. Dann, endlich, antwortet der Astronaut: Die lange Leitung ___ , sie funktioniert.

Während Gerst im Orbit mit 28.000 Kilometern pro Stunde seine Runden dreht, sitzen rund 400 Kilometer unter ihm 20 Schüler in einem Labor ___ . Angespannt schauen sie auf ihr Mikrofon. Wochenlang haben sich die 11 bis 15 Jahre alten Jugendlichen auf den Kontakt vorbereitet, in Workshops haben sie gelernt, wie die benötigte Technik funktioniert. Unter Anleitung haben sie sogar ihre eigene Richtantenne gebastelt, ___ . Nun ist der ___ Moment gekommen.

„Haben Sie Heimweh? Over", fragt Saskia. „Klar", rauscht es zurück. „Aber ich kann jeden Tag telefonieren und ein Mal pro Woche haben wir eine Videokonferenz ___ ." Im Stakkato geht es nun weiter – nur wenige Minuten funktioniert der Funkkontakt, das war allen von vornherein klar. Gerst ist schließlich rasend schnell unterwegs und hat viel zu tun: In den 166 Tagen seiner Mission im All nimmt er an 100 Experimenten teil.

„Wie duscht man auf der ISS?", fragt Paul. „Gar nicht", lautet die Antwort. „Im All habe ich keine Dusche. Wir haben hier nur mit Wasser vollgesaugte Handtücher." Christoph fragt: „Haben Sie einen Talisman?" „Ich habe sogar mehrere mitgenommen!", ruft Gerst. Nur was genau, das geht im Rauschen unter. [...]

Eine letzte Frage noch: „Träumt man im All anders?" Gerst: „Ich kann euch nicht mehr hören, aber ich wünsche euch alles G..." Dann wieder Rauschen, Knacken. Nach neun Minuten ist die ___ Leitung ins All gekappt.

(www.spiegel.de/schulspiegel/wissen/alexander-gerst-auf-der-iss-schueler-rufen-den-astronauten-an-a-978986.html)

Arbeitsblatt 3

1. In diesem Bericht fehlen an einigen Stellen die Attribute. Ordne die folgenden Attribute den mit einer Lücke gekennzeichneten Stellen im Bericht zu, indem du ihnen dieselbe Zahl zuordnest.

- _____ Bange
- _____ die jetzt auf ein Grad genau der Flugbahn der Raumstation folgt
- _____ nach Hause
- _____ nervöses
- _____ deutschen
- _____ aus Mecklenburg-Vorpommern
- ___1___ selbstgebaute
- _____ des Deutschen Zentrums für Luft- und Raumfahrt (DLR)
- _____ lange
- _____ große
- _____ auf der ISS
- _____ von Neustrelitz ins All

2. Unterstreiche die unterschiedlichen Arten von Attributen in Aufgabe 1 mit verschiedenen Farben: Adjektivattribut (rot), Präpositionalattribut (blau), Genitivattribut (grün), Relativsatz/Attributsatz (schwarz).

3. Erkläre, warum es wichtig ist, die ausgelassenen Attribute im Text zu ergänzen.

Satzglieder richtig bestimmen und einen Sachtext erschließen (1)

Alexander Stirn
Über den Wolken

Nach sechs Jahren Pause ist wieder ein Deutscher im All. Alexander Gerst ist <u>in der Nacht zum Donnerstag</u> mit zwei Kollegen zur Internationalen Raumstation gestartet. Das Protokoll eines Abflugs

<u>Die Rakete</u> zischt und faucht. <u>Sie</u> dampft <u>flüssigen Sauerstoff</u> in die heiße Wüstennacht.
5 Sie bebt, als sei sie zum Leben erwacht, als wolle sie augenblicklich abheben und ins Weltall fliegen. Doch sie darf nicht. Noch nicht.

In der Spitze der Rakete, knapp 50 Meter über dem Startplatz Nummer 1 im Kosmodrom von Baikonur (Kasachstan), sitzen drei Männer und hören <u>Musik</u>. Gerade läuft „Über den Wolken" von Reinhard Mey. Gewünscht hat es sich <u>der deutsche Astronaut Alexander Gerst</u>.
10 Punkt 21:57 Uhr deutscher Zeit wird er <u>an diesem Mittwochabend, dem 28. Mai</u>, gemeinsam mit seinen beiden Kollegen, dem russischen Kommandanten Maxim Surajew und dem US-Astronauten Reid Wiseman, <u>ins Weltall</u> reiten. Ihr Ziel ist die Internationale Raumstation. Gersts Auftrag: <u>166 Tage lang</u> im All <u>leben, forschen und arbeiten</u>. [...] Seit 13 Tagen ist der 38-jährige Gerst nun <u>in Baikonur</u>. Kaum angekommen, haben <u>ihm</u> die Ärzte <u>Quarantäne</u>
15 verordnet – damit er nicht krank wird und auch keine Krankheiten auf die Raumstation einschleppt. [...] Die Musik, die er soeben hört, hat er selbst ausgesucht. Noch 12 Minuten.

Seit fast zwei Stunden liegt oder besser verharrt Gerst bereits in der engen Kapsel. Die Knie des groß gewachsenen Geophysikers reichen beinahe bis zu seinen Ohren; gerade einmal zweieinhalb Meter breit und zwei Meter hoch ist das Raumschiff. An der Spitze der schlan-
20 ken „Sojus"-Rakete sieht es ziemlich verloren aus. [...] Mittlerweile hat Gerst <u>seinen Anzug</u> an das bordeigene Kühlsystem angeschlossen. Er hat sichergestellt, dass der Raumanzug dicht ist und alle Systeme der *Sojus* startbereit sind. [...] Noch fünf Minuten. Gerst liegt rechts in der engen Kapsel. Er soll sich vor allem um die Lebenserhaltungssysteme kümmern. [...] Noch 30 Sekunden. Die Triebwerke der *Sojus* laufen an, Kerosin und flüssiger
25 Sauerstoff schießen durch die Treibstoffleitungen. [...] <u>Dann</u> ergießt sich <u>ein Feuerball</u> unter der *Sojus*. Die Rakete hebt ab, <u>sanft, geradezu majestätisch</u>, zunächst langsam, dann immer schneller. Ein tiefes Dröhnen <u>rast</u> über die Tribünen <u>hinweg</u>. Alexander Gerst hört von all dem nichts. Er hat längst <u>Überschallgeschwindigkeit</u> erreicht. [...]

(Nach: Süddeutsche Zeitung, Nr. 123 vom 30. Mai 2014, S. 16; gekürzt und leicht verändert)

1. Bestimme bei den unterstrichenen Wörtern und Wortgruppen, um welches Satzglied es sich jeweils handelt.

2. Beantworte die folgenden Fragen zu dem Sachtext:
   a) Wann und wo begann der Weltraumflug von Alexander Gerst?
   b) Welche Vorbereitungen mussten vor dem Start getroffen werden?
   c) Warum ist der Aufenthalt in der Raumkapsel für ihn unangenehm?

3. Nimm begründet Stellung zu der Frage, ob du selbst gerne einmal als Astronaut in den Weltraum fliegen würdest.

Bewertungsbogen 4

Name _____

Bewertungsbogen zur Leistungsüberprüfung/Klassenarbeit

Satzglieder richtig bestimmen und einen Sachtext erschließen (1)

Inhaltliche Leistungen

Aufgabe 1

	Du hast die unterstrichenen Satzglieder richtig bestimmt.	maximale Punktzahl	erreichte Punktzahl
1	in der Nacht zum Donnerstag (adverbiale Bestimmung der Zeit)	1	
2	Die Rakete (Subjekt)	1	
3	Sie (Subjekt)	1	
4	flüssigen Sauerstoff (Akkusativobjekt)	1	
5	Musik (Akkusativobjekt)	1	
6	der deutsche Astronaut Alexander Gerst (Subjekt)	1	
7	an diesem Mittwochabend, dem 28. Mai, (adverbiale Bestimmung der Zeit)	1	
8	ins Weltall (adverbiale Bestimmung des Ortes)	1	
9	166 Tage lang (adverbiale Bestimmung der Zeit)	1	
10	leben, forschen und arbeiten (Prädikat)	1	
11	in Baikonur (adverbiale Bestimmung des Ortes)	1	
12	ihm (Dativobjekt)	1	
13	Quarantäne (Akkusativobjekt)	1	
14	seinen Anzug (Akkusativobjekt)	1	
15	Dann (adverbiale Bestimmung der Zeit)	1	
16	ein Feuerball (Subjekt)	1	
17	sanft (adverbiale Bestimmung der Art und Weise)	1	
18	geradezu majestätisch (adverbiale Bestimmung der Art und Weise)	1	
19	rast ... hinweg (Prädikat)	1	
20	Überschallgeschwindigkeit (Akkusativobjekt)	1	
	Gesamtpunktzahl für Aufgabe 1	**20**	

Bewertungsbogen 4

Aufgabe 2

	Du hast die Fragen zu dem Sachtext richtig beantwortet. Dabei hast du z. B. die folgenden Antworten formuliert:	maximale Punktzahl	erreichte Punktzahl
a)	Der Weltraumflug von Alexander Gerst begann am 28. Mai 2014, einem Mittwochabend, in Baikonur in Kasachstan.	3	
b)	Er muss vor Ort zunächst in Quarantäne. In der Raumkapsel muss er seinen Raumanzug an das Kühlsystem anschließen und überprüfen, ob er dicht ist. Er muss außerdem überprüfen, ob die Lebenserhaltungssysteme funktionieren.	4	
c)	In der Raumkapsel ist es sehr eng; für die drei Astronauten bleibt nur wenig Platz in dem zweieinhalb mal zwei Meter großen Raumschiff. Alexander Gerst hat es besonders schwer, da er groß gewachsen ist.	3	
	Gesamtpunktzahl für Aufgabe 2	10	

Aufgabe 3

	Du hast begründet zu der Frage Stellung genommen, ob du selbst gerne einmal als Astronaut in den Weltraum fliegen würdest, z. B.:	maximale Punktzahl	erreichte Punktzahl
1	– zustimmend: Herausforderung, Abenteuer, einmalige Erfahrung, – ablehnend: Angst vor Gefahren, große Anstrengung, Unannehmlichkeiten, grundsätzliche Bedenken gegen Weltraumfahrt.	5	
	Gesamtpunktzahl für Aufgabe 3	5	
	Gesamtpunktzahl für Aufgabe 1 bis 3	35	

Darstellungsleistungen

		maximale Punktzahl	erreichte Punktzahl
1	Bei der Beantwortung der Aufgaben sind deine Rechtschreibung, Zeichensetzung und Grammatik fehlerfrei.	6	
2	Du formulierst die Antworten verständlich, sprachlich angemessen und in ganzen Sätzen.	4	
	Gesamtpunktzahl für die Darstellungsleistungen	10	
	Gesamtpunktzahl	45	

© Schöningh Verlag

Bewertungsbogen 4

Die Leistungsüberprüfung/Klassenarbeit wird mit der Note

_____ **bewertet.**

_____
Datum   Unterschrift

Zuordnung der Punkte zu den Notenstufen

Note	Punkte
sehr gut	45 – 39
gut	38 – 33
befriedigend	32 – 27
ausreichend	26 – 20
mangelhaft	19 – 9
ungenügend	8 – 0

Satzglieder richtig bestimmen und einen Sachtext erschließen (2)

Wolfgang Jung
Gerst feiert Halbzeit auf der ISS

Am Mittwoch ist Halbzeit für Deutschlands Mann im All. Seit zwölf Wochen arbeitet der Geophysiker Alexander Gerst (38) dann im Weltraum – und er hat das Staunen nicht verlernt. „Unbeschreibbares Gefühl, in der faszinierendsten Maschine zu arbeiten, die je von Menschen gebaut wurde", twittert Gerst von der Internationalen Raumstation ISS.

5 Eine Enttäuschung muss der Astronaut aber hinnehmen: Wegen Problemen mit seinem Raumanzug hat die Flugleitung einen geplanten Ausstieg in den freien Kosmos verschoben. Er soll nun im September stattfinden. [...]

Gerst ist der dritte Deutsche auf der ISS. Mit einem spektakulären Nachtstart war er Ende Mai vom Weltraumbahnhof Baikonur in Kasachstan an Bord einer russischen Sojus-Rakete
10 zum Außenposten der Menschheit geflogen. In rund 400 Kilometern Höhe arbeitet er seitdem mit drei Russen und zwei neuerdings glatzköpfigen US-Amerikanern zusammen.

Gerst rasierte ihnen nach gewonnener Wette die Haare ab – Anlass war ein Spiel der Fußball-Weltmeisterschaft, bei dem Deutschland die USA mit 1:0 besiegte. Als das DFB-Team kurz darauf sogar den Titel gewann, widmete Gerst der deutschen Elf „meine nächs-
15 ten elf Erdumrundungen".

Solche Späße dürften für den 38-Jährigen eine willkommene Abwechslung vom anstrengenden Programm sein. [...]

(www.mittelbayerische.de/index.cfm?pid=13733&lid=0&cid=0&tid=0&pk=1106857)

1. Schreibe aus dem Text „Gerst feiert Halbzeit auf der ISS" die unterstrichenen adverbialen Bestimmungen heraus und bestimme sie.

2. Schreibe aus dem Text die Akkusativ- und Dativobjekte heraus und kennzeichne sie mit AO (Akkusativobjekt) bzw. DO (Dativobjekt).

3. Erkläre mit eigenen Worten, wie es Alexander Gerst auf der Internationalen Raumstation geht.

Bewertungsbogen 5

Name _____

Bewertungsbogen zur Leistungsüberprüfung/Klassenarbeit

Satzglieder richtig bestimmen und einen Sachtext erschließen (2)

Inhaltliche Leistungen

Aufgabe 1

	Du bestimmst die unterstrichenen adverbialen Bestimmungen richtig.	maximale Punktzahl	erreichte Punktzahl
1	Am Mittwoch → adverbiale Bestimmung der Zeit	1	
2	Seit zwölf Wochen → adverbiale Bestimmung der Zeit	1	
3	im Weltraum → adverbiale Bestimmung des Ortes	1	
4	Wegen Problemen mit seinem Raumanzug → adverbiale Bestimmung des Grundes	1	
5	im September → adverbiale Bestimmung der Zeit	1	
6	Ende Mai → adverbiale Bestimmung der Zeit	1	
7	In rund 400 Kilometern Höhe → adverbiale Bestimmung des Ortes	1	
8	seitdem → adverbiale Bestimmung der Zeit	1	
9	nach gewonnener Wette → adverbiale Bestimmung der Zeit	1	
10	Als das DFB-Team kurz darauf sogar den Titel gewann → adverbiale Bestimmung der Zeit	1	
	Gesamtpunktzahl für Aufgabe 1	**10**	

Aufgabe 2

	Du hast aus dem Text die Akkusativ- und Dativobjekte herausgeschrieben.	maximale Punktzahl	erreichte Punktzahl
1	Akkusativobjekte: das Staunen, Eine Enttäuschung, einen geplanten Ausstieg, „meine nächsten elf Erdumrundungen"	4	
2	Dativobjekte: ihnen, der deutschen Elf	2	
	Gesamtpunktzahl für Aufgabe 2	**6**	

Aufgabe 3

	Du erklärst mit eigenen Worten, wie es Alexander Gerst auf der ISS geht, z. B. gehst du ein auf:	maximale Punktzahl	erreichte Punktzahl
1	Arbeit und Arbeitskollegen: anstrengende Arbeit, Zusammenarbeit mit russischen und amerikanischen Kollegen, Enttäuschung über verschobenen Weltraumspaziergang	4	
2	Fußballbegeisterung: Wette anlässlich der Fußball-Weltmeisterschaft	2	
3	Faszination der Arbeit im All	2	
	Gesamtpunktzahl für Aufgabe 3	**8**	
	Gesamtpunktzahl für Aufgabe 1 bis 3	**24**	

Bewertungsbogen 5

Darstellungsleistungen

		maximale Punktzahl	erreichte Punktzahl
1	Bei den Erklärungen zum Inhalt des Textes und beim Herausschreiben der Attribute sind deine Rechtschreibung, Zeichensetzung und Grammatik fehlerfrei.	8	
2	Du formulierst die Antworten verständlich, eigenständig, sprachlich angemessen und in ganzen Sätzen.	4	
	Gesamtpunktzahl für die Darstellungsleistungen	12	
	Gesamtpunktzahl	36	

Die Leistungsüberprüfung/Klassenarbeit wird mit der Note

_____ bewertet.

Datum   Unterschrift

Zuordnung der Punkte zu den Notenstufen

Note	Punkte
sehr gut	36 – 31
gut	30 – 26
befriedigend	25 – 21
ausreichend	20 – 16
mangelhaft	15 – 7
ungenügend	6 – 0

Arbeitsblatt 6

Attribute erkennen und bestimmen und einen Sachtext erschließen

Bastian Pietsch
50 Tage auf der ISS

Alexander Gerst ist „unser" Deutscher im All. Er ist Botschafter und Lehrer, erzählt uns per Videobotschaft von nicht-platzen-
5 den Seifenblasen und vertritt die deutsche Fußballnation gegenüber den amerikanischen NASA-Kollegen. Aber Alexander Gerst ist eigentlich Wissenschaftler – Geophysiker, um genau zu sein.

Alexander Gerst auf der ISS

10 „Unsere Erde ist ja nichts anderes als ein kleiner blauer Punkt, eine kleine blaue Kugel, die einmal im Jahr mit uns um die Sonne reist", meint Alexander Gerst. Die Perspektive aus dem All, sie macht philosophisch. Bisher hatte Gerst sich mit dem Inneren dieser blauen Kugel beschäftigt. Jetzt kreist er um sie herum, blickt auf sie hinab. Er lebt und forscht in der Schwerelosigkeit. Seine Tage im All verbringt Alexander Gerst im europäischen
15 Forschungsmodul „Columbus". Dieses ist eine lange Röhre, die an den vier Wänden mit Geräten vollgestopft ist. Auch das Fachgebiet von Alexander Gerst, das Innere der Erde, lässt sich von hier oben erforschen.

1. Schreibe die unterstrichenen Attribute heraus und bestimme sie.

2. Unterstreiche im folgenden Teil des Textes (Z. 18–26) die Attribute. Schreibe sie anschließend heraus und bestimme sie.

Auf der Erde, beim Europäischen Astronautenzentrum (ESA) in Köln, steht ein Nachbau des „Columbus"-Moduls. In diesem Nachbau steht Reinhold Ewald, ein ehemaliger
20 Astronaut. Er gehört zu den Menschen, die den blauen Punkt aus dem All gesehen haben – von der russischen Raumstation Mir aus. Er erklärt, wie man aus dem All das Innere der Erde mithilfe eines Glaskugelmodells erforscht.

Die Ergebnisse des Experiments sendet die ISS an die irdischen Forschungspartner in Cottbus. Mit den Messungen soll ein Computermodell verbessert werden, das die Bewe-
25 gungen des flüssigen Gesteins im Inneren der Erde berechnen kann. Mit dem Modell können z. B. Vulkane erforscht werden.

(Nach: Bastian Pietsch: 50 Tage im All; www.wdr5.de/sendungen/leonardo/alexandergerst104html; gekürzt und leicht verändert)

3. Beantworte die folgenden Fragen zu dem Sachtext:
    a) Was ist der eigentliche Beruf von Alexander Gerst und was ist sein Fachgebiet?
    b) Was bestimmt den Alltag von Alexander Gerst auf der ISS?
    c) Wozu dienen einige der Experimente, die er dort macht?

Bewertungsbogen 6

Name _____

Bewertungsbogen zur Leistungsüberprüfung/Klassenarbeit

Attribute erkennen und bestimmen und einen Sachtext erschließen

Inhaltliche Leistungen

Aufgabe 1

	Du schreibst die unterstrichenen Attribute heraus und bestimmst sie.	maximale Punktzahl	erreichte Punktzahl
1	im All → Präpositionalattribut	1	
2	deutsche → Adjektivattribut	1	
3	amerikanischen → Adjektivattribut	1	
4	kleiner blauer → Adjektivattribut	1	
5	eine kleine blaue Kugel → Apposition	1	
6	die einmal im Jahr mit uns um die Sonne reist → Relativsatz/Attributsatz	1	
7	aus dem All → Präpositionalattribut	1	
8	dieser blauen Kugel → Genitivattribut	1	
9	im All → Präpositionalattribut	1	
10	europäischen → Adjektivattribut	1	
11	lange → Adjektivattribut	1	
12	die an den vier Wänden mit Geräten vollgestopft ist → Relativsatz/Attributsatz	1	
13	von Alexander Gerst → Präpositionalattribut	1	
14	das Innere der Erde → Apposition	1	
	Gesamtpunktzahl für Aufgabe 1	**14**	

Aufgabe 2

	Du unterstreichst die im Text enthaltenen Attribute, schreibst sie heraus und bestimmst sie richtig.	maximale Punktzahl	erreichte Punktzahl
1	beim Europäischen Astronautenzentrum (ESA) in Köln → Apposition	2	
2	des „Columbus"-Moduls → Genitivattribut	2	
3	ein ehemaliger Astronaut → Apposition	2	
4	die den blauen Punkt aus dem All gesehen haben → Relativsatz/Attributsatz	2	
5	russischen → Adjektivattribut	2	
6	der Erde → Genitivattribut	2	

Bewertungsbogen 6

7	des Experiments → Genitivattribut	2	
8	irdischen → Adjektivattribut	2	
9	in Cottbus → Präpositionalattribut	2	
10	das die Bewegungen des flüssigen Gesteins im Inneren der Erde berechnen kann → Relativsatz/Attributsatz	2	
	Gesamtpunktzahl für Aufgabe 2	**20**	

Aufgabe 3

	Du beantwortest die Fragen zum Text richtig.	maximale Punktzahl	erreichte Punktzahl
a)	Er ist Geophysiker und beschäftigt sich mit dem Erdinneren.	4	
b)	Im europäischen Forschungsmodul „Columbus" führt er Experimente durch.	4	
c)	Die Experimente können helfen, Vorgänge im Inneren der Erde, z. B. in Zusammenhang mit Vulkanen, besser zu verstehen.	4	
	Gesamtpunktzahl für Aufgabe 3	**12**	
	Gesamtpunktzahl für Aufgabe 1 bis 3	**46**	

Darstellungsleistungen

		maximale Punktzahl	erreichte Punktzahl
1	Bei der Beantwortung der Fragen und beim Herausschreiben der Attribute sind deine Rechtschreibung, Zeichensetzung und Grammatik fehlerfrei.	10	
2	Du formulierst die Antworten verständlich, sprachlich angemessen und in ganzen Sätzen.	4	
	Gesamtpunktzahl für die Darstellungsleistungen	**14**	
	Gesamtpunktzahl	**60**	

Die Leistungsüberprüfung/Klassenarbeit wird mit der Note

_____ bewertet.

Zuordnung der Punkte zu den Notenstufen

Note	Punkte
sehr gut	60 – 52
gut	51 – 44
befriedigend	43 – 35
ausreichend	34 – 27
mangelhaft	26 – 11
ungenügend	10 – 0

Datum Unterschrift

Grammatiktraining – Aktiv und Passiv
(Schülerbuch, S. 313–319)

Zusatz- und Differenzierungsmaterial, Lernerfolgskontrollen, Lösungsbogen

Arbeitsblatt 1: Vorgangs- und Zustandspassiv unterscheiden (SB, S. 313–316)

Arbeitsblatt 2: Die Tempusformen im Passiv üben (SB, S. 317–318)

Arbeitsblatt 3: Aktivsätze in Passivsätze umformen (SB, S. 315–318)
Lösungsbogen 3 zur Lernerfolgskontrolle (AB 3)

Arbeitsblatt 4: Passivformen erkennen und bilden (1) (SB, S. 313–318)
Lösungsbogen 4 zur Lernerfolgskontrolle (AB 4)

Arbeitsblatt 5: Passivformen erkennen und bilden (2) (SB, S. 313–318)
Lösungsbogen 5 zur Lernerfolgskontrolle (AB 5)

Arbeitsblatt 1

Vorgangs- und Zustandspassiv unterscheiden

1. Lies dir in P.A.U.L. D. 9 auf S. 313 den Kasten „Basiswissen" durch. Entscheide dann bei den folgenden Sätzen, ob es sich um das Vorgangspassiv (V) oder Zustandspassiv (Z) handelt. Setze dazu jeweils die Buchstaben V oder Z in den Kasten hinter dem Satz ein.

- Wir wurden verraten. ☐
- Wir sind verraten und verkauft. ☐
- Es ist erledigt. ☐
- Es wurde erledigt. ☐
- Wir wurden besiegt. ☐
- Wir sind besiegt. ☐
- Die Wand ist frisch gestrichen. ☐
- Die Wand wurde frisch gestrichen. ☐

Die Geschichte des Geldes

Waren sind von Menschen seit Urzeiten getauscht worden. ☐

Hat der eine etwas, was der andere will, und umgekehrt, wird ein Geschäft gemacht. ☐

Diese Wirtschaftsform wird Tauschwirtschaft genannt. ☐

In der Tauschwirtschaft wird kein Geld benutzt. ☐

5 Waren werden nämlich direkt gegen Waren getauscht. ☐

Allerdings gibt es bei der Tauschwirtschaft ein großes Problem. ☐

Viele Waren werden nur kurz gelagert, denn sie verderben sehr schnell. ☐

Deshalb sind Zwischentauschmittel erfunden worden. ☐

Als Zwischentauschmittel wurden früher verschiedene Materialien benutzt. ☐

10 Manchmal waren es Steine oder Muscheln, manchmal war es Salz oder Gold. ☐

2. Unterstreiche in dem Text „Die Geschichte des Geldes" alle Verben, die zu einer Passivform gehören. Gib wieder an, ob es sich bei den Passivsätzen um das Vorgangspassiv (V) oder Zustandspassiv (Z) handelt.

3. Forme die Passivsätze in Aktivsätze und die Aktivsätze in Passivsätze um.

Arbeitsblatt 2

Die Tempusformen im Passiv üben

1. Bestimme bei den folgenden Passivsätzen das Tempus. Gib an, ob jeweils das Präsens, das Präteritum, das Perfekt, das Plusquamperfekt oder das Futur I verwendet wird.

- Das Haus wird gestrichen. _____
- Ich bin gelobt worden. _____
- Das Spiel wurde angepfiffen. _____
- Der Umbau wird bald fertiggestellt werden. _____
- Der Meister war überraschend letzte Woche geschlagen worden. _____
- Das werde ich oft gefragt. _____
- Die Einladungen werden verteilt. _____
- Das Fest ist gut organisiert worden. _____
- Die Krise war anscheinend überwunden worden. _____
- In Zukunft werden weltweit immer mehr Computer verkauft werden. _____

2. Bestimme das Tempus der Aktivsätze und forme sie dann in Passivsätze um.

Augustin Mouchot

- Die Franzosen begannen schon Mitte des 19. Jahrhunderts mit der Suche nach neuen Energiequellen.
- Der Mathematiklehrer Mouchot hatte damals schon mit Sonnenenergie experimentiert.
- Mouchot hat zunächst einen Solarherd zum Kochen gebaut.
- 1878 führte Mouchot seine Solardampfmaschine auf der Pariser Weltausstellung vor.
- In seinen Büchern beschreibt Mouchot viele eigene Experimente und Ideen zur Gewinnung von Sonnenenergie.
- Als Mouchet 1912 starb, hatten die Franzosen ihren genialen Erfinder längst vergessen.
- Experten halten Mouchot für einen der wichtigsten Begründer der Solarwissenschaft.
- Auch die heutigen Techniker werden wohl viele Ideen des Franzosen erst später umsetzen.

Aktivsätze in Passivsätze umformen

1 Forme die folgenden Aktivsätze in Passivsätze um. Achte dabei auf das richtige Tempus.

Zlatan Ibrahimović

1) Viele halten Zlatan Ibrahimović für einen der besten Fußballspieler der Welt.
2) Im vergangenen Jahr hatte er ein unglaubliches Tor geschossen.
3) Er traf das Tor mit einem Fallrückzieher aus 25 Metern.
4) Seine Vereine haben insgesamt 170 Millionen Euro Ablösesummen für Zlatan gezahlt.
5) Seiner Meinung nach bezahlen die Vereine die Spieler viel zu gut.
6) In Barcelona trainierte Zlatan unter Pep Guardiola.
7) Guardiola setzte den eigenwilligen Schweden auf die Ersatzbank.
8) Er erklärte dem Stürmer auch nicht die Gründe für diese Entscheidung.
9) Zlatan mag den heutigen Bayerntrainer deshalb bis heute nicht.
10) Die Schweden lieben Ibrahimović und bewundern seinen unbedingten Siegeswillen.
11) Sie machten seine Autobiografie „Ich bin Zlatan" zu einem der erfolgreichsten Bücher überhaupt in Schweden.
12) Der Kult um Zlatan Ibrahimović hat sogar ein eigenes Wort hervorgebracht.
13) Das schwedische Institut für Sprache hat „zlatanera" als Verb anerkannt.
14) Mit „den Zlatan machen" drückt man aus, dass sich jemand mit großem Willen und auf seine ganz eigene Weise durchsetzt.
15) Ibrahimović wird vielleicht als einziger Fußballer der Welt ein Wort hinterlassen.

Lösungsbogen 3

Name _____

Lösungsbogen zur Lernerfolgskontrolle

Aktivsätze in Passivsätze umformen

Inhaltliche Leistungen

Aufgabe

	Du hast die Aktivsätze in Passivsätze umgeformt und dabei das richtige Tempus verwendet.	maximale Punktzahl	erreichte Punktzahl
1	Zlatan Ibrahimović <u>wird</u> von vielen für einen der besten Fußballspieler der Welt <u>gehalten</u>.	2	
2	Ein unglaubliches Tor <u>war</u> im vergangenen Jahr von ihm <u>geschossen worden</u>.	2	
3	Das Tor <u>wurde</u> von ihm mit einem Fallrückzieher aus 25 Metern <u>getroffen</u>.	2	
4	Für Zlatan <u>sind</u> insgesamt 170 Millionen Ablösesummen von seinen Vereinen <u>gezahlt worden</u>.	2	
5	Seiner Meinung nach <u>werden</u> die Spieler von den Vereinen viel zu gut <u>bezahlt</u>.	2	
6	In Barcelona <u>wurde</u> Zlatan von Pep Guardiola <u>trainiert</u>.	2	
7	Der eigenwillige Schwede <u>wurde</u> von Guardiola auf die Ersatzbank <u>gesetzt</u>.	2	
8	Die Gründe für diese Entscheidung <u>wurden</u> dem Stürmer von ihm nicht <u>erklärt</u>.	2	
9	Der heutige Bayerntrainer <u>wird</u> deshalb bis heute von Zlatan nicht <u>gemocht</u>.	2	
10	Ibrahimović <u>wird</u> von den Schweden <u>geliebt</u> und sein unbedingter Siegeswille <u>wird</u> von ihnen <u>bewundert</u>.	4	
11	Seine Autobiografie „Ich bin Zlatan" <u>wurde</u> von ihnen zu einem der erfolgreichsten Bücher in Schweden <u>gemacht</u>.	2	
12	Sogar ein eigenes Wort <u>ist</u> von dem Kult um Ibrahimović <u>hervorgebracht worden</u>.	2	
13	„Zlatanera" <u>ist</u> von dem schwedischen Institut für Sprache als Verb <u>anerkannt worden</u>.	2	
14	Mit „den Zlatan machen" <u>wird ausgedrückt</u>, dass sich jemand mit großem Willen und auf seine ganz eigene Weise durchsetzt.	2	
15	Ein Wort <u>wird</u> der Welt vielleicht von Ibrahimović als einzigem Fußballer <u>hinterlassen werden</u>.	2	
	Gesamtpunktzahl für die inhaltlichen Leistungen	**32**	

© Schöningh Verlag

Lösungsbogen 3

Darstellungsleistungen

		maximale Punktzahl	erreichte Punktzahl
1	Du hast die Passivsätze fehlerfrei aufgeschrieben.	6	
	Gesamtpunktzahl für die Darstellungsleistungen	**6**	
	Gesamtpunktzahl	**38**	

Die Lernerfolgskontrolle wird mit der Note

_____ bewertet.

Zuordnung der Punkte zu den Notenstufen

Note	Punkte
sehr gut	38 – 36
gut	35 – 30
befriedigend	29 – 24
ausreichend	23 – 18
mangelhaft	17 – 9
ungenügend	8 – 0

_____

Datum   Unterschrift

Passivformen erkennen und bilden (1)

Unterwasserhockey

Sechs Spieler, ein Bleipuck, zwei Tore und natürlich ein Schwimmbecken werden für die Sportart Unterwasserhockey benötigt. Das Ziel des Spiels wurde vom Feldhockey übernommen.
5 Am Grund eines Schwimmbeckens soll der Puck von den Spielern mithilfe eines Schlägers in das Tor des Gegners gebracht werden. Die Mannschaftszugehörigkeit ist durch die Schläger und Kappenfarbe gekennzeichnet. Die schwarzen Schläger werden von der blauen Mannschaft benutzt. Die weiße Mannschaft spielt mit
10 weißen Schlägern. Die Kappen sind mit der Spielernummer gekennzeichnet. Zurzeit wird Unterwasserhockey nur in wenigen Vereinen betrieben. Die wenigen Aktiven hoffen, dass ihre Sportart in Zukunft von den Medien bekannter gemacht werden wird.

1. Suche aus dem Text „Unterwasserhockey" alle Passivkonstruktionen heraus und bestimme jeweils das Tempus der Passivsätze. Gib auch an, wenn es sich bei der Passivform um das Zustandspassiv handelt.

2. Forme die folgenden Aktivsätze zu Passivsätzen um. Achte dabei auch auf das richtige Tempus.

Sumpf-Fußball

- Dieses Spiel haben die Finnen erfunden.
- Die Erfinder des Spiels hatten die Fußballregeln nur wenig für das Spiel im Schlamm verändert.
- Die besten Spieler tragen einmal im Jahr in Finnland die Sumpf-Fußball-Weltmeisterschaft aus.
- Diese Art des Fußballs zählen die Fans zu einer der härtesten Sportarten überhaupt.
- Sechs Männer oder Frauen pro Mannschaft bestreiten im Sumpf das Spiel.
- Der Schlamm wird den Spielern allerdings schon nach kurzer Zeit alle Kräfte rauben.
- Eine Mannschaft benötigt deshalb auch noch weitere vier bis sechs Auswechselspieler.
- Kein Spieler hat bisher die volle Spielzeit von 25 Minuten ohne Auswechslung geschafft.

3. Setze die folgenden Verben jeweils in die Tempusform, die in der Klammer steht. Bilden dazu kurze Sätze mit den entsprechenden Tempusformen.

- reparieren (3. Person Singular Futur I Passiv)

- erledigen (1. Person Singular Perfekt Aktiv)

- unterbrechen (1. Person Plural Präteritum Passiv)

303

© Schöningh Verlag

Name _____

Lösungsbogen zur Lernerfolgskontrolle

Passivformen erkennen und bilden (1)

Inhaltliche Leistungen

Aufgabe 1

	Du hast aus dem Text „Unterwasserhockey" alle Passivformen herausgesucht und hast jeweils das Tempus der Passivsätze bestimmt. Du hast auch angegeben, wenn es sich bei einer Passivform um das Zustandspassiv handelt.	maximale Punktzahl	erreichte Punktzahl
1	– werden benötigt (Präsens Passiv)	2	
	– wurde übernommen (Präteritum Passiv)	2	
	– soll gebracht werden (Präsens Passiv)	2	
	– ist gekennzeichnet (Präsens Passiv/Zustandspassiv)	3	
	– werden benutzt (Präsens Passiv)	2	
	– sind gekennzeichnet (Präsens Passiv/Zustandspassiv)	3	
	– wird betrieben (Präsens Passiv)	2	
	– bekannter gemacht werden wird (Futur Passiv)	2	
	Gesamtpunktzahl für Aufgabe 1	**18**	

Aufgabe 2

	Du hast die Aktivsätze aus dem Text „Sumpf-Fußball" in Passivsätze umgeformt und dabei hast du auch das richtige Tempus verwendet.	maximale Punktzahl	erreichte Punktzahl
1	Dieses Spiel <u>ist</u> von den Finnen <u>erfunden worden</u>.	2	
2	Die Fußballregeln <u>waren</u> von den Erfindern des Spiels nur wenig für das Spiel im Schlamm <u>verändert worden</u>.	2	
3	Die Sumpf-Fußball-Weltmeisterschaft <u>wird</u> einmal im Jahr von den besten Spielern in Finnland <u>ausgetragen</u>.	2	
4	Diese Art des Fußballs <u>wird</u> von den Fans zu einer der härtesten Sportarten überhaupt <u>gezählt</u>.	2	
5	Das Spiel <u>wird</u> von sechs Männern und Frauen pro Mannschaft im Sumpf <u>bestritten</u>.	2	
6	Allerdings werden den Spielern von dem Schlamm schon nach kurzer Zeit alle Kräfte <u>geraubt werden</u>.	2	
7	Von einer Mannschaft <u>werden</u> deshalb noch vier bis sechs weitere Auswechselspieler <u>benötigt</u>.	2	
8	Bisher <u>ist</u> die volle Spielzeit von 25 Minuten noch von keinem Spieler ohne Auswechslung <u>geschafft worden</u>.	2	
	Gesamtpunktzahl für Aufgabe 2	**16**	

Lösungsbogen 4

Aufgabe 3

	Du hast mit den angegebenen Verben kurze Sätze gebildet und dabei die Verben in die in der Klammer angegebene Tempusform gesetzt.	maximale Punktzahl	erreichte Punktzahl
1	Mögliche Lösung:		
	– Das Fahrrad <u>wird</u> nächste Woche von ihm <u>repariert werden</u>. (3. Person Singular Futur Passiv)	2	
	– Ich <u>habe</u> meine Hausaufgaben <u>erledigt</u>. (1. Person Singular Perfekt Aktiv)	2	
	– Wir <u>wurden</u> aufgrund eines Feueralarms bei der Klassenarbeit <u>unterbrochen</u>. (1. Person Plural Präteritum Passiv)	2	
	Gesamtpunktzahl für Aufgabe 3	**6**	
	Gesamtpunktzahl für Aufgabe 1 bis 3	**40**	

Darstellungsleistungen

		maximale Punktzahl	erreichte Punktzahl
1	Deine Lösungen sind fehlerfrei aufgeschrieben.	6	
	Gesamtpunktzahl für die Darstellungsleistungen	**6**	
	Gesamtpunktzahl	**46**	

Die Lernerfolgskontrolle wird mit der Note

_____ **bewertet.**

Zuordnung der Punkte zu den Notenstufen

Note	Punkte
sehr gut	46 – 43
gut	42 – 36
befriedigend	35 – 28
ausreichend	27 – 20
mangelhaft	19 – 10
ungenügend	9 – 0

Datum   Unterschrift

© Schöningh Verlag

Passivformen erkennen und bilden (2)

Keine Chance für Falschspieler

In Münzautomaten sind heutzutage meistens sogenannte Münzprüfer eingebaut worden. Metallplättchen, fremde Währungen und Knöpfe werden von diesen sicher erkannt und aussortiert. Mit dieser Einrichtung sind die Automaten vor falschen Münzen geschützt. Mithilfe eines Magneten wird zunächst die Metallmischung geprüft. Anschließend werden
5 das Gewicht und die Größe der eingeworfenen Münze überprüft. Das Spiel wird von dem Gerät erst begonnen, wenn alles stimmt. Zukünftig werden sicher noch raffiniertere Sicherheitsgeräte entwickelt werden.

1. Suche aus dem Text alle Passivkonstruktionen heraus.
- Bestimme jeweils das Tempus der Passivsätze.
- Gib an, ob es sich um das Vorgangspassiv oder Zustandspassiv handelt.

2. Forme die folgenden Aktivsätze zu Passivsätzen um. Setze sie dabei jeweils in die angegebenen Tempusformen.

1) Der Zirkusartist verbiegt eine dicke Eisenstange.
   a) Präteritum Passiv

   _____

   b) Futur I Passiv

   _____

2) Der Schiedsrichter sieht das Foul.
   a) Präsens Passiv

   _____

   b) Perfekt Passiv

   _____

3) Der Meteorologe sagt das Wetter vorher.
   a) Plusquamperfekt Passiv

   _____

   b) Perfekt Passiv

   _____

4) Viele Schüler vergessen die Bücher.
   a) Präsens Passiv

   _____

   b) Futur I Passiv

   _____

Name _____

Lösungsbogen zur Lernerfolgskontrolle

Passivformen erkennen und bilden (2)

Aufgabe 1

	Du hast aus dem Text „Keine Chance für Falschspieler" alle Passivformen herausgesucht, das Tempus der Passivsätze zutreffend bestimmt und richtig angegeben, ob es sich jeweils um das Vorgangs- oder Zustandspassiv handelt.	maximale Punktzahl	erreichte Punktzahl
1	– sind eingebaut worden (Perfekt Passiv/Vorgangspassiv) – werden erkannt (Präsens Passiv/Vorgangspassiv) – sind geschützt (Präsens Passiv/Zustandspassiv) – wird geprüft (Präsens Passiv/Vorgangspassiv) – werden überprüft (Präsens Passiv/Vorgangspassiv) – wird begonnen (Präsens Passiv/Vorgangspassiv) – werden entwickelt werden (Futur Passiv/Vorgangspassiv)	3 3 3 3 3 3 3	
	Gesamtpunktzahl für Aufgabe 1	**21**	

Aufgabe 2

	Du hast die Aktivsätze zu Passivsätzen umgeformt und sie dabei jeweils in die angegebenen Tempusformen gesetzt.	maximale Punktzahl	erreichte Punktzahl
1	a) Eine dicke Eisenstange <u>wurde</u> von dem Zirkusartisten <u>verbogen</u>. b) Eine dicke Eisenstange <u>wird</u> von dem Zirkusartisten <u>verbogen werden</u>.	2 2	
2	a) Das Foul <u>wird</u> von dem Schiedsrichter <u>gesehen</u>. b) Das Foul <u>ist</u> von dem Schiedsrichter <u>gesehen worden</u>.	2 2	
3	a) Das Wetter <u>war</u> von dem Meteorologen <u>vorhergesagt worden</u>. b) Das Wetter <u>ist</u> von dem Meteorologen <u>vorhergesagt worden</u>.	2 2	
4	a) Die Bücher <u>werden</u> von vielen Schülern <u>vergessen</u>. b) Die Bücher <u>werden</u> von vielen Schülern <u>vergessen werden</u>.	2 2	
	Gesamtpunktzahl für Aufgabe 2	**16**	
	Gesamtpunktzahl	**37**	

Die Lernerfolgskontrolle wird mit der Note

_____ **bewertet.**

_____

Datum   Unterschrift

Zuordnung der Punkte zu den Notenstufen

Note	Punkte
sehr gut	37 – 35
gut	34 – 29
befriedigend	28 – 23
ausreichend	22 – 17
mangelhaft	16 – 9
ungenügend	8 – 0

Grammatiktraining – Konjunktiv in der indirekten Rede

(Schülerband, S. 320 – 326)

Zusatz- und Differenzierungsmaterial, Lernerfolgskontrollen, Lösungsbogen

Arbeitsblatt 1: Den Konjunktiv in der indirekten Rede verwenden (SB, S. 324–325)

Arbeitsblatt 2: Konjunktiv II-Formen bilden (SB, S. 322–323)
Lösungen 1/2 (zu den AB 1/2)

Arbeitsblatt 3: Modi des Verbs unterscheiden (SB, S. 320–321)
Lösungsbogen 3 zur Lernerfolgskontrolle (AB 3)

Arbeitsblatt 4: Konjunktivformen bilden (SB, S. 322–323)
Lösungsbogen 4 zur Lernerfolgskontrolle (AB 4)

Arbeitsblatt 5: Die direkte Rede in indirekter Rede wiedergeben (SB, S. 324–325)
Lösungsbogen 5 zur Lernerfolgskontrolle (AB 5)

Den Konjunktiv in der indirekten Rede verwenden

Löwe, Esel und Fuchs

Löwe, Esel und Fuchs gingen gemeinsam auf die Jagd. Als sie reiche Beute gemacht hatten, sagte der Löwe zum Esel: „Sorg du für die
5 Verteilung der Beute." Der Esel machte drei Teile und sagte dann dem Löwen: „Davon kannst du dir einen Teil aussuchen." Da war der Löwe so böse, dass er ihn auffraß und
10 nun dem Fuchs den Auftrag zur Teilung gab. Der legte alles zusammen auf einen riesigen Haufen und sagte zum Löwen: „Das alles soll dir gehören." Für sich selbst hatte er nur ein paar Knochen zurückbehalten. Darauf fragte ihn der Löwe: „Wer hat dich gelehrt, so zu teilen?" „Das war das Missgeschick des Esels", antwortete der Fuchs.

(nach Äsop)

1. Formt die direkte Rede der Fabel in die indirekte um.

Der Hund und das Schaf

Ein Hund brachte vor Gericht vor, er habe dem Schaf Brot geliehen; das Schaf leugnete alles, der Kläger aber berief sich auf drei Zeugen, die er auch vorbrachte. Der erste dieser Zeugen, der Wolf, behauptete, er wisse gewiss, dass der Hund dem Schaf Brot geliehen habe; der zweite, der Habicht, sagte, er sei dabei gewesen; der dritte, der Geier, sagte, das Schaf sei ein unverschämter Lügner. So verlor das Schaf den Prozess, musste alle Kosten tragen und zur Bezahlung des Hundes Wolle von seinem Rücken hergeben.

2. In der Fabel von dem Hund und dem Schaf kommt nur indirekte Rede vor. Ersetzt sie durch die direkte.

Arbeitsblatt 2

Konjunktiv II-Formen bilden

Peter hat viele Wünsche. Er möchte

a) mehr Taschengeld bekommen.
b) einen neuen Computer haben.
c) gute Noten schreiben.
d) einen Führerschein besitzen.
e) seinen Freund im Schach schlagen.
f) samstags länger schlafen können.
g) zur Party eingeladen werden.
h) etwas sportlicher sein.

1. Schreibe Peters Wünsche so auf wie im Beispiel:

a) *Ach, bekäme ich doch mehr Taschengeld.*

b) _____

c) _____

d) _____

e) _____

f) _____

g) _____

h) _____

2. Schreibe drei eigene Wünsche auf. Benutze dabei den Konjunktiv II.

a) _____
   _____

b) _____
   _____

c) _____
   _____

Den Konjunktiv in der indirekten Rede verwenden/ Konjunktiv II-Formen bilden

Aufgabe 1 (AB 1)
Löwe, Esel und Fuchs

Löwe, Esel und Fuchs gingen gemeinsam auf die Jagd. Als sie reiche Beute gemacht hatten, sagte der Löwe zum Esel, er solle für die Verteilung der Beute sorgen. Der Esel machte drei Teile und sagte dann dem Löwen, davon könne er sich einen Teil aussuchen. Da war der Löwe so böse, dass er ihn auffraß und nun dem Fuchs den Auftrag zur Teilung gab. Der legte alles zusammen auf einen riesigen Haufen und sagte zum Löwen, das alles solle ihm gehören. Für sich selbst hatte er nur ein paar Knochen zurückbehalten. Darauf fragte ihn der Löwe, wer ihn gelehrt habe, so zu teilen. Das sei das Missgeschick des Esels gewesen, antwortete der Fuchs.

(nach Äsop)

Aufgabe 2 (AB 1)
Der Hund und das Schaf

Ein Hund brachte vor Gericht vor: „Ich habe dem Schaf Brot geliehen." Das Schaf leugnete alles, der Kläger aber berief sich auf drei Zeugen, die er auch vorbrachte. Der erste dieser Zeugen, der Wolf, behauptete: „Ich weiß gewiss, dass der Hund dem Schaf Brot geliehen hat." Der zweite, der Habicht, sagte: „Ich bin dabei gewesen." Der dritte, der Geier, sagte: „Das Schaf ist ein unverschämter Lügner." So verlor das Schaf den Prozess, musste alle Kosten tragen und zur Bezahlung des Hundes Wolle von seinem Rücken hergeben.

Aufgabe 1 (AB 2)

a) Ach, bekäme ich doch mehr Taschengeld.

b) Hätte ich doch einen neuen Computer.

c) Schriebe ich doch gute Noten.

d) Besäße ich doch einen Führerschein.

e) Ach, schlüge ich doch meinen Freund im Schach.

f) Könnte ich doch samstags länger schlafen.

g) Würde ich zu der Party eingeladen.

h) Wäre ich nur etwas sportlicher.

Modi des Verbs unterscheiden

Wünsche – Verwünschungen – Aufforderungen

1) Da wurde die Königin zornig. Sie vergaß (   ) sich ganz und gar und rief (   ) in ihrem Ärger: „Ach, wärst (   ) du doch ein Schweinchen!"

2) Sie saßen (   ) am Abend vor dem Haus, als gerade ihre Schweine von der Weide heimkehrten, und die Frau seufzte und sprach: „Ach, wenn uns Gott doch endlich ein Kind schenken würde (   ), und wenn's auch so borstig wäre (   ) wie ein Schweinchen!"

3) Als sich der Bruder einmal über seine Schwester beklagte (   ), rief der Vater in seinem Ärger: „Ach, wenn sie doch ein Rabe würde (   ) und davonflöge (   )!"

4) Nun wurde der Reiche ärgerlich und rief in seinem Zorn: „Brich (   ) dir den Hals, du dummes Tier!"

5) „Wenn wir jetzt nur ein gebratenes Würstlein dazu hätten (   )", sagte sie in aller Unschuld und ohne an etwas anders zu denken, und o weh, da war (   ) der erste Wunsch getan.

6) Er sagte, er müsse (   ) in die Welt hinausgehen und könne (   ) die Königstochter mithilfe des Zauberspruchs befreien.

7) „Nimm (   ) die Kräuter mit, aber komm (   ) ja nicht wieder", rief die Hexe zornig.

8) Der Dummling meinte, dass ihm die Arbeit gut von der Hand gegangen sei (   ) und er den Lohn dafür verdiene (   ).

9) „Geh (   ) sofort an deine Arbeit, Aschenputtel", schimpfte die böse Stiefmutter, „und hör (   ) nicht eher auf, bis du alle Erbsen aus der Asche herausgesucht hast."

▌ Bestimme die Modusformen der unterstrichenen Verben, indem du die entsprechende Abkürzung in die Klammer schreibst.
Indikativ = Ind
Konjunktiv I = K I
Konjunktiv II = K II
Imperativ = Imp

Lösungsbogen 3

Name _____

Lösungsbogen zur Lernerfolgskontrolle

Modi des Verbs unterscheiden

Aufgabe		maximale Punktzahl	erreichte Punktzahl
	Du hast die Modusformen der unterstrichenen Verben zutreffend bestimmt.		
1	Da wurde die Königin zornig. Sie vergaß (**Ind**) sich ganz und gar und rief (**Ind**) in ihrem Ärger: „Ach, wärst (**K II**) du doch ein Schweinchen!"	3	
2	Sie saßen (**Ind**) am Abend vor dem Haus, als gerade ihre Schweine von der Weide heimkehrten, und die Frau seufzte und sprach: „Ach, wenn uns Gott doch endlich ein Kind schenken würde (**K II**), und wenn's auch so borstig wäre (**K II**) wie ein Schweinchen!"	3	
3	Als sich der Bruder einmal über seine Schwester beklagte (**Ind**), rief der Vater in seinem Ärger: „Ach, wenn sie doch ein Rabe würde (**K II**) und davonflöge (**K II**)!"	3	
4	Nun wurde der Reiche ärgerlich und rief in seinem Zorn: „Brich (**Imp**) dir den Hals, du dummes Tier!"	1	
5	„Wenn wir jetzt nur ein gebratenes Würstlein dazu hätten (**K II**)", sagte sie in aller Unschuld und ohne an etwas anderes zu denken, und o weh, da war (**Ind**) der erste Wunsch getan.	2	
6	Er sagte, er müsse (**K I**) in die Welt hinausgehen und könne (**K I**) die Königstochter mithilfe des Zauberspruchs befreien.	2	
7	„Nimm (**Imp**) die Kräuter mit, aber komm (**Imp**) ja nicht wieder", rief die Hexe zornig.	2	
8	Der Dummling meinte, dass ihm die Arbeit gut von der Hand gegangen sei (**K I**) und er den Lohn dafür verdiene (**K I**).	2	
9	„Geh (**Imp**) sofort an deine Arbeit, Aschenputtel", schimpfte die böse Stiefmutter, „und hör (**Imp**) nicht eher auf, bis du alle Erbsen aus der Asche herausgesucht hast."	2	
Gesamtpunktzahl		**20**	

Die Lernerfolgskontrolle wird mit der Note

_____ bewertet.

_____

Datum   Unterschrift

Zuordnung der Punkte zu den Notenstufen

Note	Punkte
sehr gut	20 – 19
gut	18 – 16
befriedigend	15 – 13
ausreichend	12 – 9
mangelhaft	8 – 5
ungenügend	4 – 0

Konjunktivformen bilden

1. Ergänze die Tabelle.

Infinitiv	Präsens Indikativ	Konjunktiv I	Präteritum Indikativ	Konjunktiv II
lesen	er liest			
		sie laufe		sie liefe
	er hat		er hatte	
malen				
	er nimmt			er nähme
sein				
			er träumte	

2. Überlege bei den folgenden Sätzen, welche der vorgeschlagenen Formen. (Konjunktiv I oder Konjunktiv II) du einsetzen musst. Unterstreiche die richtige Form.

a) Meine Mutter meint, wir *sollen/sollten* für einige Tage ans Meer fahren.

b) Gerlinde meint, sie *müsse/müsste* noch zwei Tage an dem Projekt arbeiten.

c) Unser Lehrer sagt, wir *haben/hätten* für die Mathearbeit gut gelernt.

d) Er meint, ich *laufe/liefe* viel zu langsam.

e) Peter berichtet, euch *sei/wäre* ein Unfall passiert.

f) Die Leute erzählen, du *habest/hättest* im Lotto gewonnen.

g) Mein Patenonkel sagt, er *wolle/wollte* mir ein Fahrrad schenken.

h) Mein Vater sagt immer, ich *träume/träumte/würde träumen*.

Lösungsbogen 4

Name _____

Lösungsbogen zur Lernerfolgskontrolle

Konjunktivformen bilden

Aufgabe 1

	Du hast die Tabelle mit den richtigen Verbformen ergänzt.	maximale Punktzahl	erreichte Punktzahl
1	lesen, er liest, er **lese**, er **las**, er **läse**	3	
2	**laufen**, sie **läuft**, sie laufe, sie **lief**, sie liefe	3	
3	**haben**, er hat, er **habe**, er hatte, er **hätte**	3	
4	malen, sie **malt**, sie **male**, sie **malte**, sie **würde malen**	4	
5	nehmen, er nimmt, er **nehme**, er **nahm**, er nähme	3	
6	sein, sie **ist**, sie **sei**, sie war, sie **wäre**	4	
7	**träumen**, er **träumt**, er **träume**, er träumte, er **würde träumen**	4	
	Gesamtpunktzahl für Aufgabe 1	24	

Aufgabe 2

	Du hast die richtigen Konjunktivformen unterstrichen.	maximale Punktzahl	erreichte Punktzahl
1	a) Meine Mutter meint, wir *sollen*/**sollten** für einige Tage ans Meer fahren.	1	
2	b) Gerlinde meint, sie **müsse**/*müsste* noch zwei Tage an dem Projekt arbeiten.	1	
3	c) Unser Lehrer sagt, wir *haben*/**hätten** für die Mathearbeit gut gelernt.	1	
4	d) Er meint, ich *laufe*/**liefe** viel zu langsam.	1	
5	e) Peter berichtet, euch **sei**/*wäre* ein Unfall passiert.	1	
6	f) Die Leute erzählen, du **habest**/*hättest* im Lotto gewonnen.	1	
7	g) Mein Patenonkel sagt, er **wolle**/*wollte* mir ein Fahrrad schenken.	1	
8	h) Mein Vater sagt immer, ich *träume*/*träumte*/**würde träumen**.	1	
	Gesamtpunktzahl für Aufgabe 2	8	
	Gesamtpunktzahl	32	

Die Lernerfolgskontrolle wird mit der Note

_____ bewertet.

Zuordnung der Punkte zu den Notenstufen

Note	Punkte
sehr gut	32 – 30
gut	29 – 25
befriedigend	24 – 20
ausreichend	19 – 15
mangelhaft	14 – 8
ungenügend	7 – 0

_____

Datum   Unterschrift

Arbeitsblatt 5

Die direkte Rede in indirekter Rede wiedergeben

I Forme die folgenden Aussagen in die indirekte Rede um. Setze die Verben dabei in den Konjunktiv I. Achte darauf, dass sich bei der Umwandlung der direkten in die indirekte Rede die Pronomen ändern können.

a) Der Lehrer fragt: „Kann mir jemand eine Antwort geben?"

b) Katrin sagt: „Morgen fahre ich zu meiner Oma nach Köln."

c) Pascal meint: „Beim Fußballspielen habe ich mich verletzt."

d) Der Mechaniker sagt: „Das Auto ist nicht mehr zu reparieren."

e) Timo sagt: „Unser Hund hat gestern den Briefträger gebissen."

f) Die Verkäuferin fragt: „Wer kommt als Nächster dran?"

g) Der Arzt meint: „Die Krankheit ist nicht ansteckend."

h) Marius sagt: „Ich freue mich schon auf das große Zeltlager."

i) Sophie versichert: „In der nächsten Deutschstunde will ich gut aufpassen."

j) Juri fragt: „Darf ich mir das Computerspiel ausleihen?"

Lösungsbogen 5

Name _____

Lösungsbogen zur Lernerfolgskontrolle

Die direkte Rede in indirekter Rede wiedergeben

Aufgabe		maximale Punktzahl	erreichte Punktzahl
	Du hast die direkte Rede in indirekte Rede umgeformt und dabei die Verben in den Konjunktiv I gesetzt.		
a)	Der Lehrer fragt, ob **ihm** jemand eine Antwort geben **könne**.	2	
b)	Katrin sagt, morgen **fahre sie** zu **ihrer** Oma nach Köln.	3	
c)	Pascal meint, dass **er sich** beim Fußballspielen verletzt **habe**.	3	
d)	Der Mechaniker sagt, das Auto **sei** nicht mehr zu reparieren.	1	
e)	Timo sagt, **ihr** Hund **habe** gestern den Briefträger gebissen.	2	
f)	Die Verkäuferin fragt, wer als Nächster **drankomme**.	1	
g)	Der Arzt meint, die Krankheit **sei** nicht ansteckend.	1	
h)	Marius sagt, **er freue sich** schon auf das große Zeltlager.	3	
i)	Sophie versichert, dass **sie** in der nächsten Deutschstunde gut aufpassen **wolle**.	2	
j)	Juri fragt, ob **er sich** das Computerspiel ausleihen **dürfe**.	3	
	Gesamtpunktzahl	21	

Die Lernerfolgskontrolle wird mit der Note

_____ bewertet.

_____
Datum   Unterschrift

Zuordnung der Punkte zu den Notenstufen

Note	Punkte
sehr gut	21 – 20
gut	19 – 17
befriedigend	16 – 13
ausreichend	12 – 9
mangelhaft	8 – 5
ungenügend	4 – 0

© Schöningh Verlag

Grammatiktraining – Nebensätze/ Gliedsätze (Schülerbuch, S. 327 – 338)

Zusatz- und Differenzierungsmaterial, Lernerfolgskontrollen, Lösungsbogen

Arbeitsblatt 1: Nebensätze/Gliedsätze erkennen (SB, S. 327–328)

Arbeitsblatt 2: Satzgefüge bilden und Nebensätze/Gliedsätze bestimmen (SB, S. 329–336)

Arbeitsblatt 3: Adverbialsätze erkennen und bestimmen (SB, S. 331–333)
Lösungsbogen 3 zur Lernerfolgskontrolle (AB 3)

Arbeitsblatt 4: Nebensätze/Gliedsätze erkennen und bestimmen (1) (SB, S. 329–336)
Lösungsbogen 4 zur Lernerfolgskontrolle (AB 4)

Arbeitsblatt 5: Nebensätze/Gliedsätze erkennen und bestimmen (2) (SB, S. 329–336)
Lösungsbogen 5 zur Lernerfolgskontrolle (AB 5)

Nebensätze/Gliedsätze erkennen

Wie entsteht Muskelkater?

Nachdem du viel Sport getrieben hast, musst du damit rechnen, dass 24 Stunden später deine Muskeln schmerzen. Wenn du Pech hast, kann dies dann mehrere Tage dauern. Muskelkater tritt vor allem auf, wenn du eine
5 neue oder unbekannte Sportart oder Bewegung machst. Die Muskeln schmerzen dann, weil untrainierte Muskelgruppen besonders beansprucht werden. Mediziner erklären das Entstehen des Muskelkaters damit, dass die Muskelfasern ganz winzig kleine Risse und Schäden
10 erleiden. Du kannst dem Muskelkater entgegenwirken, indem du das Training weiter fortführst. Sobald sich die Muskeln an die Bewegungen und Übungen gewöhnt haben, werden sie kräftiger und ausdauernder. Dies bewirkt, dass die Schmerzen dann ausbleiben.

Darf man Schlafwandler aufwecken?

Hättest du gedacht, dass bis zu zwei Prozent aller Erwachsenen und 30 Prozent aller Kinder schlafwandeln? Man muss Schlafwandler aber nicht in Ruhe lassen, damit sie keinen Herzinfarkt bekommen. Dies ist ein Märchen, das falsch ist. Falsch ist auch die Annahme, dass ihnen nie etwas passiert. Wenn du einem schlafwandelnden Menschen begegnest, solltest du also auf jeden Fall etwas tun. Weil Schlafwandler sich selbst
5 gefährden können, solltest du einen schlafwandelnden Menschen vorsichtig aufwecken und behutsam wieder ins Bett schicken.

Warum sagt man, „das geht auf keine Kuhhaut"?

Im Mittelalter waren die Menschen davon überzeugt, dass der Teufel ihre Verfehlungen auf einem Stück Leder auflistete. Weil das Leder von Ziegen und Schafen nicht so groß war, ließ sich darauf nicht sehr viel notieren. Die Menschen nahmen deshalb an, der Teufel würde das Leder von Kühen benutzen. Wenn nun selbst auf diesem großen Stück Leder der Raum für die Notizen zu klein war, gingen sie „auf keine Kuhhaut
5 mehr". Der Ausspruch wird also immer dann verwendet, wenn irgendetwas den Rahmen sprengt.

▌ Unterstreiche alle Nebensätze/Gliedsätze in den drei Texten. Kreise jeweils das Wort ein, mit denen die Nebensätze/Gliedsätze eingeleitet werden.

Satzgefüge bilden und Nebensätze/Gliedsätze bestimmen

Die Wahrheit über die Länge des Marathonlaufes

- Die Streitmacht der Griechen hatte im Jahre 490 v. Chr. bei Marathon die Perser besiegt. Die Nachricht vom Krieg musste so schnell wie möglich nach Athen übermittelt werden. (*nachdem*)

- Ein Bote namens Pheidippides übernahm diese Aufgabe. Ein Bote trug die Botschaft nach Athen. (*der*)

- Der Bote übermittelte die Siegesbotschaft. Er brach dann vor Erschöpfung zusammen und starb. (*nachdem*)

- Die Anstrengung des Laufes war zu viel für ihn gewesen. Die Strecke zwischen Marathon und Athen hat dem Boten über die Erschöpfung hinaus alles abverlangt. (*weil*)

- An die Leistung des Boten damals wird bis heute von den Marathonläufern erinnert. Die Marathonläufer legen genau 42,195 Kilometer zurück, die Strecke zwischen Marathon und Athen. (*indem*)

- Merkwürdig ist, dass ein Marathonlauf über 42,195 Kilometer geht. Das historische Marathon und Athen lagen nur 39 Kilometer auseinander. (*obwohl*)

- Der Läufer hat eine Abkürzung über das Gebirge genommen. Es wären dann nur 34 Kilometer gewesen. (*wenn*)

- Die ersten Marathonläufe waren tatsächlich nur 39 bis 40 Kilometer lang. Bei den Olympischen Spielen 1908 sorgte die Königsfamilie für ein paar Kilometer mehr. (*bis*)

- Die Königsfamilie konnte den Zieleinlauf vom Balkon des Schlosses Windsor beobachten. Die Distanz wurde auf 42,195 Kilometer verlängert. (*damit*)

- Immer wieder brechen Sportler bei modernen Marathon-Wettbewerben am Ziel zusammen. Bei den Läufern steigt die Menge der Stresshormone im Körper innerhalb von drei Minuten nach dem Ende des Laufes aufgrund der vorherigen Anstrengung auf das Zehnfache des Üblichen an. (*weil*)

1. Verbinde in deinem Heft die einzelnen Satzpaare jeweils zu einem Satzgefüge. Verwende dazu die Einleitungswörter, die in der Klammer stehen.

2. Kennzeichne die Nebensätze/Gliedsätze mit einer Wellenlinie.

3. Bestimme genau, um was für Nebensätze/Gliedsätze es sich jeweils handelt.

Arbeitsblatt 3

Adverbialsätze erkennen und bestimmen

I Arbeite so mit den folgenden Satzgefügen:
- Kennzeichne die Nebensätze/Gliedsätze mit einer Wellenlinie.
- Kreise das Einleitungswort des Nebensatzes/Gliedsatzes ein.
- Ergänze die fehlenden Kommas.
- Bestimme anschließend, um welche Art von Nebensatz/Gliedsatz es sich jeweils handelt.

Was man wissen kann, aber nicht muss

— Damit die Menschen auch an Fastentagen Fleisch essen konnten wurden von der Kirche im 15. Jahrhundert Otter, Biber und Dachs zu Fischen erklärt.

_____

— Der erste Darsteller des Ronald McDonald wurde entlassen weil er zu dick geworden war.

_____

— Obwohl Schokolade dreimal so viel Eisen wie Spinat enthält ist es ungesünder, mehr Schokolade als Spinat zu essen.

_____

— Die Blackbox in einem Flugzeug ist orange und nicht schwarz damit man sie nach einem Absturz besser findet.

_____

— Allein in Deutschland werden jährlich 500.000 Bäume gefällt weil die Deutschen unnötige Papiere ausdrucken.

_____

— Wenn man Kühen viele Karotten zu essen gibt wird die Milch rosa.

_____

Arbeitsblatt 3

- Während Zitronenreiniger immer echte Zitrone enthalten muss darf Zitronenlimonade nur künstliche Aromen enthalten.

  _____

- Während man schläft dreht man sich mehr als zehn Mal in der Stunde um.

  _____

- Durchschnittlich geht ein Mensch Tag für Tag 6.000 Schritte zu Fuß sodass jeder im Laufe seines Lebens vier Mal die Erde umrundet.

  _____

- Man kann sich nicht selbst durch Kitzeln zum Lachen bringen weil das Gehirn den Zeitpunkt des Kontakts mit der eigenen Hand berechnet und alle Nervensignale des entsprechenden Körperteils dämpft.

  _____

- Bevor 1970 das Elfmeterschießen erfunden wurde wurde zur Entscheidung der Fußballspiele eine Münze geworfen.

  _____

- Falls du dort einmal anrufen willst die Vorwahl der Antarktis lautet +6721.

  _____

- Obwohl jedes Schwein sicher stolz auf diesen Namen wäre ist es in Frankreich verboten, ein Schwein Napoleon zu nennen.

  _____

(Aus: www.rp-online.de/panorama/wissen/was-man-wissen-kann-aber-nicht-muss-bid-1.2596217)

Lösungsbogen 3

Name _____

Lösungsbogen zur Lernerfolgskontrolle

Adverbialsätze erkennen und bestimmen

Aufgabe		maximale Punktzahl	erreichte Punktzahl
	Du hast • *die Nebensätze/Gliedsätze in den Satzgefügen mit einer Wellenlinie gekennzeichnet,* • *das Einleitungswort des Nebensatzes/Gliedsatzes eingekreist,* • *die fehlenden Kommas ergänzt und* • *die Art des Nebensatzes/Gliedsatzes jeweils richtig bestimmt.*		
1	⟨Damit⟩ die Menschen auch an Fastentagen Fleisch essen konnten, wurden von der Kirche im 15. Jahrhundert Otter, Biber und Dachs zu Fischen erklärt. → Finalsatz	4	
2	Der erste Darsteller des Ronald McDonald wurde entlassen, ⟨weil⟩ er zu dick geworden war. → Kausalsatz	4	
3	⟨Obwohl⟩ Schokolade dreimal so viel Eisen wie Spinat enthält, ist es ungesünder, mehr Schokolade als Spinat zu essen. → Konzessivsatz	4	
4	Die Blackbox in einem Flugzeug ist orange und nicht schwarz, ⟨damit⟩ man sie nach einem Absturz besser findet. → Finalsatz	4	
5	Allein in Deutschland werden jährlich 500.000 Bäume gefällt, ⟨weil⟩ die Deutschen unnötige Papiere ausdrucken. → Kausalsatz	4	
6	⟨Wenn⟩ man Kühen viele Karotten zu essen gibt, wird die Milch rosa. → Kausalsatz	4	
7	⟨Während⟩ Zitronenreiniger immer echte Zitrone enthalten muss, darf Zitronenlimonade nur künstliche Aromen enthalten. → Adversativsatz	4	
8	⟨Während⟩ man schläft, dreht man sich mehr als zehn Mal in der Stunde um. → Temporalsatz	4	
9	Durchschnittlich geht ein Mensch Tag für Tag 6.000 Schritte zu Fuß, ⟨sodass⟩ jeder im Laufe seines Lebens vier Mal die Erde umrundet. → Konsekutivsatz	4	
10	Man kann sich nicht selbst durch Kitzeln zum Lachen bringen, ⟨weil⟩ das Gehirn den Zeitpunkt des Kontakts mit der eigenen Hand berechnet und alle Nervensignale des entsprechenden Körperteils dämpft. → Kausalsatz	4	
11	⟨Bevor⟩ 1970 das Elfmeterschießen erfunden wurde, wurde zur Entscheidung der Fußballspiele eine Münze geworfen. → Temporalsatz	4	
12	⟨Falls⟩ du dort einmal anrufen willst, die Vorwahl der Antarktis lautet +6721. → Konditionalsatz	4	
13	⟨Obwohl⟩ jedes Schwein sicher stolz auf diesen Namen wäre, ist es in Frankreich verboten, ein Schwein Napoleon zu nennen. → Konzessivsatz	4	
	Gesamtpunktzahl	52	

Lösungsbogen 3

Die Lernerfolgskontrolle wird mit der Note

bewertet.

_____
Datum   Unterschrift

Zuordnung der Punkte zu den Notenstufen

Note	Punkte
sehr gut	52 – 49
gut	48 – 41
befriedigend	40 – 32
ausreichend	31 – 23
mangelhaft	22 – 11
ungenügend	10 – 0

Nebensätze/Gliedsätze erkennen und bestimmen (1)

1. Arbeite so mit den Satzgefügen:
- Kennzeichne die Nebensätze/Gliedsätze mit einer Wellenlinie.
- Kreise das Wort ein, das die Nebensätze/Gliedsätze einleitet.
- Setze die fehlenden Kommas. Arbeite dabei mit einem farbigen Stift.
- Bestimme jeweils die Art des Nebensatzes/Gliedsatzes.

Im Praktikum gut ankommen – Tipps und Tricks

(1) Wenn du eine Frage hast wende dich an den für dich zuständigen Mitarbeiter.

(2) Obwohl Rücksichtnahme und Höflichkeit gegenüber den Mitarbeitern das Wichtigste sind können etwas Hartnäckigkeit und Kontaktfreudigkeit nicht schaden.

(3) Zeige dein Interesse an den anderen Kollegen indem du dir so viele Namen wie möglich merkst.

(4) Wenn dir jemand etwas erklärt dann falle der Person nicht ins Wort.

(5) Sei auf jeden Fall pünktlich weil Pünktlichkeit eines der wichtigsten Dinge in der Berufswelt ist.

(6) Vielen Schülern fällt es schwer dass sie während der Arbeitszeit ihr Handy privat nicht nutzen dürfen.

(7) Indem du ohne Anweisungen vonseiten des Betriebs auf die Nutzung deines Handys während der Arbeitszeit verzichtest gehst du allen Problemen damit aus dem Weg.

Arbeitsblatt 4

(8) Schau dich selbstständig um wo es etwas zu tun gibt.

_____

(9) Dinge die vertraulich sind darfst du auch zu Hause nicht weitererzählen.

_____

(10) Gehe mit Fehlern so um dass du aus ihnen lernst und sie nicht wiederholst.

_____

(11) Bevor du dich verabschiedest prüfe die Möglichkeiten einer Ausbildung in deinem Praktikumsbetrieb.

_____

(12) Das Wichtigste an einem Praktikum ist aber dass du sicherer bei der Wahl deines Berufes wirst.

_____

2. Ergänze in der Berufsbeschreibung jeweils die Wörter *dass* oder *das*. Setze mit einem farbigen Stift die fehlenden Kommas.

Industriemechaniker

_____ Wichtigste in diesem Beruf sind Maschinen aller Art. Du lernst als Industriemechaniker _____ Zusammensetzen und ____ Aufbauen von Maschinen. Am Ende der Ausbildung weißt du _____ sie so und so programmiert werden. _____ die Ausbildung 3 ½ Jahre dauert ist angesichts der hohen Herausforderungen verständlich. Der Beruf ist genau _____ Richtige für dich, wenn du dir sicher bist _____ du schon in der Schule in den Fächern Physik und Mathematik richtig gut aufgepasst hast. Jeder, der in dem Beruf arbeitet, weiß _____ du es ohne grundlegende Physikkenntnisse als angehender Industriemechaniker sehr schwer haben wirst. Als Industriemechaniker kannst du dir ein Spezialgebiet _____ entweder Feingerätebau, Anlagebau, Produktionstechnik oder Instandhaltung ist, aussuchen.

Lösungsbogen 4

Name _____

Lösungsbogen zur Lernerfolgskontrolle

Neben-/Gliedsätze erkennen und bestimmen (1)

Aufgabe 1

	Du hast – die Nebensätze/Gliedsätze in den Satzgefügen mit einer Wellenlinie gekennzeichnet, – das Einleitungswort des Nebensatzes/Gliedsatzes eingekreist, – die fehlenden Kommas ergänzt und – die Art des Nebensatzes/Gliedsatzes jeweils richtig bestimmt.	maximale Punktzahl	erreichte Punktzahl
1	(Wenn) du eine Frage hast, wende dich an den für dich zuständigen Mitarbeiter. → Konditionalsatz	4	
2	(Obwohl) Rücksichtnahme und Höflichkeit gegenüber den Mitarbeitern das Wichtigste sind, können etwas Hartnäckigkeit und Kontaktfreudigkeit nicht schaden. → Konzessivsatz	4	
3	Zeige dein Interesse an den anderen Kollegen, (indem) du dir so viele Namen wie möglich merkst. → Modalsatz	4	
4	(Wenn) dir jemand etwas erklärt, dann falle der Person nicht ins Wort. → Konditionalsatz	4	
5	Sei auf jeden Fall pünktlich, (weil) Pünktlichkeit eines der wichtigsten Dinge in der Berufswelt ist. → Kausalsatz	4	
6	Vielen Schülern fällt es schwer, (dass) sie während der Arbeitszeit ihr Handy privat nicht nutzen dürfen. → Subjektsatz	4	
7	(Indem) du ohne Anweisungen vonseiten des Betriebs auf die Nutzung deines Handys während der Arbeitszeit verzichtest, gehst du allen Problemen damit aus dem Weg. → Modalsatz	4	
8	Schau dich selbstständig um, (wo) es etwas zu tun gibt. → Lokalsatz	4	
9	Dinge, (die) vertraulich sind, darfst du auch zu Hause nicht weitererzählen. → Relativsatz/Attributsatz	4	
10	Gehe mit Fehlern so um, (dass) du aus ihnen lernst und sie nicht wiederholst. → Modalsatz	4	
11	(Bevor) du dich verabschiedest, prüfe die Möglichkeit einer Ausbildung in deinem Praktikumsbetrieb. → Temporalsatz	4	
12	Das Wichtigste an einem Praktikum ist aber, (dass) du sicherer bei der Wahl deines Berufes wirst. → Subjektsatz	4	
	Gesamtpunktzahl für Aufgabe 1	**48**	

Aufgabe 2

	Du hast die Wörter „das" oder „dass" richtig ergänzt und die fehlenden Kommas gesetzt. (2 Punkte für jedes richtig ergänzte „das" oder „dass", 1 Punkt für jedes richtig gesetzte Komma)	maximale Punktzahl	erreichte Punktzahl
1	**Das** Wichtigste in diesem Beruf sind Maschinen aller Art.	2	
2	Du lernst als Industriemechaniker **das** Zusammensetzen und **das** Aufbauen von Maschinen.	4	
3	Am Ende der Ausbildung weißt du**,** **dass** sie so und so programmiert werden.	3	

Lösungsbogen 4

4	**Dass** die Ausbildung 3 ½ Jahre dauert, ist angesichts der hohen Herausforderungen verständlich.	3	
5	Der Beruf ist genau **das** Richtige für dich, wenn du dir sicher bist, **dass** du schon in der Schule in den Fächern Physik und Mathematik richtig gut aufgepasst hast.	5	
6	Jeder, der in dem Beruf arbeitet, weiß, **dass** du es ohne grundlegende Physikkenntnisse als angehender Industriemechaniker sehr schwer haben wirst.	3	
7	Als Industriemechaniker kannst du dir ein Spezialgebiet, **das** entweder Feingerätebau, Anlagenbau, Produktionstechnik oder Instandhaltung ist, aussuchen.	3	
	Gesamtpunktzahl für Aufgabe 2	23	
	Gesamtpunktzahl	71	

Die Lernerfolgskontrolle wird mit der Note

_____ bewertet.

_____
Datum   Unterschrift

Zuordnung der Punkte zu den Notenstufen

Note	Punkte
sehr gut	71 – 66
gut	65 – 55
befriedigend	54 – 43
ausreichend	42 – 32
mangelhaft	31 – 14
ungenügend	13 – 0

Nebensätze/Gliedsätze erkennen und bestimmen (2)

Die berühmtesten Sportler aller Zeiten

(1) Bei der Weltmeisterschaft 1986 erzielte Diego Maradona mithilfe eines Handspieles, das später als „die Hand Gottes" berühmt wurde, ein irreguläres Tor.

(2) Mark Spitz beendete seine Karriere als Schwimmer mit nur 22 Jahren, nachdem er bei den Olympischen Spielen 1972 sieben Goldmedaillen gewonnen und in jeder Disziplin einen neuen Weltrekord aufgestellt hatte.

Diego Maradona beim berühmten Tor durch Handspiel 1986

(3) Björn Borg, der zwischen 1976 und 1980 fünfmal in Folge Wimbledon gewann, soll derart gut trainiert gewesen sein, dass er auch in den längsten Spielen gegen seine schwersten Gegner nie ernsthaft geschwitzt haben soll.

(4) NBA-Superstar Michael Jordan beförderte die in den 1990er-Jahren unbedeutende Firma Nike an die Weltspitze der Sportartikelhersteller, weil Nike zu Beginn seiner Karriere einen Werbevertrag mit dem Ausnahmebasketballer der Chicago Bulls abschloss.

(5) Als Muhammed Ali, einer der besten Boxer aller Zeiten, 1967 in den Krieg gegen Vietnam ziehen sollte, weigerte er sich, verlor seinen Weltmeistertitel und für drei Jahre seine Boxlizenz.

(6) Der jamaikanische Sprinter Usain Bolt läuft immer wieder die 100 Meter scheinbar mühelos unter 10 Sekunden, obwohl er eine ausgeprägte Vorliebe für Fast Food hat.

(7) Falls etwas den Menschen von dem Tennisstar John McEnroe, der in der ersten Hälfte der 1980er-Jahre die Tenniswelt dominierte, in Erinnerung geblieben ist, sind es seine legendären Wutausbrüche gegen Schiedsrichter, Gegner, das Publikum sowie sich selbst.

Arbeitsblatt 5

(8) Der uruguayische Dichter Eduardo Galeano ehrte die Ballkünste Peles mit folgendem Bild: „Wenn er einen Freistoß ausführte, wollten sich die Spieler, die die Mauer bildeten, am liebsten umdrehen, weil sie sich das Tor nicht entgehen lassen wollten."

(9) Lionel Messi, der von 2009 bis 2012 viermal in Folge zum Weltfußballer des Jahres gewählt wurde, litt in seiner Jugend unter Wachstumsstörungen, sodass er mit dreizehn Jahren kaum 1,40 m groß war.

(10) Der älteste Teilnehmer bei der Olympiade 2012, der Japaner Hiroshi Hoketsu, sattelte vom Springreiten zur Dressur um, als seine Sehkraft mit dem Alter nachließ, sodass er die Abstände zwischen den Sprüngen nicht mehr so gut abschätzen konnte.

(11) Damit das Rekordtor von Moritz Stoppelkamp vom SC Paderborn aus 82,3 Metern gegen Hannover 96 in der Bundesligasaison 2014/15 nie in Vergessenheit gerät, hat der SC Paderborn auf dem Stadion-Vorplatz eine 82,3 Meter lange „Stoppelkamp-Allee" eingerichtet.

(12) Während er in der amerikanischen Basketball-Profiliga spielte, hat es der Würzburger Dirk Nowitzki unter die neun besten Werfer in der NBA-Geschichte geschafft.

(www.gq-magazin.de/unterhaltung/stars/topliste-die-20-coolsten-sportler)

> Arbeite so mit den Satzgefügen:
> - Unterstreiche die Nebensätze/Gliedsätze und kreise das jeweilige Einleitungswort ein.
> - Schreibe die genaue Bezeichnung der Nebensätze/Gliedsätze auf die entsprechende Linie.

(1) _____ (2) _____

(3) _____ (4) _____

(5) _____ (6) _____

(7) _____ (8) _____

(9) _____ (10) _____

(11) _____ (12) _____

Lösungsbogen 5

Name _____

Lösungsbogen zur Lernerfolgskontrolle

Nebensätze/Gliedsätze erkennen und bestimmen (2)

Aufgabe	Du hast – die Nebensätze/Gliedsätze in den Satzgefügen unterstrichen, – das Einleitungswort der Nebensätze/Gliedsätze eingekreist – und die Art der Nebensätze/Gliedsätze jeweils richtig bestimmt.	maximale Punktzahl	erreichte Punktzahl
1	Bei der Weltmeisterschaft 1986 erzielte Diego Maradona mithilfe eines Handspieles, ⟨das⟩ später als „die Hand Gottes" berühmt wurde, ein irreguläres Tor. → Relativsatz/Attributsatz	3	
2	Mark Spitz beendete seine Karriere als Schwimmer mit nur 22 Jahren, ⟨nachdem⟩ er bei den Olympischen Spielen 1972 sieben Goldmedaillen gewonnen und in jeder Disziplin einen neuen Weltrekord aufgestellt hatte. → Temporalsatz	3	
3	Björn Borg, ⟨der⟩ zwischen 1976 und 1980 fünfmal in Folge Wimbledon gewann, soll derart gut trainiert gewesen sein, ⟨dass⟩ er auch in den längsten Spielen gegen seine schwersten Gegner nie ernsthaft geschwitzt haben soll. → Relativsatz/Attributsatz + Konsekutivsatz	6	
4	NBA-Superstar Michael Jordan beförderte die in den 1990er-Jahren unbedeutende Firma Nike an die Weltspitze der Sportartikelhersteller, ⟨weil⟩ Nike zu Beginn seiner Karriere einen Werbevertrag mit dem Ausnahmebasketballer der Chicago Bulls abschloss. → Kausalsatz	3	
5	⟨Als⟩ Muhammed Ali, einer der besten Boxer aller Zeiten, 1967 in den Krieg gegen Vietnam ziehen sollte, weigerte er sich, verlor seinen Weltmeistertitel und für drei Jahre seine Boxlizenz. → Temporalsatz	3	
6	Der jamaikanische Sprinter Usain Bolt läuft immer wieder die 100 Meter scheinbar mühelos unter 10 Sekunden, ⟨obwohl⟩ er eine ausgeprägte Vorliebe für Fast Food hat. → Konzessivsatz	3	
7	⟨Falls⟩ etwas den Menschen von dem Tennisstar John McEnroe, ⟨der⟩ in der ersten Hälfte der 1980er-Jahre die Tenniswelt dominierte, in Erinnerung geblieben ist, sind es seine legendären Wutausbrüche gegen Schiedsrichter, Gegner, das Publikum sowie sich selbst. → Konditionalsatz + Relativsatz/Attributsatz	6	
8	Der uruguayische Dichter Eduardo Galeano ehrte die Ballkünste Peles mit folgendem Bild: „⟨Wenn⟩ er einen Freistoß ausführte, wollten sich die Spieler, ⟨die⟩ die Mauer bildeten, am liebsten umdrehen, ⟨weil⟩ sie sich das Tor nicht entgehen lassen wollten." → Konditionalsatz + Relativsatz/Attributsatz + Kausalsatz	9	
9	Lionel Messi, ⟨der⟩ von 2009 bis 2012 viermal in Folge zum Weltfußballer des Jahres gewählt wurde, litt in seiner Jugend unter Wachstumsstörungen, ⟨sodass⟩ er mit dreizehn Jahren kaum 1,40 m groß war. → Relativsatz/Attributsatz + Konsekutivsatz	6	
10	Der älteste Teilnehmer bei der Olympiade 2012, der Japaner Hiroshi Hoketsu, sattelte vom Springreiten zur Dressur um, ⟨als⟩ seine Sehkraft mit dem Alter nachließ, ⟨sodass⟩ er die Abstände zwischen den Sprüngen nicht mehr so gut abschätzen konnte. → Temporalsatz + Konsekutivsatz	6	

331

© Schöningh Verlag

Lösungsbogen 5

11	Damit das Rekordtor von Moritz Stoppelkamp vom SC Paderborn aus 82,3 Metern gegen Hannover 96 in der Bundesligasaison 2014/15 nie in Vergessenheit gerät, hat der SC Paderborn auf dem Stadion-Vorplatz eine 82,3 Meter lange „Stoppelkamp-Allee" eingerichtet. → Modalsatz	3	
12	Während er in der amerikanischen Basketball-Profiliga spielte, hat es der Würzburger Dirk Nowitzki unter die neun besten Werfer in der NBA-Geschichte geschafft. → Temporalsatz	3	
	Gesamtpunktzahl	**54**	

Die Lernerfolgskontrolle wird mit der Note

bewertet.

_____

Datum   Unterschrift

Zuordnung der Punkte zu den Notenstufen

Note	Punkte
sehr gut	54–51
gut	50–42
befriedigend	41–33
ausreichend	32–24
mangelhaft	23–12
ungenügend	11–0

Bewertungstabellen für die Ermittlung der Noten bei Klassenarbeiten

Bei den Bewertungs-/Lösungsbogen für die Klassenarbeiten und Lernerfolgskontrollen in diesem Materialband werden die zu erreichenden Punkte in Anlehnung an die zwei folgenden Bewertungstabellen in Noten umgerechnet. Diese dienen auch zur Orientierung der Lehrkraft, um die Bewertung den eigenen Anforderungen anzupassen. Die Zuordnung der Punkteverteilung zu den Notenstufen von Bewertungstabelle 1 kann bei weniger geschlossenen Aufgabenarten Anwendung finden (z. B. im Bereich des Umgangs mit literarischen Texten). Bei Lernerfolgskontrollen, in denen fest umrissene inhaltliche Lernbestände oder Basiskompetenzen (z. B. im Bereich der Rechtschreibung) überprüft werden, bietet sich dabei eher Bewertungstabelle 2 an.

Bewertungstabelle 1

Note	%	11	12	13	14	15	16	17	18	19	20	Punkte
1	100–87	11–10	12–11	13–12	14–12	15–13	16–14	17–15	18–16	19–17	20–17	
2	86–73	9–8	10–9	11–10	11–10	12–11	13–12	14–12	15–13	16–14	16–15	
3	72–59	7–6	8–7	9–7	9–8	10–9	11–9	11–10	12–11	13–11	14–12	
4	58–45	5–4	6–5	6–5	7–6	8–7	8–7	9–8	10–8	10–9	11–9	
5	44–19	3–2	4–2	4–3	5–3	6–3	6–3	7–3	7–3	8–4	8–4	
6	18–0	1–0	1–0	2–0	3–0	2–0	2–0	2–0	2–0	3–0	3–0	

Note	%	21	22	23	24	25	26	27	28	29	30	Punkte
1	100–87	21–18	22–19	23–20	24–21	25–22	26–23	27–23	28–24	29–25	30–26	
2	86–73	17–15	18–16	19–17	20–18	21–18	22–19	22–20	23–20	24–21	25–23	
3	72–59	14–12	15–13	16–14	17–14	17–15	18–15	19–16	19–17	20–17	22–18	
4	58–45	11–9	12–10	13–10	13–11	14–11	14–12	15–12	16–13	16–13	17–14	
5	44–19	8–4	9–4	9–4	10–5	10–5	11–5	11–5	12–5	12–6	13–6	
6	18–0	3–0	3–0	3–0	4–0	4–0	4–0	4–0	4–0	5–0	5–0	

Note	%	31	32	33	34	35	36	37	38	39	40	Punkte
1	100–87	31–27	32–28	33–29	34–30	35–31	36–31	37–32	38–33	39–34	40–35	
2	86–73	26–23	27–24	28–24	29–25	30–26	30–26	31–27	32–28	33–29	34–29	
3	72–59	22–18	23–19	23–19	24–20	25–21	25–21	26–22	27–22	28–23	28–24	
4	58–45	17–14	18–14	18–15	19–15	20–16	20–16	21–17	21–17	22–18	23–18	
5	44–19	13–6	13–6	14–6	14–6	15–7	15–7	16–7	16–7	17–7	17–8	
6	18–0	5–0	5–0	5–0	5–0	6–0	6–0	6–0	6–0	6–0	7–0	

Note	%	41	42	43	44	45	46	47	48	49	50	Punkte
1	100–87	41–36	42–37	43–37	44–38	45–39	46–40	47–41	48–42	49–43	50–44	
2	86–73	35–30	36–31	36–31	37–32	38–33	39–34	40–34	41–35	42–36	43–37	
3	72–59	29–24	30–25	30–25	31–26	32–27	33–27	33–28	34–28	35–29	36–30	
4	58–45	23–18	24–19	24–19	25–20	26–20	26–20	27–21	27–22	28–22	29–23	
5	44–19	17–8	18–8	18–8	19–8	19–9	19–9	20–9	21–9	21–9	22–10	
6	18–0	7–0	7–0	7–0	7–0	8–0	8–0	8–0	8–0	8–0	9–0	

Note	%	51	52	53	54	55	56	57	58	59	60	Punkte
1	100–87	51–44	52–45	53–46	54–47	55–48	56–49	57–50	58–50	59–51	60–52	
2	86–73	43–37	44–38	45–39	46–39	47–40	48–41	49–42	49–42	50–43	51–44	
3	72–59	36–30	37–31	38–31	38–32	39–32	40–33	41–34	41–34	42–35	43–35	
4	58–45	29–23	30–23	30–24	31–24	31–25	32–25	33–26	33–26	34–27	34–27	
5	44–19	22–10	22–10	23–10	23–10	24–10	24–11	25–11	25–11	26–11	26–11	
6	18–0	9–0	9–0	9–0	9–0	9–0	10–0	10–0	10–0	10–0	10–0	

Note	%	61	62	63	64	65	66	67	68	69	70	Punkte
1	100–87	61–53	62–54	63–55	64–56	65–57	66–57	67–58	68–59	69–60	70–60	
2	86–73	52–45	53–45	54–46	55–47	56–47	56–48	57–49	58–50	59–50	59–49	
3	72–59	44–36	44–37	45–37	46–38	46–38	47–39	48–37	49–40	49–41	48–41	
4	58–45	35–27	36–28	36–28	37–29	37–29	38–30	36–28	39–31	40–31	40–32	
5	44–19	26–12	27–12	27–12	28–12	28–12	29–13	27–13	30–13	30–13	31–13	
6	18–0	11–0	11–0	11–0	11–0	11–0	12–0	12–0	12–0	12–0	12–0	

Note	%	71	72	73	74	75	76	77	78	79	80	Punkte
1	100–87	71–62	72–63	73–64	74–64	75–65	76–66	77–67	78–68	79–69	80–70	
2	86–73	61–52	62–53	63–54	63–54	64–55	65–55	66–56	67–60	68–58	69–58	
3	72–59	51–42	52–43	53–43	53–44	54–44	54–46	55–45	59–46	57–47	57–47	
4	58–45	41–32	42–32	42–33	43–33	43–34	45–34	44–35	45–35	46–36	46–36	
5	44–19	31–13	31–14	32–14	32–14	33–14	33–14	34–15	34–15	35–15	35–15	
6	18–0	12–0	13–0	13–0	13–0	13–0	13–0	14–0	14–0	14–0	14–0	

Note	%	81	82	83	84	85	86	87	88	89	90	Punkte
1	100–87	81–70	82–71	83–72	84–73	85–74	86–75	87–76	88–77	89–77	90–78	
2	86–73	69–59	70–60	71–61	72–61	73–62	74–63	75–64	76–64	76–65	77–66	
3	72–59	58–48	59–48	60–49	60–50	61–50	62–51	63–51	63–52	64–53	65–53	
4	58–45	47–36	47–37	48–37	49–38	49–38	50–39	50–39	51–40	52–40	52–40	
5	44–19	35–15	36–16	36–16	37–16	37–16	38–15	38–16	39–17	39–17	39–17	
6	18–0	14–0	15–0	15–0	15–0	15–0	14–0	15–0	16–0	16–0	16–0	

Note	%	91	92	93	94	95	96	97	98	99	100	Punkte
1	100–87	91–79	92–80	93–81	94–82	95–82	96–83	97–84	98–85	99–86	100–87	
2	86–73	78–66	79–67	80–68	81–69	81–69	82–70	83–71	84–71	85–72	86–73	
3	72–59	65–54	66–54	67–55	68–55	68–56	69–57	70–57	70–58	71–58	72–59	
4	58–45	53–41	53–41	54–42	54–42	55–43	56–43	56–44	57–44	57–45	58–45	
5	44–19	40–17	40–17	41–18	41–18	42–18	42–18	43–18	43–19	44–19	44–19	
6	18–0	16–0	16–0	17–0	17–0	17–0	17–0	17–0	18–0	18–0	18–0	

Bewertungstabelle 2

Note	%	10	11	12	13	14	15	16	17	18	19	20	21	22	23	Punkte
1	100–93	10	11	12	13	14	15	16–15	17–16	18–17	19–18	20–19	21–20	22–21	23–22	
2	92–77	9	10–9	11–10	12–11	13–12	14–13	14–13	15–14	16–14	17–15	18–16	19–17	20–18	21–18	
3	76–61	8–7	8–7	9–8	10–9	11–10	12–10	12–10	13–11	14–12	15–13	15–13	16–14	17–14	17–14	
4	60–45	6–5	6–5	7–6	8–6	9–7	9–7	9–7	10–8	10–8	11–9	12–9	12–9	13–10	13–10	
5	44–20	4–3	4–3	5–3	5–3	6–4	6–4	6–4	7–4	7–4	8–5	8–5	8–5	9–5	9–6	
6	19–0	2–0	2–0	2–0	2–0	3–0	3–0	3–0	3–0	3–0	4–0	4–0	4–0	4–0	5–0	

Note	%	24	25	26	27	28	29	30	31	32	33	34	35	36	37	Punkte
1	100–93	24–23	25–24	26–24	27–25	28–26	29–27	30–28	31–29	32–30	33–31	34–32	35–33	36–34	37–35	
2	92–77	22–19	23–20	23–20	24–21	25–22	26–23	27–23	28–24	29–25	30–26	31–27	32–28	33–28	34–29	
3	76–61	18–15	19–16	19–16	20–17	21–17	22–18	22–18	23–19	24–20	25–21	26–21	27–22	27–22	28–23	
4	60–45	14–12	15–11	15–11	16–12	16–12	17–13	17–13	18–14	19–15	20–15	20–16	21–16	21–16	22–17	
5	44–20	11–6	10–6	10–6	11–6	11–6	12–7	12–7	13–7	14–8	14–8	15–8	15–8	15–8	16–8	
6	19–0	5–0	5–0	5–0	5–0	5–0	6–0	6–0	6–0	7–0	7–0	7–0	7–0	7–0	7–0	

Note	%	38	39	40	41	42	43	44	45	46	47	48	49	50	51	Punkte
1	100–93	38–36	39–36	40–37	41–38	42–39	43–40	44–41	45–42	46–43	47–44	48–45	49–46	50–47	51–48	
2	92–77	35–30	35–30	36–31	37–32	38–32	39–33	40–34	41–35	42–36	43–36	44–37	45–38	46–39	47–40	
3	76–61	29–24	29–24	30–25	31–25	31–25	32–26	33–27	34–27	35–28	35–28	36–29	37–30	38–31	39–32	
4	60–45	23–18	23–18	24–18	24–18	24–18	25–19	26–19	27–20	27–20	27–20	28–21	29–22	30–23	31–23	
5	44–20	17–9	17–9	17–9	17–9	17–9	18–10	18–10	19–10	19–10	19–10	20–10	21–11	22–11	22–11	
6	19–0	8–0	8–0	8–0	8–0	8–0	9–0	9–0	9–0	9–0	9–0	9–0	10–0	10–0	10–0	

Note	%	52	53	54	55	56	57	58	59	60	61	62	63	64	65	Punkte
1	100–93	52–49	53–50	54–51	55–51	56–52	57–53	58–54	59–55	60–56	61–57	62–58	63–59	64–60	65–61	
2	92–77	48–41	49–41	50–42	50–42	51–43	52–44	53–45	54–46	55–47	56–47	57–48	58–49	59–50	60–51	
3	76–61	40–32	40–32	41–33	41–33	42–34	43–35	44–36	45–36	46–37	46–37	47–38	48–39	49–39	50–40	
4	60–45	31–23	31–23	32–24	32–24	33–25	34–25	35–26	35–26	36–27	36–27	37–28	38–28	38–28	39–29	
5	44–20	22–11	22–11	23–12	23–12	24–12	24–12	25–13	25–13	26–13	26–13	27–13	27–13	27–13	28–13	
6	19–0	10–0	10–0	11–0	11–0	11–0	11–0	12–0	12–0	12–0	12–0	12–0	12–0	12–0	12–0	

Note	%	66	67	68	69	70	71	72	73	74	75	76	77	78	79	Punkte
1	100–93	66–61	67–62	68–63	69–64	70–65	71–66	72–67	73–68	74–69	75–70	76–71	77–72	78–72	79–73	
2	92–77	60–51	61–52	62–52	63–53	64–54	65–55	66–55	67–56	68–57	69–58	70–59	71–59	71–60	72–61	
3	76–61	50–40	51–41	51–41	52–42	53–43	54–43	54–44	55–45	56–45	57–46	58–46	58–47	59–47	60–48	
4	60–45	39–30	40–30	40–31	41–31	42–31	42–32	43–32	44–33	44–33	45–34	45–34	46–35	46–35	47–36	
5	44–20	29–13	29–13	30–14	30–14	30–14	31–14	31–14	32–15	32–15	33–15	33–15	34–16	34–16	35–16	
6	19–0	12–0	12–0	13–0	13–0	13–0	13–0	13–0	14–0	14–0	14–0	14–0	15–0	15–0	15–0	

Note	%	80	81	82	83	84	85	86	87	88	89	90	91	92	93	Punkte
1	100–93	80–74	81–75	82–76	83–77	84–78	85–79	86–80	87–79	88–80	89–83	90–84	91–85	92–86	93–86	
2	92–77	73–62	74–65	75–63	76–64	77–65	78–65	79–66	78–67	79–68	82–69	83–70	84–70	85–71	85–72	
3	76–61	61–49	64–49	62–50	63–51	64–51	64–52	65–52	66–57	67–54	68–54	69–55	69–56	70–56	71–57	
4	60–45	48–36	48–36	49–37	50–37	50–38	51–38	51–39	56–39	53–40	53–40	54–41	55–41	56–42	
5	44–20	35–16	35–16	36–16	36–17	37–17	37–17	38–17	38–17	39–18	39–18	40–18	40–18	40–18	41–19	
6	19–0	15–0	15–0	15–0	16–0	16–0	16–0	16–0	16–0	17–0	17–0	17–0	17–0	17–0	18–0	

Note	%	94	95	96	97	98	99	100	Punkte
1	100–93	94–87	95–88	96–89	97–90	98–91	99–92	100–93	
2	92–77	86–72	87–73	88–74	89–75	90–75	91–76	92–77	
3	76–61	71–57	72–58	73–59	74–59	74–60	75–60	76–61	
4	60–45	56–42	57–43	58–43	58–44	59–44	59–45	60–45	
5	44–20	41–19	42–19	42–19	43–19	43–20	44–20	44–20	
6	19–0	18–0	18–0	18–0	18–0	19–0	19–0	19–0	